职业教育商用车维修专业"1+X"活页式创新教材

商用车构造与维修

组编　深圳市正德友邦科技有限公司

主　编　马　伟　陈　东　赵艳杰
参　编　王　涛　董仲举　张　勇　李方园　陈　永
　　　　余　航　柯尚伟　秦挽星　陈　珍　许　刚

机械工业出版社

《商用车构造与维修》分 5 个工作情境，由 16 个学习任务组成。本书介绍了商用车的结构及发展趋势、列举了商用车的使用方法；详细介绍了柴油发动机的维护保养工艺，系统讲述了柴油发动机高压共轨电控燃油系统、电控系统、CAN 总线系统以及后处理系统的结构、工作原理及主要部件检修方法和注意事项；以多档变速器、双联驱动桥和气压制动系统等重要系统总成为主，全面介绍了商用车底盘部分的结构、原理，及其常见故障诊断与排除方法；系统介绍了电气基础及部件认知、照明及信号系统和起动系统，并归纳总结了电气系统检修方法及常见故障诊断的流程；结合当前新能源商用车发展现状，重点介绍了电对人体的危害以及高电压汽车安全操作规范，并以动力电池系统、电机控制系统以及整车控制系统为主系统介绍了新能源商用车动力系统的结构、工作原理及其检修方法；介绍了新能源商用车电动液压助力转向系统和电驱动桥的结构原理及其检修方法等内容。

本书为活页式教材，配套视频数字资源，扫描书中二维码即可观看学习。

本书可作为职业院校汽车专业学生的教材，也可作为商用车售后服务或汽车类从业人员的参考书及培训教材。

图书在版编目（CIP）数据

商用车构造与维修 / 马伟，陈东，赵艳杰主编.
北京：机械工业出版社，2024. 9. --（职业教育商用车维修专业"1+X"活页式创新教材）. -- ISBN 978-7-111-76448-9

Ⅰ．U469

中国国家版本馆 CIP 数据核字第 20246JP321 号

机械工业出版社（北京市百万庄大街 22 号　邮政编码 100037）
策划编辑：母云红　　　　　责任编辑：母云红
责任校对：韩佳欣　张　薇　　封面设计：张　静
责任印制：单爱军
北京虎彩文化传播有限公司印刷
2024 年 12 月第 1 版第 1 次印刷
184mm×260mm・19.5 印张・2 插页・531 千字
标准书号：ISBN 978-7-111-76448-9
定价：69.90 元

电话服务　　　　　　　　网络服务
客服电话：010-88361066　机　工　官　网：www.cmpbook.com
　　　　　010-88379833　机　工　官　博：weibo.com/cmp1952
　　　　　010-68326294　金　　书　　网：www.golden-book.com
封底无防伪标均为盗版　　机工教育服务网：www.cmpedu.com

前　言

随着电控柴油系统的普及，基建投资、电商物流的快速发展，以及在黄标车治理、超载治理、严格排放法规和新能源汽车发展等因素促进下，商用车产销量一路上升，这对商用车售后行业特别是维修行业提出了更高的要求。为贯彻落实党的二十大精神，本书根据国家交通强国战略，基于当前经济社会发展对商用车高技能人才的需求，结合产业发展最新技术和成果以及数字技术在产业应用的现状编写而成。

本书根据职业教育的特点，从生产一线人员对专业知识、能力的需要出发，本着理论知识够用的原则，在进行广泛的企业、行业调研的基础上编写而成。重点对商用车主要部件及系统，特别是有别于乘用车的部件和系统的结构及工作原理、检修方法、常见故障诊断进行了详细的介绍，内容丰富，条理清晰，易于理解和掌握。

全书采用任务式编排。根据商用车结构确定学习情境，每个学习情境再结合岗位需求确定一到几个学习任务。以任务为导向进行知识学习、技能训练，同时对素质的养成也提出了要求。本书为活页式教材，每个学习任务都以任务导入、工作内容分析、学习资料准备、工作任务实施、工作小结与思考等形式组织材料，采用信息化教学手段，在工作任务实施环节都配备了教学资料，可以扫描书中二维码观看学习，通过线上线下的混合式教学，使学生更好更快地开展实际操作，提高技能训练效率和技能水平，同时优化课堂设计，充分发挥学生的主体地位，调动学生的学习积极性，从而提高学生的综合能力。

本书由湖北工业职业技术学院马伟、陈东、赵艳杰任主编，湖北工业职业技术学院张健对书稿进行了审阅，张勇、李方园、陈永、余航、柯尚伟、秦挽星、陈珍、许刚，以及全国劳动模范、原东风汽车集团有限公司首席技师王涛，深圳市正德友邦科技有限公司董仲举等企业一线专家参与编写。感谢深圳市正德友邦科技有限公司王涛对本书的编写提供的大力支持。本书在编写过程中还参考了大量的资料和文献，在此，对原作者表示感谢！

由于编者水平有限，书中难免有疏漏和不足之处，敬请业内专家、同仁、广大读者批评指正。

编　者

数字资源总码

二维码目录

页码	二维码名称	二维码图形	页码	二维码名称	二维码图形
8	驾驶室举升		125	尿素喷射测试	
25	无故障时仪表工作模式		147	法士特16档双中间轴变速器一轴的拆卸	
25	有故障时仪表工作模式		147	法士特16档双中间轴变速器一轴的安装	
25	怠速调整		148	法士特16档双中间轴变速器二轴的拆卸	
39	油水分离器排空气		148	法士特16档双中间轴变速器二轴的安装	
39	气门间隙调整		160	主从动齿轮啮合印痕与齿合间隙检查调整	
93	ECU上电测量（直接）		182	前制动气路连接	
93	ECU上电测量（继电器）		182	后制动气路连接	
93	加速踏板位置传感器的测量		182	辅助气路连接	
103	CAN总线电压测量		182	四回路保护阀连接前后辅助储气筒	
103	CAN总线电阻测量-普通		227	车辆高电压部件绝缘检测	
103	CAN总线电阻测量-特殊				

活页式教材使用注意事项

根据需要,从教材中选择需要夹入活页夹的页面。

小心地沿页面根部的虚线将页面撕下。为了保证沿虚线撕开,可以先沿虚线折叠一下。注意:一次不要同时撕太多页。

选购孔距为80mm的双孔活页文件夹,文件夹要求选择竖版,不小于B5幅面即可。将撕下的活页式教材装订到活页夹中。
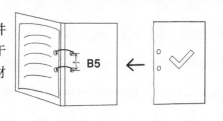

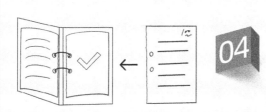
也可将课堂笔记和随堂测验等学习资料,经过标准的孔距为80mm的双孔打孔器打孔后,和教材装订在同一个文件夹中,以方便学习。

温馨提示:在第一次取出教材正文页面之前,可以先尝试撕下本页,作为练习

目 录

前言

二维码目录

工作情境一　认识商用车 ⋯⋯⋯⋯⋯⋯⋯⋯⋯⋯⋯⋯⋯⋯⋯⋯⋯⋯⋯⋯⋯⋯⋯ 1
　　任务 1　介绍商用车及其发展趋势 ⋯⋯⋯⋯⋯⋯⋯⋯⋯⋯⋯⋯⋯⋯⋯⋯⋯⋯ 1
　　任务 2　操作使用商用车 ⋯⋯⋯⋯⋯⋯⋯⋯⋯⋯⋯⋯⋯⋯⋯⋯⋯⋯⋯⋯⋯⋯ 10

工作情境二　检修商用车发动机 ⋯⋯⋯⋯⋯⋯⋯⋯⋯⋯⋯⋯⋯⋯⋯⋯⋯⋯⋯ 28
　　任务 1　维护和保养商用车发动机 ⋯⋯⋯⋯⋯⋯⋯⋯⋯⋯⋯⋯⋯⋯⋯⋯⋯ 28
　　任务 2　检修高压共轨电控燃油供给系统 ⋯⋯⋯⋯⋯⋯⋯⋯⋯⋯⋯⋯⋯⋯ 43
　　任务 3　检修发动机电控系统 ⋯⋯⋯⋯⋯⋯⋯⋯⋯⋯⋯⋯⋯⋯⋯⋯⋯⋯⋯ 62
　　任务 4　检修 CAN 总线系统 ⋯⋯⋯⋯⋯⋯⋯⋯⋯⋯⋯⋯⋯⋯⋯⋯⋯⋯⋯⋯ 95
　　任务 5　检修商用车后处理系统 ⋯⋯⋯⋯⋯⋯⋯⋯⋯⋯⋯⋯⋯⋯⋯⋯⋯⋯ 105

工作情境三　检修商用车底盘 ⋯⋯⋯⋯⋯⋯⋯⋯⋯⋯⋯⋯⋯⋯⋯⋯⋯⋯⋯⋯ 130
　　任务 1　检修多档变速器 ⋯⋯⋯⋯⋯⋯⋯⋯⋯⋯⋯⋯⋯⋯⋯⋯⋯⋯⋯⋯⋯ 130
　　任务 2　检修驱动桥 ⋯⋯⋯⋯⋯⋯⋯⋯⋯⋯⋯⋯⋯⋯⋯⋯⋯⋯⋯⋯⋯⋯⋯ 151
　　任务 3　检修气压制动系统 ⋯⋯⋯⋯⋯⋯⋯⋯⋯⋯⋯⋯⋯⋯⋯⋯⋯⋯⋯⋯ 162

工作情境四　检修商用车电气系统 ⋯⋯⋯⋯⋯⋯⋯⋯⋯⋯⋯⋯⋯⋯⋯⋯⋯ 184
　　任务 1　电气基础及部件认知 ⋯⋯⋯⋯⋯⋯⋯⋯⋯⋯⋯⋯⋯⋯⋯⋯⋯⋯⋯ 184
　　任务 2　检修照明与信号系统 ⋯⋯⋯⋯⋯⋯⋯⋯⋯⋯⋯⋯⋯⋯⋯⋯⋯⋯⋯ 195
　　任务 3　检修起动系统 ⋯⋯⋯⋯⋯⋯⋯⋯⋯⋯⋯⋯⋯⋯⋯⋯⋯⋯⋯⋯⋯⋯ 205

工作情境五　检修新能源商用车 ⋯⋯⋯⋯⋯⋯⋯⋯⋯⋯⋯⋯⋯⋯⋯⋯⋯⋯⋯ 215
　　任务 1　新能源商用车维修安全操作 ⋯⋯⋯⋯⋯⋯⋯⋯⋯⋯⋯⋯⋯⋯⋯⋯ 215
　　任务 2　检修新能源商用车动力系统 ⋯⋯⋯⋯⋯⋯⋯⋯⋯⋯⋯⋯⋯⋯⋯⋯ 228
　　任务 3　检修新能源商用车底盘系统 ⋯⋯⋯⋯⋯⋯⋯⋯⋯⋯⋯⋯⋯⋯⋯⋯ 255

课后作业 ⋯⋯⋯⋯⋯⋯⋯⋯⋯⋯⋯⋯⋯⋯⋯⋯⋯⋯⋯⋯⋯⋯⋯⋯⋯⋯⋯⋯⋯⋯ 268

附录 ⋯⋯⋯⋯⋯⋯⋯⋯⋯⋯⋯⋯⋯⋯⋯⋯⋯⋯⋯⋯⋯⋯⋯⋯⋯⋯⋯⋯⋯⋯⋯⋯ 283
　　附录 A　任务评价反馈表 ⋯⋯⋯⋯⋯⋯⋯⋯⋯⋯⋯⋯⋯⋯⋯⋯⋯⋯⋯⋯⋯ 283
　　附录 B　载货汽车电气原理 ⋯⋯⋯⋯⋯⋯⋯⋯⋯⋯⋯⋯⋯⋯⋯⋯⋯⋯⋯⋯ 284

参考文献 ⋯⋯⋯⋯⋯⋯⋯⋯⋯⋯⋯⋯⋯⋯⋯⋯⋯⋯⋯⋯⋯⋯⋯⋯⋯⋯⋯⋯⋯⋯ 305

工作情境一 认识商用车

任务1 介绍商用车及其发展趋势

【任务导入】

作为一名商用车售后服务人员，面对近年来商用车产销量持续快速增长的态势，加上电控系统的普及和严格排放法规的实施，因此加强对商用车相关知识的了解和掌握变得尤为必要。为了更好地做到安全规范地开展维护维修作业，掌握商用车检查时的注意事项，请你为新入职的同事介绍商用车的结构和分类，以及商用车的发展趋势。

【工作内容分析】

<认知目标>
1. 熟悉商用车各总成及零部件的名称、位置和关系。
2. 掌握商用车的结构组成和分类。
3. 了解商用车的发展趋势。

<能力目标>
1. 能够规范正确地翻转驾驶室。
2. 能够在实训车辆上指出各总成及零部件，并描述其作用。

<素养目标>
1. 形成安全环保等标准意识。
2. 树立民族品牌自豪感。

<任务拆解>
子任务1 翻转驾驶室并介绍商用车各总成及零部件的名称、位置和关系
子任务2 制作PPT介绍商用车结构组成与分类以及商用车的发展趋势

【学习资料准备】

知识点1：部分商用车厂家及主流产品与编号规则

（1）我国商用车品牌

我国商用车品牌繁多，按照产销量和市场占有率来看主要有东风汽车、解放汽车、中国重汽、福田汽车、陕汽集团、江淮汽车、江铃汽车、上汽集团、北奔重卡、联合卡车、三一集团、宇通汽车等，各公司品牌商标如图1-1所示。每个公司又有自己的子公司、分公司，各自生产相应的产品，下面做一汇总。

图 1-1 国产商用车部分品牌商标

1）东风汽车。

① 东风商用车主要车型：天锦、天锦 VR、天锦 KR、天锦 D530、天龙、天龙 VL、新天龙 KL、天龙旗舰、天龙旗舰 KX、天龙 KC 大力神、天龙启航版、天龙旗舰 GX。

② 东风柳汽主要车型：乘龙 H5、H6、H7、L2、L3、M1、M3、新 M3、M4、M5、M6、M7 及 T5、龙卡、霸龙 507。

③ 东风股份主要车型：多利卡，多利卡 D5、D6、D7、D8、D9 及福瑞卡、开普特、小霸王、东风莲花、力拓、东风天翼。

④ 东风华神主要车型：华神御虎，特商，华神 T3、T5、T7、御龙。

⑤ 东风新疆主要车型：东风专底嘉运、东风专底、东风拓行。

⑥ 东风南充主要车型：龙驹、嘉龙。

⑦ 郑州日产主要车型：凯普斯达、帅客。

⑧ 东风特商主要车型：东风特商。

2）解放汽车。

① 一汽解放主要车型：J6P 领航版、J6P 质惠版、解放 J6、解放 J6P、J6P 北方版、解放 J6L、解放 J6M、解放 J7、解放奥威 J5P、解放 J6F、解放骏威 J5K、解放 MV3。

② 青岛解放主要车型：解放 JH6、JH6 领航版、JH6 卓越版、JH6 智尊版、解放天 V、解放新大威、解放赛龙、解放龙 V、解放龙 VH、解放悍威 J5M、解放虎 V、解放虎 VR、解放虎 VH、解放虎 VN、解放悍 V、解放麟 V、解放途 V、解放 JK6、解放悍 V2.0。

③ 一汽柳特主要车型：安捷 L5R、金陆、尖头车。

④ 一汽红塔主要车型：金铃、霸铃、经典、公狮、爬坡王。

3）中国重汽。

① 豪沃重卡主要车型：豪沃 T7H、A7、T5G、T76G、TX、T、TH7、V7G、MAX。

② 汕德卡主要车型：汕德卡 C7H、G7H、C5H、C9H。

③ 斯太尔主要车型：斯太尔 M5G、D7B、DM5G，斯太尔金王子，斯太尔王，豪卡 H7。

④ 豪瀚主要车型：豪瀚 J5G、J7G、J7B、MT、N5G、N6G、N7G。

⑤ 中国重汽主要车型：新黄河、豪运、黄河少帅、黄河 X7。

⑥ 豪沃轻卡主要车型：豪沃悍将、统帅、G5X、轻卡。

⑦ 王牌主要车型：王牌 W5D、W5G、7 系、W1、W5B 及捷狮、力狮、瑞狮、腾狮。

⑧ 豪曼主要车型：豪曼 H3、H5。

4）福田汽车。

① 欧曼主要车型：欧曼 ETX、ETX-5 系、ETX-6 系、ETX-9 系及欧曼 EST、欧曼 EST-A、欧曼 GTL、欧曼 GTL 超能版、欧曼 GTL-6 系、欧曼 GTL-9 系、智蓝重卡、新能源、欧曼行星、欧曼银河、欧曼 VT。

② 奥铃主要车型：奥铃捷运、奥铃速运、奥铃大黄蜂及奥铃 CTX、CTS、CYX、ETX、TX、TS、GTX。

③ 时代汽车主要车型：时代 H、小卡之星、金刚、驭菱、时代 M3、时代 M、领航、康瑞、驭铃、骁运 7、骁运 H3、赛锐轻卡、祥菱。

④ 欧马可主要车型：欧马可 1 系、3 系，欧马可 C280、C380、S1、S3、S5、领航，欧航。

⑤ 瑞沃主要车型：瑞沃 E3、Q5、ES3、ES5、金刚 Q3，时代瑞沃。

⑥ 福田汽车主要车型：萨普征服者、雷萨、拓陆者。

⑦ 福田客车主要车型：欧辉客车。

5）陕汽集团。

① 德龙主要车型：德龙 X3000、德龙 F3000、德龙 M3000、德龙 N3000、德龙 K5000、德龙 L5000、德龙 X5000、德龙 X6000、德龙 K3000、德龙 L3000、德龙 F2000。

② 陕汽主要车型：奥龙、德御。

③ 轩德主要车型：轩德 X3、X6、X9、轩德翼 3、轩德翼 6、轩德翼 9。

6）江淮汽车。

① 格尔发主要车型：格尔发 A 系、格尔发 K3、格尔发 K5、格尔发 K6、格尔发 K7、格尔发 K5W、格尔发 K6L。

② 康铃主要车型：好微、康铃 H 系、康铃 H3 系、康铃 H5 系、康铃 H6 系、康铃 808、好运、大好运、康铃 J3 系、康铃 J5 系、康铃 J6 系、康铃 X 系、康铃 G3 系、康铃 K1 系。

③ 帅铃汽车主要车型：帅铃 Q 系、帅铃 I 系、帅铃 K 系、帅铃 H 系、帅铃威司达。

④ 江淮汽车主要车型：N721、好运、威铃。

⑤ 驭铃汽车主要车型：驭铃 V 系、驭铃 E 系、驭铃 G 系。

7）江铃汽车。

① 江铃福特轻客主要车型：江铃特顺、全顺、途睿欧。

② 江铃轻卡主要车型：凯锐、凯运、顺达、凯威。

③ 江铃皮卡主要车型：域虎、宝典。

④ 江铃重汽主要车型：威龙。

8）上汽集团。

① 上汽红岩主要车型：红岩杰卡、红岩杰狮、红岩新金刚、红岩杰豹、红岩中置轴。

② 上汽跃进主要车型：跃进小福星、跃进帅虎、跃进超越、跃进上骏、跃进财神、跃进轻卡、跃进大老虎。

9）北奔重卡。北奔重卡主要车型：北奔 V3、NG80、V3M、V3ET。

10）联合卡车。联合卡车主要车型：U 系、V 系、E 系。

11）三一集团。三一重卡主要车型：C8、超亮版、英杰版、军亮版、朱宏版、自卸车、CB318、王道版、江山版、三一泵车、银松版、正义版。

12）宇通汽车。宇通汽车主要车型：宇通客车。

（2）国际商用车品牌

国际商用车品牌常见的有奔驰、斯堪尼亚、沃尔沃等。各公司品牌商标如图 1-2 所示。

1）奔驰。奔驰汽车主要车型：Actros 系列。

2）斯堪尼亚。斯堪尼亚汽车主要车型：P 系列。

3）沃尔沃。沃尔沃客车主要车型：沃尔沃 9300。

图 1-2 国际常见商用车部分品牌商标

（3）车辆产品编号规则

车辆产品编号中包含企业代号、车型代号、车辆主要参数、改型标记、驾驶室类型、总成主要参数、轴距、驱动形式和企业自定义内部代号等信息。编号举例如图 1-3 所示，由英文字母和阿拉伯数字等十多位组成，具体含义如下：

1）前两位或三位字母为企业代号。东风商用车 DFL、一汽解放 CA、中国重汽 ZZ、北汽福田 BJ、陕西重汽 SX、江淮 HFC、上汽红岩 CQ、北奔重卡 ND、东风柳汽 LZ、东风股份 EQ。

2）第一位数字为车型代号。载货车 1、越野车 2、自卸车 3、牵引车 4、专用车 5、客车 6、半挂车和专用半挂车 9。

3）第二和第三位数字为车辆主要参数。在载重车中这两位数字表示的是车辆的总质量（单位：t），在客车中表示的是车身的长度（单位：m）。注意主要参数不足规定位数时，在参数前以"0"占位。

4）代表产品序号的是 1 位阿拉伯数字。用阿拉伯数字 0、1、2 等表示车型的改动及改型情况。通常 0 代表第一代产品，1 代表第二代产品，以此类推。

5）企业自定义代号。通常由驾驶室总成代号、发动机代号、车辆特征代号、轴距和驱动形式代号等组成，为了避免与数字混淆，代号中不采用汉语拼音字母中的"I"和"O"。

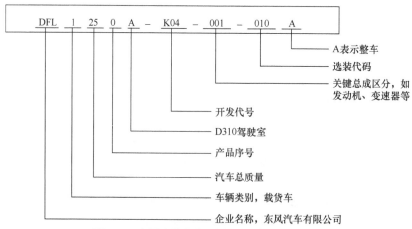

图 1-3 商用车编号规则（例：东风商用车）

知识点 2：商用车的定义、组成和分类

商用车指在设计和技术特征上用于运送人员和货物的汽车，并且可以牵引挂车。商用车由驾驶室、发动机、变速器、底盘、车身及货厢、电气设备和其他设备等组成。它包含所有的载货汽车和 9 座以上的客车，分为货车、客车、半挂牵引车、货车非完整车辆和客车非完整车辆五类。按照商用车用途的不同，我们习惯把商用车分为货车和客车两大类。商用车常见车型有皮卡、微卡、轻卡、微客，自卸车、载货车、牵引车、挂车和专用车。

(1) 货车的分类

通常按照吨位、用途、驾驶室结构形式、货厢、驱动形式和能源类型来分类。

1) 按吨位分。按照汽车制造厂标定的汽车最大总质量,载货汽车分为微型货车、轻型货车(轻卡)、中型货车和重型货车(重卡)等,见表1-1。从近几年商用车的产销量来看,重卡和轻卡占比较大,尤其是重卡,重卡又以牵引车车型最为畅销,市场占有率高。

表1-1 载货汽车类型(按吨位分)

载货汽车类型	微型	轻型	中型	重型
汽车最大总质量	$T \leq 2$	$2 < T \leq 6$	$6 < T \leq 14$	$14 < T$

2) 按用途分。按照汽车的用途,可将货车分为载货车、仓栅车和厢式车等普通载货汽车,以及自卸车、牵引车和专用车等。

3) 按驾驶室结构形式分。按照驾驶室总成结构形式,货车可分为长头驾驶室货车、短头驾驶室货车和平头驾驶室货车。按照驾驶室顶部高度,货车平头驾驶室又可分为平顶驾驶室、半高顶驾驶室和高顶驾驶室。

4) 按货厢分。常见类型有栏板式、自卸式、厢式、罐式、平台式和篷式等。

5) 按驱动形式分。常见的驱动形式有 4×2、6×2、6×4、8×4 和 8×8,"×"前面的数字表示车辆车轮总数(同轴的一侧认为是一个车轮),"×"后面的数字表示车辆驱动轮数。"6×2"驱动形式多用于牵引车;"6×4"驱动形式多用于自卸车,也用于牵引车;"8×4"驱动形式多用于自卸车;"8×8"驱动形式为全驱,多用于军用车辆和特种车辆。

6) 按能源类型分。常见有汽油汽车、柴油汽车、纯电动汽车、混合动力汽车、燃料电池汽车、醇醚燃料汽车、天然气汽车等类型。

(2) 客车的分类

通常按照总体结构、用途、座位数或长度来分。

1) 按总体结构分。客车按总体结构可分为单车和列车,此处列车又称为铰接式或通道式客车,长度一般不超过18m。

2) 按用途分。客车按用途可分为旅行客车、城市公共客车、公路客车、铁路客车、游览客车和专用客车等。

3) 按座位数分。客车按座位数可分为小型、中型和大型客车。其中小型客车座位数为9座以下,中型客车座位数为10~19人,大型客车座位数为20人以上。

4) 按长度分。客车按长度可分为微型客车、轻型客车、中型客车、大型客车、双层客车(公交车)和特大型客车等,见表1-2。

表1-2 客车类型(按长度分)

客车类型	微型	轻型	中型	大型/双层	特大型
长度/m	$L < 3.5$	$3.5 < L \leq 7$	$7 < L \leq 10$	$10 < L \leq 12$	$12 < L < 18$

知识点3:商用车的特点

(1) 结构形式多样

因用途、行驶距离、连续行驶时间、行驶路线的坡度等条件各异,商用车的使用要覆盖大多数应用场景,这就决定了车辆的结构形式和配置多种多样,目前商用车市场总体发展特点为个性化、细分化和特制化。

(2) 技术特点

从微观角度出发,商用车的技术特点根据所配置的发动机、后处理系统和电控系统的不同而展现。

从宏观角度出发，商用车的技术特点可以归纳为四个特征。

1）功率更大。市面上的商用车功率目前已达到660马力（1马力=735.5W），排量达到16L，最大转矩3200N·m。

2）环保性更好。全面实施国6排放标准，保养换油周期超12万km，热效率达51.09%。

3）平台更集中。发展优势生产平台，集中研发力量，通过采用先进技术提高产品质量及各项性能指标。

4）自主化程度高。更多采用自主研发零部件。

（3）驾驶室的翻转

商用车的动力总成在驾驶室的下方，在进行相应的维护保养和维修作业时往往需要对驾驶室进行翻转操作。

1）驾驶室的翻转。根据车型及配置不同，驾驶室翻转的液压举升系统有所不同，如图1-4所示。按照液压缸数量和操作模式看，包括手动单缸、手动双缸、电动单缸、电动双缸等多种配置，采用手动或电动模式进行。翻转驾驶室前，应将车辆停放在足够大的平坦地面上，确认驻车制动处于锁止状态，变速器档位处于"N"位，打开前面罩（常见有两种，一种与乘用车发动机盖开启方式类似；另一种通过向内侧方向扳动面罩内部左右下角部的锁止手柄实现，如图1-5所示。另外，有些车型翻转驾驶室时不需要开启前面罩），将车轮用三角木顶住，清理驾驶室内零散物品及在翻转过程中易掉下物品，转动换向手柄至升（竖直）位置（图1-6），采用电动（图1-7）或手动模式进行驾驶室翻转。放下驾驶室时，换向手柄必须处于降（倾斜）位置，采用电动或手动模式进行。

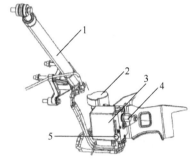

图1-4 液压举升系统

1—举升油缸 2—电动油泵 3—手动油泵
4—手动油泵摇臂轴 5—换向手柄

图1-5 前面罩的开启方式

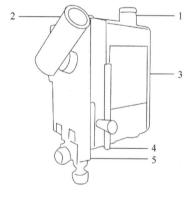

图1-6 手动举升装置（换向手柄处于举升位置）

1—换气塞 2—摇臂 3—油缸 4—换向手柄 5—管接头

2）举升装置分类及保养。常见的驾驶室的举升装置有手动单缸、手动双缸、电动单缸、电动双缸等多种配置。日常除了检查有无渗油（手动油泵换气塞处如有油迹属于正常现象，换气塞可以排出系统多余油液）、管路情况和连接点紧固情况外，还需要定期更换规定型号和数量的液压油。单缸举升系统可一次性加入定量液压油，油量为500~600mL，由具体产品而定。双缸举升系统要分两次进行加注，打开翻转油泵上的换气塞，第一次加油680~700mL后，进行翻转操作至驾驶室开始动作，第二次加油400~420mL。

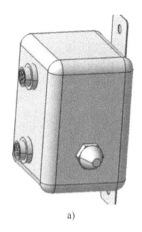

图 1-7 电动举升按钮

a）固定式 b）手持式

注意：

① 驾驶室翻转必须完全到位，重心过支点（当驾驶室快翻过重心时，要放慢泵油速度，尽量让驾驶室靠自身重量翻转到位，以减小驾驶室到位时的冲击）。

② 若长时间按住开关不放，电动泵会因过热而自动停止工作，待电动泵温度降下来后可恢复正常功能。

③ 注意换向手柄的方向，不得随意扳动，在行车状态时换向手柄必须处于降（倾斜）位置。

④ 当发动机或电动机运转时，切勿触动变速器操纵手柄，严禁举升或放下驾驶室。

⑤ 操作人员举升操作在驾驶室右侧进行，以保证安全。

知识点 4：商用车的发展趋势

随着社会经济的快速发展，商用车的产销量逐渐增加。根据国家"双碳"目标，结合市场需求，商用车正逐步采用自动驾驶、电动技术和智能互联等创新技术，并围绕重卡领域的绿色甲醇、甲醇增程、智能纯电三种绿色能源，设定多能源构型、灵活燃料、机电一体化的动力方案，实现商用车向大功率、多轴化、多能源和动力多元化等方向发展。

【工作任务实施】

<任务准备>

1. 任务计划

1）工具设备清单见表 1-3。

表 1-3 工具设备清单

名称	数量	单位
实训车辆	4	台
工具车	4	辆
工具	4	套
三角木	16	块
五件套	4	套
车辆使用手册	4	本

2）实操预演。

驾驶室举升

2. 任务决策

根据商用车的结构组成认知和翻转商用车驾驶室这些具体任务内容，制订小组任务计划，简要说明任务实施过程的步骤及注意事项，并将项目计划内容填入表1-4中，落实子任务的学习目标。（注意：流程步骤小组自行设计表格，可以酌情添加或删减）

表1-4　任务计划表

任务步骤	子任务1　翻转驾驶室并介绍商用车各总成及零部件的名称、位置和关系	子任务2　制作PPT介绍商用车结构组成与分类以及商用车的发展趋势
前期准备	（着装、工具和设备等）	（资料获取渠道）
步骤1		
步骤2		
步骤3		
步骤4		
步骤5		
步骤6		

＜任务实施＞

子任务1　翻转驾驶室并介绍商用车各总成及零部件的名称、位置和关系

实施步骤	标准/图示	过程记录
前期准备	 图1-8　接通电源总开关  图1-9　前面罩的开启	① 车辆停放在平坦地面，用三角木顶住车轮 ② 接通电源总开关，如图1-8所示（电动举升） ③ 清理驾驶室内易滚落物品 ④ 确认驻车制动状态 ⑤ 变速器处于"N"位 ⑥ 钥匙插入点火开关，转动至ON档 ⑦ 打开前面罩（有些车型不需要），如图1-9所示

（续）

实施步骤	标准/图示	过程记录
操纵举升系统举升	 图 1-10 驾驶室翻转	① 转动换向手柄至升（竖直）位置，如图 1-6 所示 ② 采用电动或手动模式进行驾驶室翻转，如图 1-10 所示
操纵举升系统下降	 图 1-11 换向手柄处于下降位置	① 转动换向手柄至降（倾斜）位置，如图 1-11 所示 ② 采用电动或手动模式进行驾驶室回位 ③ 关闭前面罩

子任务 2　制作 PPT 介绍商用车结构组成与分类以及商用车的发展趋势

以小组为单位，查阅收集相关资料，设计制作关于商用车结构组成与分类以及商用车发展趋势的 PPT，要求：①内容总结系统全面，数据准确；②页面简洁、格式统一、图文并茂；③选出代表进行讲述。

【工作小结与思考】

1. 本节重点学习了商用车驾驶室的翻转和商用车的结构组成。

2. 在工作任务实施前，要用三角木将车轮顶住，注意检查驾驶室内有无易滚落物品，变速器档位是否处于空档；举升时操作人员应站在驾驶室右侧，要注意举升到位，重心过支点（当驾驶室快翻过重心时，要放慢泵油速度，尽量让驾驶室靠自身重量翻转到位，以减小驾驶室到位时的冲击），有锁止装置的要注意落锁。若长时间按住举升开关不放，电动泵会因过热而自动保护停止工作，待电动泵温度降下来后可恢复正常功能；举升完毕后要将换向手柄转向下降位置；不可在发动机运转时举升或下降驾驶室。

3. 整个任务实施过程的步骤和注意事项，充分体现了安全和标准意识。

任务 2　操作使用商用车

【任务导入】

作为一名商用车售后服务人员，面对车主的问询，要体现出专业性，因此对车主进行正确规范的车辆使用指导就显得尤为必要。为了更好地学习商用车，做到安全规范地开展维护维修作业，掌握商用车检查时的注意事项，做好售后服务工作，指导车主正确规范安全地使用车辆，使车辆具备良好的工作性能，延长车辆使用寿命，增强车辆可靠性，确保行车安全，减少因不规范操作造成车辆故障的发生，请你为新入职的同事介绍关于商用车操作使用方面的知识。

【工作内容分析】

＜认知目标＞
1. 了解商用车的相关操作使用知识。
2. 掌握商用车的相关操作使用方法及注意事项。

＜能力目标＞
1. 能够规范地对商用车进行功能检查。
2. 能够正确解读商用车相关技术参数。

＜素养目标＞
1. 形成安全和学习意识。
2. 树立标准操作意识。

＜任务拆解＞
子任务 1　起动商用车车辆，操作仪表菜单键，查看车辆相关参数
子任务 2　进行发动机怠速调整操作

【学习资料准备】

知识点 1：仪表菜单键及指示灯

目前车辆上的仪表大多为多功能智能型仪表，如图 1-12 所示，可以显示转速、车速、油量、气压、冷却液温度和尿素液位等基本信息，也可显示行驶里程、档位等驾驶信息，另外

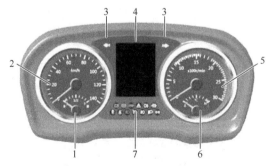

图 1-12　仪表
1—燃油表　2—车速表　3—转向灯　4—多功能显示屏（LED）　5—转速表
6—冷却液温度表　7—指示和警示灯（LED）

还有各种指示灯和警告灯。仪表上的多功能显示屏会显示蓄电池电压、机油压力和前后回路气压等车辆信息;里程、油耗、车速、尿素液位和档位等行驶信息;车辆电控系统故障信息等。由于需显示内容较多,信息通常会分若干个界面显示,需要通过单独设置或安装在多功能方向盘上的菜单键(图1-13),实现查看车辆基本信息、调整设置屏幕显示效果以及查看车辆电控系统故障信息等操作。仪表菜单键的具体按键功能和操作方法,根据相应厂家设置不同,但一般均在车速为0时才可操作,车辆起动后按下按键,仪表界面不响应。

图1-13 仪表菜单键

随着商用车技术的不断进步,仪表作为车辆信息中心的地位越来越重要,仪表上的信息也越来越多。无论是驾驶员还是售后服务人员,都应该了解仪表上各指示灯的含义,以便及时掌握商用车的当前工况,仪表常见指示灯图标及含义如图1-14所示。仪表上,根据信息的紧急和重要程度,通常采用红色、橘黄色、绿色和蓝色等不同颜色的指示灯对车辆信息进行分类显示。例如:"红色"用于报警和最高级别的信息提醒。当"红色"指示灯被点亮时,驾驶员应第一时间关注并检查车辆,判断车辆是否还能继续行驶,尽快咨询售后服务人员,避免产生更严重的故障。

图标	指示灯说明	图标	指示灯说明	图标	指示灯说明	图标	指示灯说明	图标	指示灯说明
	ESC已关闭		LDW识别左车道线	LIM	可变车速限制		AEBS故障指示		浮桥举升指示
	ESC指示		LDW未识别到车道线		第二车速限制		AEBS系统关闭		缓速器1档指示
km/h	超速报警		LDW发生故障	PTO	PTO指示		悬架高于正常高度		缓速器在恒速档
	LDW车道偏离		LDW系统关闭		FCW碰撞危险		悬架低于正常高度		坡起工作指示
	LDW识别双车道线		主动巡航指示		FCW故障指示	ECAS	ECAS警告灯	R	制动蹄片磨损
	LDW识别右车道线		主动巡航故障		FCW系统关闭		驱动帮助		取力器工作指示

图标	指示灯说明	图标	指示灯说明	图标	指示灯说明	图标	指示灯说明	图标	指示灯说明
	冷却液高温		发动机故障		油水分离	VCU	整车控制器故障		仪表菜单操作
ABS	ABS主车故障		巡航工作		低尿素液位	Idle	怠速调整指示		胎压故障报警
ABS	ABS挂车故障		挂车左转向		低速档指示		机油液位过低		燃油报警
	排放故障		挂车右转向	ASR	ASR警报		变速器故障		EBS故障报警
	发动机预热		轴间差速锁接合		缓速器工作		变速器油温过高	EBS	EBS非严重故障
	挂车未连接		灯具故障		未系安全带		遥控钥匙电量过低		离合器磨损

图1-14 仪表常见指示灯图标及含义(解放车型,见彩插)

知识点2:车辆的起动操作及注意事项

(1)操作步骤

1)车辆起动前首先应接通电源总开关,电源总开关按照形式可分为机械式和电磁式两大类,如图1-15所示,其中以机械式最为常见。对于机械式电源总开关,当旋转手柄处于竖直状态,开关断开;当旋转手柄处于水平状态,开关闭合,如图1-16所示。还有一些机械式电源开关的手柄为可拆式,在电源总开关关闭即断开状态下,手柄可取出。把手柄插入开关卡槽内顺时针（面对手柄方向）旋转，使其处于竖直状态，开关断开；当旋转手柄处于水平状态，开关闭合。也有些车型的电源总开关旋转手柄所处位置和电源状态与前面所述相反，即旋转手柄处于竖直状态时，开关闭合；旋转手柄处于水平状态时，开关断开，如图1-17所示。

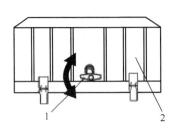 

a) b)

图1-15 电源总开关

a）机械式 b）电磁式

1—机械式电源总开关 2—蓄电池盖

a) b)

图1-16 一体式电源总开关的开、关位置

a）电源关 b）电源开

图1-17 可拆式电源总开关的开、关位置

a）电源关 b）电源开

2）把点火开关旋转到"ON"档位置，发动机停机与发动机维护警告灯"STOP、WARNING"、冷却液温度过高指示灯、机油压力过低警告灯和 MIL 指示灯会点亮，如果发动机状态正常，"STOP、WARNING"和冷却液温度过高指示灯会点亮 3s 后熄灭；如果没有 OBD 故障，MIL 指示灯会在 10s 内熄灭；如果有 OBD 故障，MIL 指示灯会继续点亮或闪烁；如果一切正常，将点火开关转到"START"档起动位置。

（2）注意事项

1）车辆起动前应确保发动机制动手柄或开关处于关闭状态。

2）发动机起动后，应立即松开钥匙，起动机拖动时间不能超过 30s，连续起动至少要间隔 2min。连续起动 3 次不成功，应检查处理后再起动，防止蓄电池亏电或起动机损坏。

3）起动成功后 15s 内，注意机油压力警告灯的变化。

4）气温较低时，起动发动机后，禁止冷机大油门运转，应怠速暖机 3~5min，使增压器在使用前得到充分润滑，且车辆气压达到规定值后才能起步。

5）发动机怠速不要超过 10min，否则易形成积炭阻塞油嘴喷孔，甚至会引起活塞环和气门的胶着。

6）选装了带加热功能的燃油滤清器，当环境低于 0℃时，起动发动机前需手动进行燃油预热，预热参考时间见表 1-5。燃油预热指示灯熄灭后，应断开燃油预热开关。

表 1-5 燃油预热时间

环境温度	5℃以上	0℃	-5℃	-10℃	-20℃
燃油预热时间	不加热	≤ 2min	≤ 5min	≤ 10min	≤ 12min

7）发动机进入快速暖机工况时，会自动提高转速，部分关闭排气制动阀门以提高排气背压，此时排气制动指示灯点亮，发动机快速升温。在此过程中，发动机的噪声较大，排气管冒黑烟，属于正常现象。

8）在发动机熄火 60s 后才能关闭电源，为电控单元的数据存储和尿素溶液喷射系统完成排空预留时间。

9）车辆跑完高速后，停机前先怠速运转 3~5min，使发动机各部位，尤其是增压器涡轮壳在停机前正常冷却，防止润滑油在受热部件上结胶、积炭，使涡轮增压器产生卡滞等故障。

10）停机后，大多数车辆需要将钥匙向下按后才能由 ACC 档转换到 LOCK 档，钥匙只能在 LOCK 档位处自由插拔，也有部分车辆需要将点火开关旁边的塑料锁销按下后，才能将钥匙拔出。

知识点 3：发动机怠速调整和巡航控制

（1）怠速调整

怠速高会导致油耗增加，发动机工作温度偏高，加剧发动机磨损等问题；怠速低会导致发动机缸内容易积炭，导致加速无力，车辆起步熄火，造成频繁起动，对起动机和发动机的寿命均会造成影响。另外怠速过低，还很有可能导致车辆在行驶中熄火，非常危险。

鉴于以上原因，加上客户需求，部分车型具有发动机怠速调整功能，具体调整方法参考车辆使用手册。下面以东风天龙 KL（配置为 D320 驾驶室、VECU-III、dCi 发动机）怠速调整方法为例进行介绍。

1）前提条件：

① VECU、EECU 系统无现行故障。

② 点火开关置于 ON 档——发动机怠速运转。

2）操作步骤：

① 2s 内连续按照 OFF—ON—OFF—ON—OFF—ON 顺序点击转向盘上的巡航使能按钮，如图 1-18 所示。

② 若进入怠速调整状态，发动机转速稳定在 700r/min。

③ 按下转向盘上的"R+"按钮，转速上升，最大升至 1000r/min。

④ 按下转向盘上的"S-"按钮，转速下降，最小降至 700r/min。

⑤ 调整至所需怠速后，踩下制动踏板，怠速设定值被 VECU 保存。

（2）巡航控制

自适应巡航和全速自适应巡航是一种驾驶辅助功能，它可以按照设定的车速或距离跟随前面的车辆，或者根据前车的车速主动控制自车的行驶速度，使车辆与前面的车辆保持安全舒适的距离，解放了驾驶员的双脚，减轻了驾驶员长途驾驶的疲劳。区别在于自适应巡航控制系统一般在车速大于 25km/h 时才会起作用，而全速自适应巡航可以在车辆静止时激活，并且能自动保持安全跟车，还可以跟随前车停车、起步。下面介绍其使用条件和操作步骤。

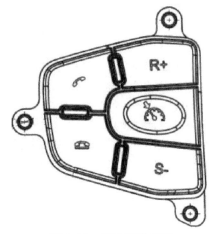

图 1-18 巡航使能按钮

1）进入和退出条件。

① 进入条件包括：没有车速故障、车速超过设定值、制动踏板释放、巡航开关使能。

② 退出条件包括：巡航开关关闭、车速低于设定值、制动踏板踩下、离合器踏板踩下。

2）操作步骤。

① 按下转向盘上的巡航 ON/OFF 开关。

② 巡航功能开启后，按下"S-"开关，可以恢复到上次巡航车速。

③ 按下"R+"开关用来加速车辆。

④ 按下"S-"开关用来减速车辆。

知识点 4：车辆的换档操作方法及注意事项

随着整车匹配的发动机功率越来越大，增加变速器的档位、扩大变速器传动比范围是一种必然的趋势。为避免变速器的结构过于复杂和便于系列化生产，多采用组合式机械变速器，即以一两种 4~6 档变速器为主体，通过更换系列齿轮副和配置不同的副变速器，得到一组不同档数、不同传动比范围的变速器档位系列。

多档变速器根据档位数量，在结构上可能会包括有无副箱、主箱+后副箱、主箱+后副箱+前副箱等形式，如法士特 12 档变速器的结构是主箱+后副箱，6×2 的形式；法士特 16 档变速器的结构是主箱+后副箱+前副箱，2×4×2 的形式；东风 14 档变速器的结构是主箱+后副箱+前副箱，2×(2×3+1) 的形式。不同的变速杆上会设置不同的开关，有的变速杆安装有一个高低档区开关，往上扳为高档区，往下扳为低档区；有的变速杆安装有两个开关，除了高低档区开关外，还增加了半档开关，如图 1-19 所示。东风 DT1420 变速杆就是采用两个开关，当变速杆上的高低档区开关向下扳时，档位处于低档区，即 1 档、2 档、3 档、C（爬坡）档、R 档；当变速杆上的高低档区开关向上扳时，档位处于高档区，即 4 档、5 档、6 档，此时严禁挂入 C 档和 R 档。当变速杆上的半档开关向下按时，档位处于低半档，即 1

档低、2档低、3档低、4档低、5档低、6档低、C档（爬坡档）低、R档低；当变速杆上的半档开关向上按时，档位处于高半档，即1档高、2档高、3档高、4档高、5档高、6档高、C档（爬坡档）高、R档高。注意：在车辆停止或起步时，务必将高低档区开关置于低档区位置，重载必须在低档区起步。车速高于30km/h时，严禁从高档区切换至低档区。行车中的档位切换操作如下：

1）同一档位高半档与低半档之间换档时，先切换半档开关，再将离合器踏板踩到底，然后缓松离合器踏板即完成操作。

2）不同档位高半档与低半档之间换档时，先切换半档开关，再将离合器踏板踩到底，然后摘档、挂档，最后缓松离合器踏板即完成操作，如图1-20所示。

3）高低档之间换档时，先确认半档开关已经切换到低半档，再将高低档区开关向上扳，然后将离合器踏板踩到底、摘档、挂档，最后缓松离合器踏板即完成操作，如图1-21所示。

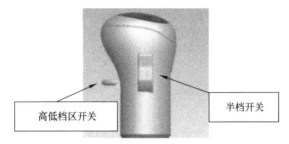

图1-19 变速杆开关（DT1420）

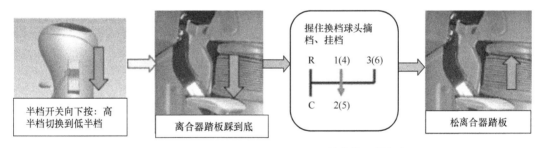

图1-20 不同档位操作顺序（例：4档高换5档低）

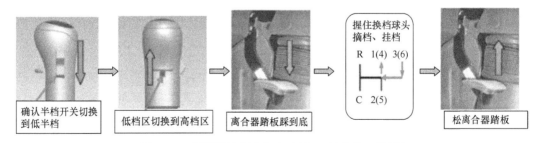

图1-21 不同档位操作顺序（例：3档高换4档低）

随着国6排放标准的实施和车辆电气化、智能化配置的提升，为了发挥车辆的整体功能性和操作便捷性，越来越多的商用车也开始配置自动变速器。商用车自动变速器操纵通常有档杆式和旋钮式两种，以档杆式居多，如图1-22所示。驾驶模式有四种：①A/M（手动换档/自动换档）模式，手动换档模式时向前（+）拨一下升1档，停留1.5s以上升两档。②E/P（经济/动力）模式；③W（蠕动）模式，该模式仅在A模式下才能用，一般用于倒车或在狭窄空间短时间挪车。非蠕动模式下，前进档显示D1~D14，空档N，倒档R1；蠕动模式下，前进档显示 Dm（对应 1 档），空档 N，倒档 Rm（对应 R1）。④牵引头模式：长按 A/M+W 键 3s 以上，仪表会显示功能图标，如图 1-23 所示。该模式用于不带挂时，改善空车头驾驶性能，提高经济性。带载时切记要退出牵引头模式，再次长按 3s 以上即可退出。

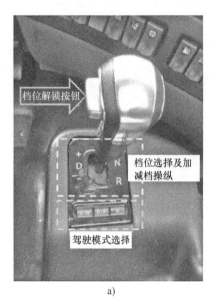
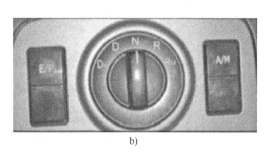

a)

b)

图 1-22 变速器操纵机构

a）档杆式　b）旋钮式

图 1-23 牵引头模式

知识点 5：辅助制动

随着我国公路网络建设的不断完善，重型载货汽车运输效率不断提升，安全需求也越来越高，辅助制动系统主要在提高车辆行驶安全性、减少维修费用和减少环境污染三方面改善重型车运营。所以商用车对辅助制动系统的需求越来越迫切。目前市面上常见的辅助制动装置有排气制动、发动机制动和缓速器等。排气制动通常和发动机制动共同作用，它们和缓速器一样均需要通过开关操纵手柄来使用，如图 1-24 所示，驾驶员可通过调整制动器档位开关来选择制动器功率的大小。不同厂家的手柄形式、图标符号均有所不同。

（1）排气制动

排气制动是在发动机排气管中安装阀门，如图 1-25 所示。当阀门关闭时，把发动机作为空气压缩机来工作，在排气行程中，排气歧管中的空气受到压缩产生背压，发动机获得负功，从而产生制动力。

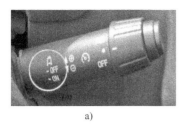  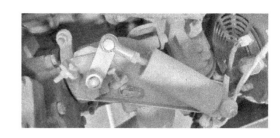

图 1-24 发动机制动开关手柄
a) 手柄开关式　b) 翘板开关式

图 1-25 排气制动

（2）发动机制动

发动机制动是集成在排气摇臂上的制动机构，结构简单，性能可靠，相同转速下，发动机制动的制动功率远高于排气制动。通常采用的是压缩释放式制动模式，即在压缩行程后期，当活塞压缩空气到上止点之前，排气门打开释放压力，之后关闭排气门，做功行程活塞下行相当于抽真空，阻碍曲轴旋转实现制动效果，如图 1-26 所示。发动机转速对发动机制动效果具有重要影响：发动机转速越高，发动机制动效果越好。可采用降档位，提转速的方式实现发动机制动。建议：为达到最佳制动效果，保持发动机转速在额定转速 1900~2000r/min 附近（黄区和红区的交界处）。

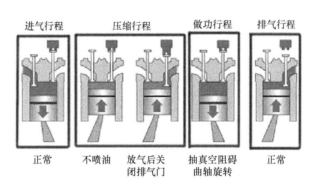

图 1-26 锡柴 CA6DM2 发动机制动原理

另外，发动机制动模式下，喷油器停止喷油，发动机转速的高低，不会影响油耗。但在冰雪路面或光滑路面上应小心使用发动机制动，防止因制动功率过大而导致轮胎抱死或打滑，出现安全事故。

当发动机达到工作温度，便可以打开发动机制动器开关，但此时发动机制动器并不会立刻开始工作，需要满足下述五个条件，缺一不可。当下述条件改变时，辅助制动功能即退出。

1）无车速故障。
2）排气制动开关接通。
3）松开离合器踏板。
4）松开加速踏板。
5）转速超过设定值（根据厂家设定，有的为 1000r/min，有的为 1100r/min）。

（3）缓速器

缓速器是车辆在不使用主制动器的情况下，通过电磁力或液力作用在车轮上的转动元件，使车辆平稳减速，或长时间保持车速基本不变的辅助制动装置。缓速器为辅助制动装置，不能代替主制动，湿滑、冰雪路面禁止使用。目前有两种结构的缓速器，液力缓速器和电涡流缓速器，以液力缓速器为主，电涡流缓速器主要用于部分客车。

液力缓速器是集机、电、气、液、比例控制等技术一体化的产品，其主要由操作手柄、缓速器控制器、线束、液力缓速器机械总成等组成。按照安装方式通常分为串联式和并联式两大类，如图 1-27 所示。缓速器一般设置 5 个档位，即恒速档和 4 个制动档，它们通常联动整车排气制动，可通过手柄或者脚控的方式操纵车辆的分级减速制动，如图 1-28 所示。恒速档通常用于 1km 以上的下坡路段，具体使用方法为：

图 1-27 液力缓速器的安装方式
a）串联式 b）并联式

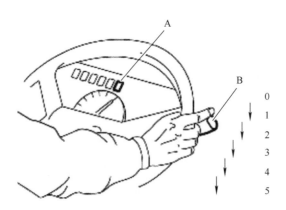

图 1-28 液力缓速器的操作和指示
A—缓速器控制器指示灯 B—缓速器档位开关 0—缓速器关闭 1—恒速档 2—制动 1 档
3—制动 2 档 4—制动 3 档 5—制动 4 档

1）调整车速至 30km/h 及以上，且发动机转速大于 1500r/min。

2）在需要的车速下，启用"恒速"功能。缓速器在最大制动力矩范围内保证汽车在设定车速的 3km/h 误差内恒速行驶。

注意：

① 如果已处在"恒速档"工作，但需重新确定恒速下坡，需要把档位拨回"0"档后再拨至"恒速档"1 档。

② 如果"恒速"功能启用并且车速增加，需要主制动辅助缓速器来调节车速。

③ 如果手柄不在"恒速档"位置，自动调节功能立即关闭。

④ 使用"恒速档"时，若缓速器出现高温保护（工作指示灯闪烁），会自动降矩或退出，若需重新实现"恒速"功能，待工作指示灯停止闪烁后，需手动再次切入"恒速档"。

3）退出"恒速档"。

制动档即 2~5 档，通常用于 1km 以内的下坡路段或平道减速，此时发动机转速必须大于 1500r/min。2~5 档的制动力矩依次增加 25%，可以根据车重、制动距离等选择合理的制动档位。

辅助制动时要逐级拨下缓速器档位开关（不要阶跃式拨动），以获得适当的制动力矩。当需要降低实际制动力矩时，可以把缓速器手柄开关从高档位越过多级换到低档位。制动结束后，将缓速器操作手柄拨回"0"档。

缓速器要产生制动力，必须要求传动轴达到一定的转速，一般来讲，当传动轴转速在 800r/min 以上，缓速器制动力明显；当传动轴转速达到 1100r/min，缓速器制动力达到最大。液力缓速器的制动原理如图 1-29 所示。液力缓速器的控制器分档位控制电磁比例阀开度，取自整车空气源的气体通过电磁阀进入液力缓速器油池壳，将油液压入工作腔的定转子之间，运动的转子使油液加速，并作用至定子上，定子迫使油液对转子产生反作用力，从而产生制动力矩。在产生制动力的过程中，将车辆动能转化为热能，由整车散热系统将热量带走并消耗掉，达到热平衡的同时可实现持续制动。

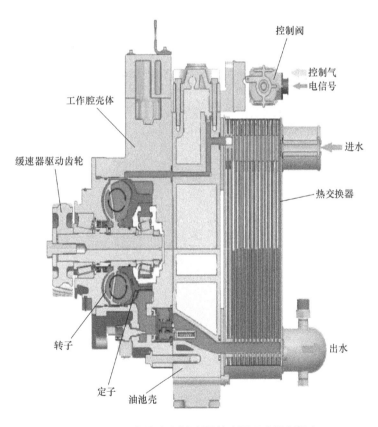

图 1-29 法士特液力缓速器制动原理（见彩插）

电涡流缓速器相当于在传动轴上装了个"发电机"，如图 1-30 所示。传动轴上有定子线圈，转子线圈固定车架在横梁上，包围传动轴。其工作原理与发电机一样，不通电时，无接触、无磨损，需要制动时接通线圈电路，传动轴便受到电磁场的阻力，达到制动目的。电涡流缓速器的特点是无磨损但结构庞大，部分车辆还可设计为在工作时向蓄电池充电。

图 1-30　电涡流缓速器

知识点 6：多态转矩开关的使用

很多重型载货汽车的仪表盘上都有一个转轮、旋钮或翘板开关，上面常标注有"重、中、轻、空"、"1、2、3"、"1、2、3、4""E、B、P""L、M、H"等档位，它就是汽车的"发动机多态转矩开关"，俗称"节油开关"，如图 1-31 所示。其作用是调节发动机的输出功率，在空车或轻载时输出较小的功率，以达到节约燃油的目的；在重载或上坡时输出全部功率，以满足汽车对动力性的需求。档位中的 "E、L、1"档为空载时使用，"B、M、2"档为标载时使用，"P、H、3、4"档为重载时使用。各档位需要在车速 5km/h 以下、发动机转速低于 800r/min、油门开度小于 5% 的状态下设置，在行驶状态下切换不起作用。要注意合理使用各档位，否则会导致油耗过高。

　　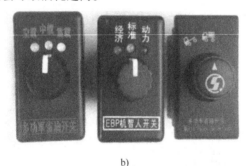　　

a)　　　　　　　　　　　　b)　　　　　　　　　　c)

图 1-31　多态转矩开关

a）转轮式　b）旋钮式　c）翘板开关式

知识点 7：差速锁

差速锁是用于锁止差速器，使左右两侧车轮之间和中桥与后桥之间没有速度差，保持同步转动的一套锁止装置。当车辆驶入光滑或泥泞路面而打滑无法驶出时，打开轴间差速锁开关，如图 1-32 所示，将轴间差速锁接合，使汽车驶出故障路面。如果路况十分恶劣，需将轴间差速锁和轮间差速锁同时使用，此时，应先接合轴间差速锁，再接合轮间差速锁。差速锁在使用时要注意：

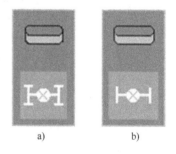

图 1-32　差速锁开关

a）轴间差速锁　b）轮间差速锁

1）接合差速锁时车辆应处于停止或低速（小于 5km/h）运行状态，以免内部齿轮损坏。

2）当轴间差速锁接合时车辆不得长时间在不平整路面行驶，车辆驶出故障路面后应及时解除差速锁，否则可能导致车桥内部零部件损坏。

知识点 8：辅助动力输出（PTO）

PTO 英文全称为 power take off，是一种动力输出装置，又叫作取力器。PTO 是将发动机的动力向汽车行驶系统以外的设备输出的装置。在水泥搅拌车、吊车和自卸车等商用车上都有这个装置。车辆起动后，通过 PTO 来设定一定目标转速，发动机在电控系统控制下，就会稳定在这个转速，此时即使踩加速踏板也不会使转速和车速发生变化，从而满足不同车辆对 PTO 功能的需求。PTO 开关通常有 4 个档位，分别对应转速 1000r/min、1200r/min、1400r/min 和 1700r/min，开关在任意一档 PTO 指示灯均点亮，如图 1-33 所示。

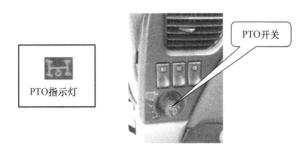

图 1-33　PTO 开关及指示灯

知识点 9：车辆抛锚常用应对措施

当车辆因蓄电池问题或其他电器问题导致无法起动时，通常采取的措施有辅助电源起动和拖车救援两种。

（1）辅助电源起动

因蓄电池亏电，发动机起动困难时，为了起动车辆可用辅助电源起动，具体做法如图 1-34 所示。

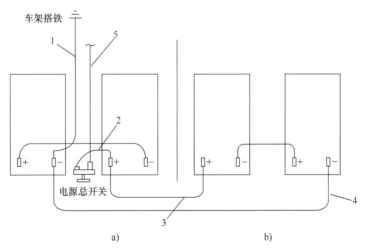

图 1-34　辅助电源起动连接
a）无电蓄电池　b）有电蓄电池
1—负极电缆线　2—正极电缆线　3—蓄电池跨接电缆线（红色）　4—蓄电池跨接电缆线（黑色）　5—起动机电缆线

操作步骤：
1）将装有良好蓄电池车辆的发动机熄火。
2）将蓄电池跨接电缆（红色）的一端接于无电蓄电池正极接线柱，另一端接到有电蓄电池的正极接线柱。将另一条蓄电池跨接电缆（黑色）的一端接于有电蓄电池的负极接线柱，另一端接到装有无电蓄电池的车辆底盘车架上，须尽量远离蓄电池。

3）接好蓄电池跨接电缆后，起动无电蓄电池的车辆发动机。

4）发动机起动后，按接线步骤相反顺序拆卸电缆。

（2）拖车救援

拖车时应注意故障车辆及救援车辆的行车安全，确保被拖车辆固定牢固，防止发生二次事故。拖车车速应保持在30～35km/h范围内，另外，建议采用平板车拖车，不使用拖车绳或拖车杠，若采用拖车杠方式，必须断开变速器凸缘与传动轴的连接，以免造成变速器内部轴承烧蚀。这主要是因为很多商用车变速器采用一轴或中间轴驱动变速器润滑油泵，若采用拖车杠形式拖车，二轴被反拖旋转，因变速器拖车都处于空档，此时一轴和中间轴不旋转，变速器润滑油泵也就不工作，这会导致变速器内因没有润滑而出现轴承或齿轮烧蚀的情况，严重时需要进行变速器大修或总成更换。

拖车时如故障车辆电气系统正常，应开启危险警告灯或示廓灯，且故障车辆后方应悬挂安全警示牌。对于纯电动商用车在拖车时，还要求全车必须做下电处理。

知识点10：车辆焊接操作时注意事项

对车辆进行电焊操作之前，必须对车上的电控单元进行保护，防止其损坏。具体操作步骤为：

1）将发动机熄火，断开电源总开关。

2）装有机械式电源总开关：断开蓄电池负极和正极电缆线，将正极和负极电缆线可靠连接；装有电磁式电源总开关：断开电磁式电源总开关输出端的正极电缆线，与输入端正极电缆线短接，断开蓄电池正极和负极电缆线，将两者可靠连接后连到车架上，如图1-35所示。

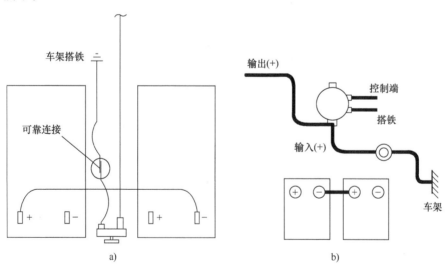

图1-35 焊接前蓄电池电缆线连接

a）装有机械式电源总开关 b）装有电磁式电源总开关

3）装有机械式电源总开关的，接通电源总开关。

4）进行焊接作业。

5）焊接作业完成后，恢复蓄电池电缆线连接，如图1-36所示。拆装蓄电池电缆线时，要注意防止电源短路。

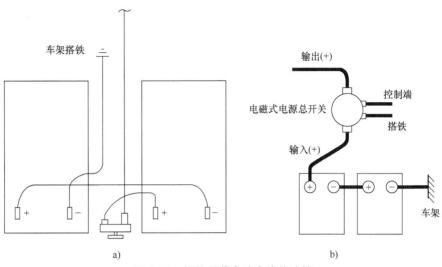

图 1-36 焊接后蓄电池电缆线连接
a）装有机械式电源总开关 b）装有电磁式电源总开关

知识点 11：车下起停开关

由于商用车的结构特点，为了方便维修人员检修作业，商用车往往会在发动机机体上或附近设置车下起停开关，用于发动机的起动和停机。使用方法为接通电源总开关，将驻车制动手控阀操纵手柄扳至锁止位置，将变速杆挂入低档区空档位置，钥匙开关置于"ON"档位置，按下起动开关，发动机就可以起动了，需要停止发动机运转时，按下停机开关按钮即可。起动开关通常为绿色或黑色，按键上标有相应的起动符号；停机开关通常为红色或黑色，按键上也标有相应的停机符号，如图 1-37 所示。两个开关根据车型不同，有的在一起安装，有的分开安装。

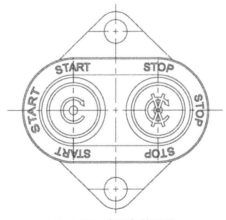

图 1-37 车下起停开关

知识点 12：故障码

故障码是车载诊断系统把汽车各电气部件在运行中出现的数据与正常数据库里的数据相比较，对异常数据通过数据代码提示出来的编码，是将识别出的可能存在故障存储在电控单元的具体外现形式，它可以帮助维修人员迅速准确地确定故障的性质和部位，缩小维修范围。一般分为标准故障码和厂家专用非标准故障码。标准故障码由一位字母和四位数字组成,字母通常有 P、C、B、U,分别代表动力系统、底盘系统、车身系统和通信网络系统;数字第一位通常为 0、1、2、3,0 为 SAE 定义的通用故障,1 为厂家定义,2、3 随系统的不同而不同;数字第二位表示出故障的系统,0 与燃油控制、空气计量及排放控制相关,1 为燃油及空气计量系统,2 为燃油及空气计量系统(特指喷射系统回路功能不良),3 为点火系统或缺缸监测系统,4 为辅助排放系统,5 为车速控制和怠速控制系统,6 为计算机输出线路系统,7 为变速器;数字第三位和第四位表示触发故障的条件。非标准故障码一般指的是厂家自定义的故障码。

需要注意的是,仪表显示的都是"现行故障",非现行以后不再显示。仪表上显示的故障码为简单文字带数字后缀,其中文字是故障的中文解释,数字是商用车 CAN 通信 J1939 协议中约定的两个代码 SPN、FMI,用于锁定故障具体部位,可以通过相关资料查阅其含义。SPN 称为"可疑参数编号",即发动机特定参数编号。FMI 称为"故障模式指示器",即是"开路"、"短路"还是"参数错误"等,见表1-6。例如,仪表显示"仪表:未收到 EECU 报文(523014,8)",具体含义为:仪表表示发现故障的电控单元是仪表;未收到 EECU 报文是故障的中文解释;523014 表示 SPN 码;8 表示 FMI 码。

表 1-6 FMI 故障模式

FMI	代表故障模式
0	数据有效但超出了正常操作的范围—最严重水平
1	数据有效但低于正常操作的范围—最严重水平
2	数据不稳定,断断续续,或者不正确
3	电压高于正常值或与高端短路
4	电压低于正常值或与低端短路
5	电流低于正常值或断路
6	电流高于正常值或电路接地
7	机械系统不响应或无法调节
8	非正常的频率或脉冲宽度或周期
9	非正常的更新速度
10	非正常的速度或变化
11	因其故障的原因未知
12	坏的智能装置或部件
13	超出标定范围
14	特殊指令
15	数据有效但超出了正常操作的范围—最不严重水平
16	数据有效但超出了正常操作的范围—中等严重水平
17	数据有效但低于正常操作的范围—最不严重水平
18	数据有效但低于正常操作的范围—中等严重水平
19	错误的接收到网络数据

除了可以从仪表上进行故障码的读取外，还可通过汽车故障诊断仪读取。另外，有些车型还设计了发动机故障诊断开关，如图1-38所示，通过按下发动机故障诊断开关灯，仪表上的发动机故障灯就会显示故障闪码，通过对闪码的读取，结合查阅故障码表，确认故障点。

通过故障灯读取故障闪码的方法：使点火开关处于ON档状态；按下—松开发动机故障诊断开关即可激活闪码；每操作一次只闪烁一个故障码，依次进行即可读完所有故障码；待机与运行工况均可读取故障码，但从安全角度出发，建议在待机工况读取。故障码闪码553的闪烁方式如图1-39所示，意为：开关断开前故障灯亮，激活闪码以后进入准备状态2s，故障指示灯闪亮0.25s熄灭0.25s，闪亮5次后，间隔2s，再依次显示故障码的另外数字。

图1-38 故障诊断开关

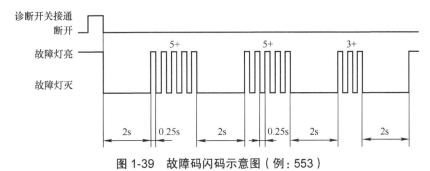

图1-39 故障码闪码示意图（例：553）

【工作任务实施】

<任务准备>

1. 任务计划

1）工具设备清单见表1-7。

表1-7 工具设备清单

名称	数量	单位
实训车辆	4	台
工具车	4	辆
工具	4	套
三角木	16	块
五件套	4	套
车辆使用手册	4	本

2）实操预演。

无故障时仪表
工作模式

有故障时仪表
工作模式

怠速调整

2. 任务决策

根据起动商用车车辆，操作仪表菜单键，查看车辆相关参数和进行发动机怠速调整这些具体任务内容，制订小组任务计划，简要说明任务实施过程的步骤及注意事项，并将项目计划内容填入表 1-8 中，落实子任务的学习目标。（注意：流程步骤小组自行设计，表格可以酌情添加或删减）

表 1-8　任务计划表

任务步骤	子任务 1　起动商用车车辆，操作仪表菜单键，查看车辆相关参数	子任务 2　进行发动机怠速调整操作
前期准备	（着装、查看车辆、查资料和准备五件套等）	（查看车辆、查资料）
步骤 1		
步骤 2		
步骤 3		
步骤 4		
步骤 5		
步骤 6		

<任务实施>

子任务 1　起动商用车车辆，操作仪表菜单键，查看车辆相关参数

实施步骤	标准/图示	过程记录
前期准备	图 1-40　铺设五件套	① 车辆停放在平坦地面，用三角木顶住车轮 ② 接通电源总开关，如图 1-8 所示 ③ 确认驻车制动状态 ④ 变速器处于"N"位 ⑤ 铺设五件套，如图 1-40 所示
起动车辆	图 1-41　点火开关	① 钥匙插入点火开关，如图 1-41 所示 ② 转动钥匙至 START 档

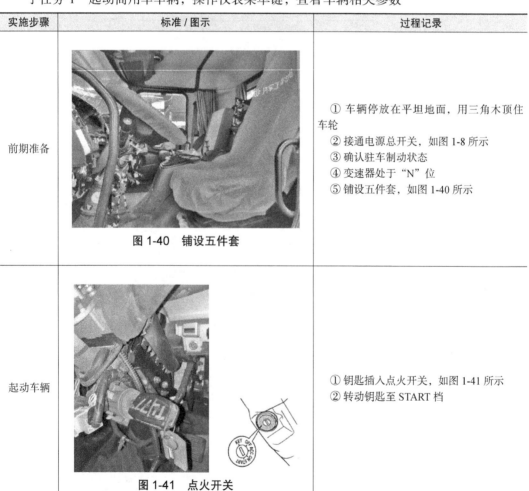

(续)

实施步骤	标准/图示	过程记录
操作仪表菜单键，查看车辆相关参数	 图 1-42 仪表信息	操作仪表菜单键，查看车辆相关参数，如图 1-42 所示

子任务 2　进行发动机怠速调整操作

实施步骤	标准/图示	过程记录
前期准备	—	① 车辆停放在平坦地面，用三角木顶住车轮 ② 接通电源总开关，如图 1-8 所示 ③ 确认驻车制动状态 ④ 变速器处于"N"位 ⑤ 铺设五件套，如图 1-40 所示
起动车辆	 图 1-43 发动机转速（怠速）	① 钥匙插入点火开关，如图 1-41 所示 ② 转动钥匙至 START 档 ③ 查看发动机转速，如图 1-43 所示
怠速调整	 图 1-44 发动机转速（调整后）	① 2s 内连续按照 OFF—ON—OFF—ON—OFF—ON 顺序点击转向盘上的巡航使能按钮 ② 按下转向盘上的"R+"按钮，转速上升至所需怠速，如 1100r/min，如图 1-44 所示 ③ 踩下制动踏板

【工作小结与思考】

1. 本节重点学习了商用车使用中常用的操作。

2. 在工作任务实施前，要查阅相关资料，确认操作方法，同时重点对操作中的注意事项进行熟记，确保操作规范、行车安全，达到学习目标。

3. 整个任务实施过程的步骤和注意事项，充分体现了安全和标准意识。

工作情境二 检修商用车发动机

任务 1　维护和保养商用车发动机

【任务导入】

作为一名商用车售后服务人员，能够快速、正确、规范地对商用车发动机这一重要总成，开展相应的维护和保养作业，是专业基本技能的具体体现，因此加强对商用车发动机维护和保养相关知识的了解和掌握变得尤为必要。为了更好地做到安全规范地开展商用车发动机维护和保养作业，掌握商用车检查保养时的注意事项，请你为新入职的同事介绍商用车发动机的维护和保养知识。

【工作内容分析】

＜认知目标＞

1. 了解商用车发动机和其维护保养的相关知识。
2. 掌握商用车发动机维护保养的相关操作方法及注意事项。

＜能力目标＞

1. 能够正确选用工量具及维保用品，规范地对发动机进行维保作业。
2. 能够正确选用工量具，规范地进行发动机气门间隙的调整。

＜素养目标＞

1. 形成安全、环保和学习意识。
2. 树立标准操作意识。
3. 树立民族品牌自豪感。

＜任务拆解＞

子任务 1　更换商用车发动机燃油滤清器并对燃油系统排空气
子任务 2　对商用车发动机气门间隙进行检查和调整作业

【学习资料准备】

知识点 1：商用车发动机

目前商用车发动机通常使用的燃料主要是柴油和天然气等。
（1）商用车发动机的总体构造
重型载货汽车上目前多为六缸发动机，其结构主要根据所用燃料不同和生产厂家技术侧重不同，从而有一定区别，各有各的特点。下面以 DDI75 发动机为例介绍发动机的结构，

DDI75 发动机的外形如图 2-1 所示，各主要部件的位置如图 2-2～图 2-5 所示。

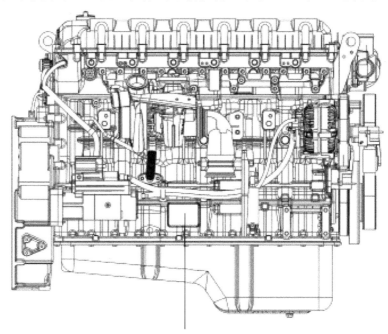

发动机铭牌位置

图 2-1 DDI75 发动机的外形

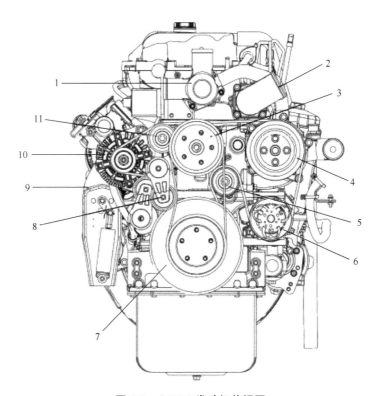

图 2-2 DDI75 发动机前视图

1—调温器总成 2—进气管接口 3—风扇带轮 4—水泵 5、11—惰轮 6—空调压缩机
7—扭转减振器 8—张紧轮 9—排气制动阀 10—发电机

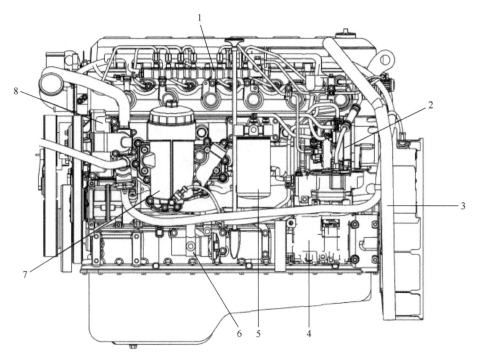

图 2-3　DDI75 发动机左视图

1—高压共轨管　2—喷油泵　3—曲轴箱通风管　4—空气压缩机　5—燃油细滤器
6—电动输油泵　7—机油滤清器　8—水泵

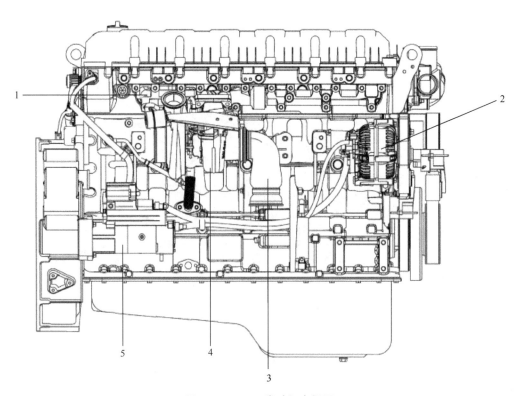

图 2-4　DDI75 发动机右视图

1—排气歧管　2—发电机　3—排气制动阀　4—涡轮增压器　5—起动机

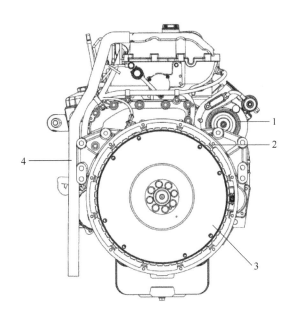

图 2-5 DDI75 发动机后视图
1—涡轮增压器 2—飞轮壳 3—飞轮 4—曲轴箱通风管

（2）部分厂家发动机的编号规则举例

发动机编号中包含企业代号、燃料类型、气缸数目、主要技术、发动机功率、排放标准和产品系列等信息，由英文字母和阿拉伯数字组成。发动机编号具体含义举例如下：

1) 东风商用车龙擎发动机系列。

① DDI11E465-60：东风商用车 D、柴油机 D、智能 I、排量 11L、EGR 技术路线 E、功率 465 马力、国 6 排放 6、基本型 0。

② DGI13：东风商用车 D、天然气发动机 G、智能 I、排量 13L。

2) 解放商用车发动机 CA6DM。解放 CA、气缸数目 6、柴油机 D、系列 M。

3) 潍柴发动机 WP10H400E62。潍柴动力 WP、排量 10L、直列发动机 H、功率 400 马力、国 6 排放 E6、系列号 2。

4) 玉柴发动机 YCS06245-60。玉柴 YC、缸数 6、功率 245 马力、国 6 排放 60。

5) 康明斯发动机 Z14NS6B480。东风康明斯 Z 系列发动机、排量 14L、国 6B 阶段 NS6B、功率 480 马力。

除了上述发动机产品名称编号，有些发动机还有用于售后服务系统维修培训、维修文献和索赔系统的服务名称，如康明斯发动机 Z14CM2670Z103B，其含义为：康明斯 Z 系列发动机、排量 14L、ECU 型号 CM2670、发动机变型名称 Z103、应用代码 B（B 汽车；C 工业；G 发电机；M 船机）。

知识点 2：发动机的保养规范

发动机的正确规范保养是确保其处于良好技术状态的前提，各厂家均对其产品的保养制订了详细的计划，通常包括检查保养项目和期限（行驶里程及月数表示，先到先做）。下面列出发动机的通用保养规范供大家借鉴，见表 2-1。

表2-1 发动机保养规范

保养项目	期限	备注
更换发动机机油及机油滤清器	首次10000km，正常间隔60000km	强制，工程车减半
更换燃油滤清器	首次10000km，正常间隔60000km	强制，工程车减半
更换节温器	12个月	强制，部分厂家未规定
更换油气分离器	80000km	强制
检查调整气门间隙	首次10000km，正常间隔80000km或12个月	推荐
检查调整发动机制动间隙	12个月	推荐
检查带张紧轮和带张力	80000km	推荐
检查空气压缩机排气管	18~24个月	推荐
检查发动机支架减振器	18~24个月	推荐
检查燃油是否有渗漏	1500~2500km或首次10000km	推荐
检查燃油滤清器滤芯安装是否正确，清除油水分离器中的沉积物	1500~2500km或首次10000km	推荐
检查机油油标尺安装是否正常，放油螺塞是否拧紧	1500~2500km或首次10000km	推荐
检查进气系统卡箍、管路和支架是否安装牢固，清洁空气滤清器	1500~2500km或首次10000km	推荐
检查重点螺栓的装配力矩是否达到要求	1500~2500km或首次10000km	推荐
检查紧固风扇、柔性护风圈环箍	10000km	推荐
检查润滑油液面、冷却液液面高度，不足添加	10000km	推荐
更换油水分离器	80000km	推荐
泄放尿素罐沉淀物	80000km	推荐
尿素罐加注口滤网清洗，清洁尿素罐通气阀	50000km或12个月	推荐

知识点3：发动机常规保养

（1）发动机润滑油的检查更换

1）检查发动机润滑油油面。

① 车辆停于平整地面，发动机熄火后等待约5min。

② 找到机油油标尺将其拔出，用干净的擦布将其擦干净后装复。再次拔出机油油标尺，观察机油油标尺上的标记区，确认机油液面高度，正常液面高度范围应在标记区两刻线之间，最好是中间偏上，如图2-6所示。

2）更换发动机润滑油。

① 如果发动机处于冷机状态，更换发动机润滑油前要先起动发动机预热，待冷却液温度达到50℃左右时，关闭发动机。

② 拆卸油底壳放油螺塞，如图2-7所示。趁发动机热机时放净油底壳内的机油，注意油温，小心烫伤。等机油放完后，将清洁干净的放油螺塞重新装复。

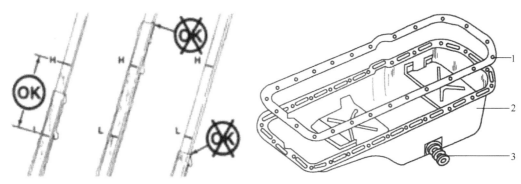

图 2-6　机油油标尺　　　　图 2-7　发动机油底壳

1—油底壳密封垫　2—油底壳　3—放油螺塞

③ 用机油滤清器专用扳手卸下机油滤清器，将清洁的机油注入新的机油滤清器，注意要加满。在安装机油滤清器前，需用少量机油涂抹在机油滤清器密封圈表面。安装时，用手将其拧紧至密封圈接触机油滤清器座后，再拧 3/4 圈，如图 2-8 所示。另外，离心式机油滤清器的固定螺母的螺纹为左旋螺纹，顺时针方向为松，逆时针方向为拧紧，方向不能搞错，固定螺母的力矩一般为 30N·m。

④ 加注规定标号和数量的机油，如图 2-9 所示。建议使用车辆使用手册中厂家推荐标号的机油，机油标号通常有三种标准：第一种是 SAE 标准；第二种是 API 标准（国 6 发动机需要使用 CJ-4 或 CK-4 级的机油）；第三种是厂家自定义标准，如东风商用车对于燃油车使用的机油标号为 KL55、KL50、KL60，它们的区别是适用车型和更换里程不同，分别是 5 万 km、10 万 km 和 15 万 km，燃气车使用的机油标号为 KCN50、KEN50，它们的区别也是适用车型和更换里程不同，分别是 10 万 km 和 5 万～6 万 km。

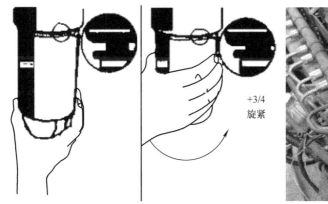

图 2-8　安装机油滤清器

图 2-9　机油加注口

⑤ 怠速运转发动机，观察机油滤清器和放油螺塞处有无泄漏。

⑥ 停机后等待 5min，使发动机内机油流回油底壳中，用机油油标尺检查机油液位，液面高度必须在机油油标尺上下刻线之间，高于上刻线应放掉，低于下刻线要添加，且尽可能使机油液位靠近上刻线。

（2）空气滤清器的保养

重型车由于工作环境恶劣，其空气滤清器必须是多级的，如图 2-10 所示。第一级为旋流式预滤器（如叶片环、旋流管等），用于滤除粗大颗粒杂质，过滤效率在 80% 以上；第二级细滤是微孔纸滤芯（一般称作主滤芯），其过滤效率达 99.5% 以上，主滤芯之后还有一个安全滤芯，其作用是在安装和更换主滤芯时，或在主滤芯损坏时，防止灰尘进入发动机。安全滤芯的材料多为非织造布，也有使用滤纸的。

当查看空气滤清器发现安全滤芯某处呈点状或片状，有土、灰或变色，说明主滤芯已经失效；用照明灯从主滤芯内侧向外侧照射查看，如果有透光，则说明主滤芯已破损；当空滤阻塞警告灯点亮时，说明需要对空气滤清器进行保养。一般只能清洁主滤芯，此时注意高压空气的压力要≤5bar（1bar=10^5Pa），高压空气应由滤芯内部向外部吹，如图2-11所示，安全滤芯一般不能保养，只能更换，通常主滤芯保养五次需更换时，安全滤芯必须一起更换。若道路灰尘太多或使用环境恶劣，应根据实际情况适当缩短保养和更换滤芯的周期。

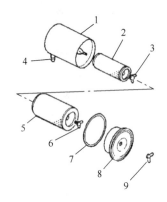

图2-10 空气滤清器

1—空气滤清器壳体 2—安全滤芯
3、6、9—蝶形螺母 4—排尘口 5—主滤芯
7—密封环 8—空气滤清器端盖

图2-11 清洁空气滤清器

有些车型会在空气滤清器和发动机增压器之间的管路上安装堵塞报警开关，如图2-12所示。当空气滤清器堵塞，进气阻力加大，或堵塞报警开关接线脱落搭铁等情况出现时，仪表上的空气滤清器堵塞指示灯会点亮，如图2-13所示。有的车型安装的是空气滤清器堵塞指示器，如图2-14所示，当指示器的指示区为红色时，需要对空气滤清器进行检查、清洁或更换，操做完成后还需要用手按压指示器上面的按钮，使指示器的指示区变为绿色。

图2-12 空气滤清器堵塞报警开关

图2-13 空气滤清器堵塞指示灯

（3）发动机燃油滤清器的检查及更换

1）油水分离器。油水分离器又叫作燃油预滤器，是燃油从油箱出来后的第一道滤清器，可以对燃油中的水分和大的杂质颗粒物进行过滤。当看到油水分离器储水杯中水的液位较高或仪表上的油中含水警告灯点亮时，如图2-15所示，需要对其进行泄放操作。方法为用手拧动储水杯下方的泄放阀，泄放水和沉淀物，当流出清洁燃油时，用手拧紧泄放阀。注意：放

 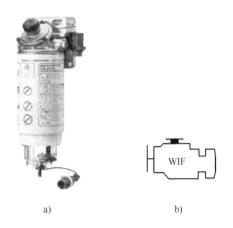

图 2-14 空气滤清器堵塞指示器　　　　图 2-15 油水分离器
　　　　　　　　　　　　　　　　　　　a）结构　b）指示灯

水时，不能将排水阀全部打开。当达到更换周期时，用专用的滤清器扳手卸下燃油预滤器，在安装新的燃油预滤器时，先将接合面擦干净，然后用手装上预滤器，待密封面与接合面接合时，再用手拧紧 3/4 圈。

在对燃油供给系统进行维护保养作业后，如更换燃油滤清器、输油泵、低压油管等，发动机首次起动前，需要通过油水分离器上面的手油泵对燃油供给系统进行排气作业。对于安装有电动输油泵的燃油供给系统，如图 2-16 所示，可以将点火开关转到"ON"档，使电动输油泵工作，实现自行排气。因电动输油泵每次工作时长接近 30s，故该操作需要反复几次才行。

图 2-16 电动输油泵

使用手油泵排气方法：松开油水分离器上的排气螺塞，快速反复按压油水分离器上的手油泵按钮，直至从排气螺塞处流出无气泡的燃油，将排气螺钉紧固。燃油滤清器上也有排气螺塞，操作方法和前面一样。注意：①当发动机温度很高时，严禁排气；②禁止采用起动机拖动的方式进行排气；③禁止拧松高压管路接头进行排气。

2）燃油滤清器。

更换方法：用滤清器专用扳手卸下燃油滤清器，在安装新的燃油滤清器前，需用少量燃油涂抹在滤清器密封圈表面。安装时，用手将其拧紧至密封圈接触燃油滤清器座后，再拧 3/4 圈，安装完成后，需要用手油泵进行排气作业。注意：①安装时不准用滤清器扳手拧紧燃油滤清器，否则将使螺纹变形和损坏滤清器；②由于高压共轨燃油供给系统对燃油的清洁度要求较高，严禁在安装新燃油滤清器前向其加注燃油。

（4）发动机冷却系统的检查及保养

冷却系统在商用车上的重要性越来越高，根据使用情况既有散热功能，又有预热或加温功能。散热功能主要用于发动机、液力缓速器、EGR 阀、涡轮增压器和尿素喷嘴等；预热加温功能主要用于暖风、尿素泵、尿素罐和新能源汽车动力电池等。为了确保冷却系统的性能，部分厂家规定在对冷却系统进行保养时，除了要更换冷却液，还需更换膨胀水箱压力阀盖，检查更换节温器等。

1）冷却液的检查与更换。每周均需要检查冷却液液面，发现液面不足时，要确认是否存在泄漏，确认后从加注口进行添加，如图2-17所示。

冷却液液面高度的检查可以通过半透明的膨胀水箱观察，如果低于膨胀水箱MIN刻度线，则需加注冷却液，也可以把点火开关拧到ON档位置，通过查看仪表上的冷却液液面指示灯是否点亮来确定，如果该指示灯点亮并且蜂鸣器发出报警信号，则须添加冷却液。加注冷却液时，除了要使用同型号冷却液，还要注意加注液面不能高于膨胀水箱MAX刻度线。加注好冷却液后，拧紧膨胀水箱的压力盖。

当达到保养周期时，需要对冷却液进行更换。注意：①必须在冷却液温度降到50℃以下后才能进行冷却液泄放操作；②加注冷却液时，速度不宜过快，否则发动机水套中的气体不易排出；③加注完成后，要起动发动机怠速运转1min，检查膨胀水箱液位，补充冷却液至上限。

2）节温器的检查与更换。将节温器浸泡在逐渐被加热的水中，检查节温器的开启温度是否正常。当水温达到90℃时，检查节温器的开启尺寸A，应不小于9mm，如图2-18所示，否则需要更换节温器。

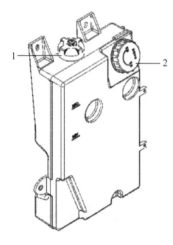

图2-17 膨胀水箱

1—压力阀盖 2—加注口盖

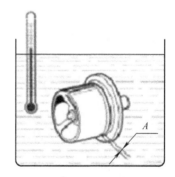

图2-18 节温器的检查

（5）涡轮增压器的保养

此处主要针对长时间停放的发动机或更换了机油、机油滤清器或涡轮增压器的发动机，在首次起动前的保养。保养方法为：通过涡轮增压器润滑油进油口对增压器注入1~2mL干净的规定标号的机油，以此确保发动机起动时，涡轮增压器的轴承能得到润滑。

（6）后处理系统的保养

后处理系统必须使用尿素含量为溶液质量32.5%±0.7%的排气处理液，没有可接受的替代品。在加注以及使用过程中，务必保证尿素喷射系统以及存储罐的清洁度，否则会造成后处理系统零部件的故障、发动机驾驶员警告灯点亮、发动机降功率运行，并最终导致发动机限速。根据后处理系统的结构组成，保养项目包括清洁通气装置、更换滤芯、更换油气分离器等。保养作业时注意保证清洁度，注意对尿素箱尿素加注口上的橡胶堵头等小配件进行保管，防止丢失。对后处理系统保养操作时要注意穿干净的衣服，戴橡胶手套和护目镜等。

1)通气装置主要用压缩空气进行清洁。

2)滤芯更换包括尿素泵里的主滤芯和尿素液位温度传感器总成上的滤芯,如图 2-19 所示。气助式尿素泵还包括空气电磁阀中空气滤网的更换,此处注意,更换完空气滤网后需要进行空气电磁阀咔嗒测试,检查有无泄漏。在进行尿素液位温度传感器总成上的滤芯更换操作时,要注意各管路和线束的拆装顺序,拆卸时依次断开冷却液管路、尿素管路、空气管路和电气插头,安装时顺序相反。

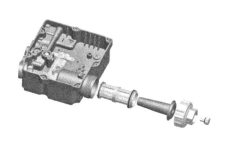 

a)   b)

图 2-19 尿素滤芯
a)尿素泵内主滤芯 b)尿素液位温度传感器总成上的滤芯

3)油气分离器的更换方法为:用滤清器专用扳手卸下油气分离器,在安装新的油气分离器前,先将接合面清洁干净,安装时,用手将其拧紧至密封圈接触油气分离器座后,再拧 3/4 ~ 1 圈。

知识点 4:气门间隙调整

气门间隙可保证进排气门有效开启时间,满足发动机各工况要求,是发动机维护保养中的重要内容。如果气门间隙调整不好,会出现发动机异响、无力,甚至不着车的情况。各发动机的调整方法和调整数值均有差异,应按照厂家提供的发动机气门间隙调整方法进行操作。通常有逐缸调整法、两次调整法、带发动机制动的气门间隙调整法等。

气门间隙调整时需要用到专用工具——盘车工具(转动曲轴),如图 2-20 所示,还需用到梅花呆扳手、平口螺钉旋具、六方扳手等工具及塞尺和扭力扳手等量具。

a)   b)

图 2-20 盘车工具和使用方法
a)盘车工具 b)使用方法

调整气门间隙时,先松开气门摇臂上的锁紧螺母,将规定厚度的塞尺插入气门杆/气门轭与气门摇臂之间,用平口螺钉旋具或六角扳手顺时针匀速缓慢转动锁紧螺钉,当感觉到有阻力时,停止旋转,稳住平口螺钉旋具或六方扳手不动,用梅花呆扳手将锁紧螺母预拧紧,如图2-21所示。再用塞尺查验一下气门间隙是否符合要求，方法为：将规定厚度的塞尺放入气门杆/气门轭与气门摇臂之间，轻轻拉动塞尺，应略微有阻力。查验合格后，用扭力扳手按照规定力矩拧紧锁紧螺母。

（1）逐缸调整法

一台6缸发动机，做功顺序为1-5-3-6-2-4。采用逐缸调整法，就是先找到1缸的压缩上止点，先调1缸进排气门，因相邻做功两缸的同名凸轮间隔60°，故需旋转曲轴120°，此时就到达了5缸的压缩上止点，可调整5缸进排气门，依次类推。对于如何确认1缸的压缩上止点，发动机生产厂家一般会在曲轴或凸轮轴对应的缸体上设置正时销孔或相应标记，通过正时销或其他标记来确定，如图2-22所示。或者在凸轮轴上标记记号来确定，如DDI11发动机和Z14发动机，如图2-23所示。

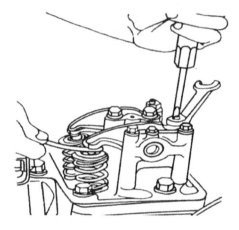

图2-21 气门间隙调整

图2-22 曲轴正时标记（1、6缸上止点）

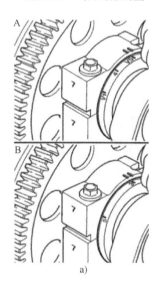

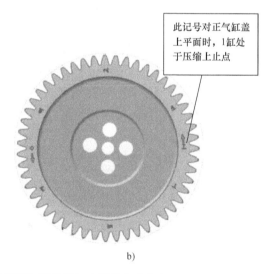

图2-23 凸轮轴逐缸调整标记（压缩上止点）

a）DDI11发动机凸轮轴后端轴径　b）Z14发动机凸轮轴齿轮

（2）两次调整法

两次调整法就是盘车2次就能完成气门间隙的调整，又被称为"双排不进"。前提也是需要先找到1缸的压缩上止点，然后按照发动机的工作顺序进行气门间隙的调整，如图2-24

所示。"双"意为该气缸进气门和排气门均可调,"排"意为该气缸排气门可以调,"不"意为该气缸任何气门都不能调,"进"意为该气缸进气门可以调。此时,我们可以完成发动机一半气门的间隙调整,根据曲轴的结构特点,剩下一半的气门就要在发动机六缸压缩上止点处,也就是曲轴旋转360°后再调整。

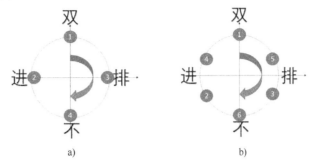

图 2-24 两次调整法(双排不进)

a)4缸发动机 b)6缸发动机

(3)带发动机制动的气门间隙调整法

现在重型车配置的大功率发动机均配置了发动机制动,它与配气机构高度集成,所以气门间隙的调整除了原来的进气门间隙调整和排气门间隙调整,又增加了发动机制动间隙调整。另外在调整顺序上,要参照厂家技术标准执行,有的要先调整排气门间隙再调整发动机制动间隙,有的则顺序相反。

【工作任务实施】

<任务准备>

1. 任务计划

1)工具设备清单见表2-2。

表 2-2 工具设备清单

名称	数量	单位
实训车辆	4	台
工具车	4	辆
工具	4	套
三角木	16	块
五件套	4	套
车辆使用手册	4	本

2)实操预演。

油水分离器排空气

气门间隙调整

2. 任务决策

根据更换商用车发动机燃油滤清器并对燃油系统排空气和发动机气门间隙调整这些具体任务内容,制订小组任务计划,简要说明任务实施过程的步骤及注意事项,并将项目计划内

容填入表 2-3 中，落实子任务的学习目标。（注意：流程步骤小组自行设计表格，可以酌情添加或删减）

表 2-3　任务计划表

任务步骤	子任务 1　更换商用车发动机燃油滤清器并对燃油系统排空气	子任务 2　对商用车发动机气门间隙进行检查和调整作业
前期准备	（着装、查看车辆、查资料和准备五件套等）	（查看车辆、查资料）
步骤 1		
步骤 2		
步骤 3		
步骤 4		
步骤 5		
步骤 6		

< 任务实施 >

子任务 1　更换商用车发动机燃油滤清器并对燃油系统排空气

实施步骤	标准 / 图示	过程记录
前期准备	—	① 车辆停放在平坦地面，用三角木顶住车轮 ② 车辆处于熄火状态 ③ 确认驻车制动状态 ④ 变速器处于"N"位 ⑤ 铺设五件套，如图 1-40 所示
拆卸安装	 图 2-25　拆卸燃油滤清器  图 2-26　安装新燃油滤清器	① 使用专用滤清器扳手拆卸燃油滤清器，如图 2-25 所示 ② 安装新的燃油滤清器，如图 2-26 所示

（续）

实施步骤	标准/图示	过程记录
排空气	 图 2-27 拧松油水分离器上的排气螺塞 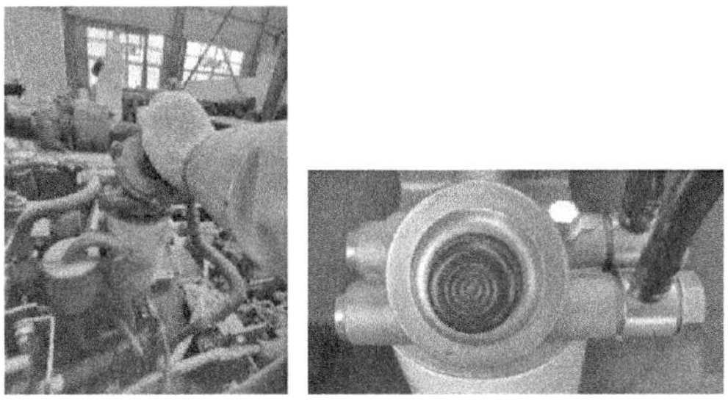 图 2-28 按压手油泵  图 2-29 排气判断  图 2-30 拧松燃油滤清器上的排气螺塞	① 拧松油水分离器上的排气螺塞，如图 2-27 所示 ② 快速反复按压油水分离器上的手油泵按钮，如图 2-28 所示 ③ 确认从排气螺塞处流出无气泡的燃油，将排气螺塞紧固，如图 2-29 所示 ④ 拧松燃油滤清器上的排气螺塞，如图 2-30 所示 ⑤ 快速反复按压油水分离器上的手油泵按钮，如图 2-28 所示 ⑥ 确认从排气螺塞处流出无气泡的燃油，将排气螺塞紧固
起动车辆		① 钥匙插入点火开关，转动钥匙至 START 档 ② 查看车辆能否顺利着车，油水分离器和燃油滤清器处有无渗漏现象

子任务 2　对商用车发动机气门间隙进行检查和调整作业

实施步骤	标准/图示	过程记录
前期准备	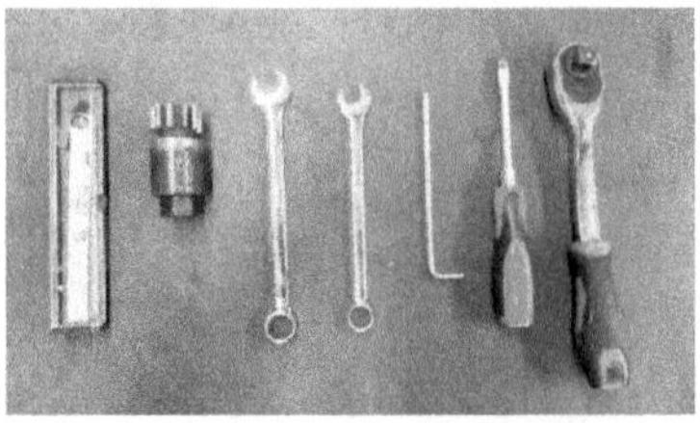 图 2-31　气门调整用工量具  图 2-32　拆卸发动机气缸盖罩	① 车辆停放在平坦地面，用三角木顶住车轮 ② 车辆熄火，达到冷机状态 ③ 确认驻车制动状态 ④ 变速器处于"N"位 ⑤ 翻转驾驶室 ⑥ 准备气门调整用工量具，如图 2-31 所示，拆卸发动机气缸盖罩，如图 2-32 所示
气门间隙调整	—	① 拆卸曲轴位置传感器，使用盘车工具转动曲轴，找到 1 缸处于上止点标记，如图 2-22 所示 ② 根据凸轮轴位置或气门状态，确认 1 缸处于压缩上止点 ③ 按照发动机技术手册，根据其顺序和数值，调整气门间隙，如图 2-21 所示
装复		将发动机气缸盖罩装复
起动车辆	 图 2-33　车下起动车辆	① 利用车下起停开关，确认车辆起动情况，如图 2-33 所示 ② 确认发动机气缸盖罩处有无机油渗漏 ③ 通过发动机运转声音初步判断发动机气门间隙调整情况
整理恢复		① 将车辆驾驶室回位 ② 清洁整理工量具和场地

【工作小结与思考】

1. 本节重点学习了商用车发动机维护和保养中的相关内容及注意事项。
2. 在工作任务实施前，要查阅相关资料，确认操作方法，同时重点对操作中的注意事项进行熟记，确保操作安全规范，达到工作要求。
3. 整个任务实施过程的步骤和注意事项，充分体现了工匠精神和标准意识。

任务2　检修高压共轨电控燃油供给系统

【任务导入】

随着电控技术的发展，商用车柴油发动机都采用了高压共轨电控燃油供给系统。作为一名商用车售后服务人员，能够快速、准确、规范地对柴油发动机高压共轨电控燃油供给系统开展相应的检修作业，是必须掌握的专业技能，因此加强对高压共轨电控燃油供给系统相关知识的了解和掌握非常必要。为了更好地做到安全规范准确地开展高压共轨电控燃油供给系统检修作业，掌握高压共轨电控燃油供给系统检修的注意事项，请你为新入职的同事介绍柴油发动机高压共轨电控燃油供给系统常见的故障和原因，以及检修的相关知识。

【工作内容分析】

＜认知目标＞

1. 了解高压共轨电控燃油供给系统的相关知识。
2. 掌握高压共轨电控燃油供给系统检修的相关操作方法及注意事项。

＜能力目标＞

1. 能够正确选用工量具，规范地进行低压油路油压的测试，并分析测量结果。
2. 能够正确选用工量具，规范地进行燃油计量单元的检测，并分析测量结果。
3. 能够对高压共轨电控燃油供给系统常见故障进行诊断与排除。

＜素养目标＞

1. 形成安全、环保和学习意识。
2. 树立标准操作意识。

＜任务拆解＞

子任务1　高压共轨电控燃油供给系统低压油路油压测量
子任务2　燃油计量单元的检测

【学习资料准备】

知识点1：高压共轨电控燃油供给系统介绍

高压共轨电控燃油供给系统可以在合适的时间，以适当的压力，向气缸喷射一定量的燃油。它作为柴油发动机第三代喷射系统，集成了计算机控制技术、现代传感监测技术以及先进的喷油结构于一身，采用的是压力和时间控制。它不仅能达到较高的喷射压力、实现喷射压力和喷油量的精确控制,而且能实现预喷射和后喷射,从而优化喷油特性,降低柴油机噪声和大大减少废气的排放量。

喷油量控制是柴油机电子控制系统的一项主要功能。该系统通过加速踏板位置传感器和发动机转速传感器的信号计算出基本喷油量,并由进气温度、进气压力、冷却液温度信号对油量进行修正,通过执行机构的快速响应对喷油量进行精确的控制。

（1）高压共轨电控燃油供给系统的组成

高压共轨电控燃油供给系统由燃油系统和电控系统组成,如图2-34所示。为了防止手套上的棉絮脱落或灰尘、杂质等掉落入燃油系统,故在从事相关零件的拆卸与分解工作时,应徒手操作,不可戴手套从事上述相关的工作;发动机运转时,绝不可松开高压油管;高压油管压力很高,不可直接用手动工具泄放高压油管油压,否则可能会射穿人体,造成危险与伤害。

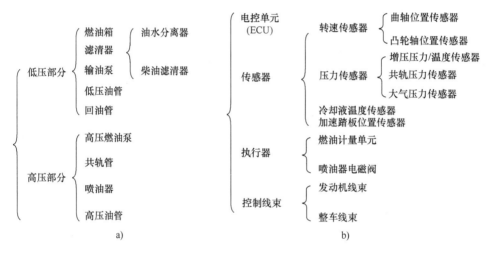

图2-34　高压共轨电控燃油供给系统

a）燃油系统　b）电控系统

（2）高压共轨电控燃油供给系统各零部件

1）高压燃油泵。高压燃油泵的作用是将低压燃油加压成高压燃油,以保证发动机起动过程中共轨管压力迅速上升所需要的燃油储备,保证持续产生高压共轨管所需要的系统压力。高压燃油泵出油口不出油的原因通常为柱塞腔有空气、齿轮泵内有空气或柱塞磨损。

常见的博世共轨系统有两种类型的高压油泵,一种是径向柱塞燃油泵,如图2-35所示。该燃油泵是柴油润滑,内有三个柱塞,内部的"三尖"凸轮轴转一圈,三个柱塞各泵一次油,通过高压油泵内部油路汇集后,由壳体上的一个高压出油阀向外输出。该类型燃油泵通常用于四缸机一类的中小型柴油发动机,安装此类高压油泵的高压共轨电控燃油供给系统如图2-36所示。另一种是直列双柱塞燃油泵,如图2-37所示。该燃油泵是机油润滑,内有两个柱塞,内部的"三尖"凸轮轴转一圈,两个柱塞各泵三次油,通过各自的高压出油阀向外输出。因该类型燃油泵供油速率较高,常应用于重型柴油发动机,安装此类高压油泵的高压共轨电控燃油供给系统如图2-38所示。德尔福的F2E型高压共轨系统,是过去的泵喷嘴系统进化而成的,如图2-39所示。该系统顶置凸轮轴上有三个喷油器摇臂,通过凸轮轴驱动与喷油器一体的油泵,产生的高压燃油进入共轨管,再分配至各个喷油器。该系统6只喷油器有三只是带泵喷油器,三只是普通喷油器。还有的发动机为了满足国6排放设计有"第七喷油器",即后处理碳氢喷射模块,安装在排气管上,如图2-40所示。

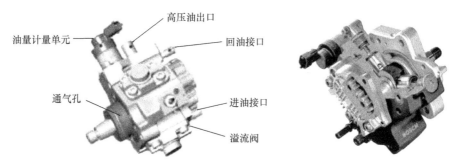

图 2-35 径向柱塞燃油泵

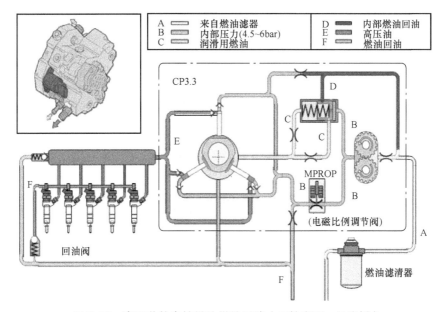

图 2-36 高压共轨电控燃油供给系统（三柱塞泵，见彩插）

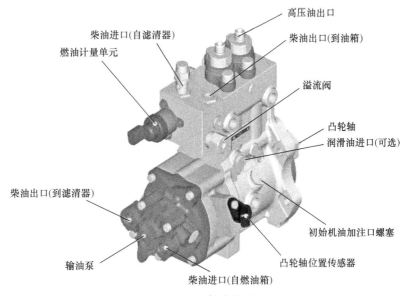

图 2-37 双柱塞燃油泵

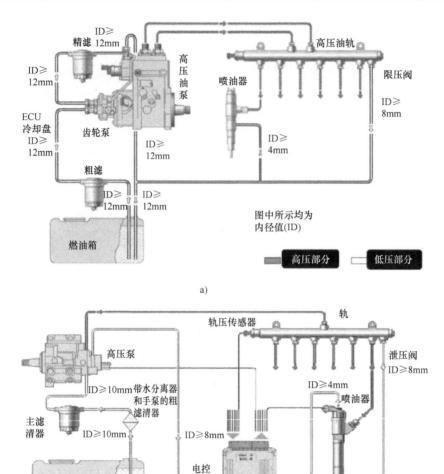

图 2-38 高压共轨电控燃油供给系统

a）直列双柱塞泵 b）三柱塞泵

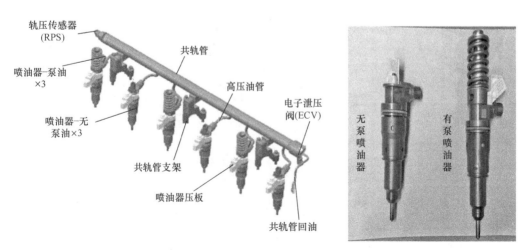

图 2-39 德尔福 F2E 型高压共轨系统

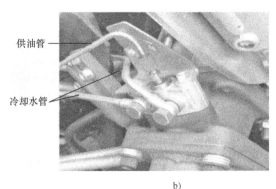

图 2-40 第七喷油器

a) 不带冷却水管 b) 带冷却水管

根据上述高压共轨燃油供给系统组成及原理图，按照压力不同，可以将高压共轨燃油供给系统油路分为低压油路、高压油路和回油油路。低压油路指的是燃油箱→预滤器（粗滤）→电动输油泵（选配）→机械低压输油泵→燃油滤清器（细滤）→高压燃油泵；高压油路指的是高压燃油泵→共轨管→各缸喷油器；回油油路指的是低压回油（低压齿轮泵回油、高压燃油泵回油）和高压回油（喷油器回油、共轨管回油，正常情况下不回油）汇集后统一返回燃油箱。

高压燃油泵上的溢流阀（有的叫阶跃回油阀）是一个多级机械阀，用于调节输油泵出油压力，对于保证油泵的润滑和回油正常至关重要。当燃油计量单元进油口油压过高时，溢流阀将打开回油口，使燃油重新回到输油泵入口或者燃油箱，确保计量单元进油端前的压力恒定，如图 2-41 所示。溢流阀卡滞可以导致轨压异常，系统报故障，严重情况下，车辆无法起动。

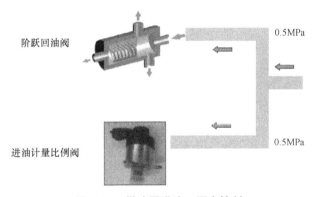

图 2-41 燃油泵进油口压力控制

2）输油泵。输油泵是用来为共轨高压燃油泵提供燃油的。它通常和高压燃油泵安装在一起，由高压燃油泵驱动轴驱动。输油泵常为机械齿轮式，如图 2-42 所示，壳体内安装两个相互啮合的齿轮，一个是主动齿轮，一个是从动齿轮，通过两个相互啮合转动的齿轮，将燃油从油箱中抽吸过来送去燃油滤清器，再经过燃油计量单元的计量后进入高压燃油泵内的柱塞腔。

3）共轨管。共轨管又叫高压蓄压器，是一根锻造钢管，其内径为 10mm，上面既有连接高压燃油泵的进油管接口，又有连接各缸喷油器的出油管接口。它的上面通常装有轨压传感器和限压阀，有的还装有流量限制

图 2-42 机械输油泵

阀,如图 2-43 所示。它的作用是积累与分配高压燃油,降低柱塞间歇性供油和喷油器喷射后产生的压力波动,使共轨管中的压力波动控制在 5MPa 以下。它本身的失效模式通常为高压油管接口螺纹处滑扣漏油;内部锈蚀或油品问题导致出现杂质将限压阀卡滞,限压阀处漏油。

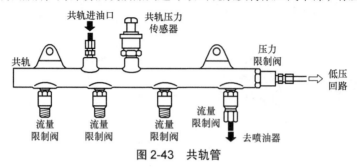

图 2-43 共轨管

① 轨压传感器。轨压传感器的作用是实时测定共轨管中的实际燃油压力信号并反馈给 ECU,由 ECU 对燃油计量单元实施反馈控制,通过对供油量的增减来调节油压稳定在目标值,实现轨压的闭环控制。当传感器信号出现异常时,一般带限压阀的燃油系统实际油轨压力高于设定油轨压力,限压阀开启,发动机限速;不带限压阀的车辆发动机是无法起动的。轨压传感器的电路如图 2-44 所示,传感器的接线端有 3 个针脚,其中 3 号针脚是该传感器的 5V 电压针脚,与发动机电控单元的 A28 针脚相连;2 号针脚是该传感器的信号线针脚,与发动机电控单元的 A43 针脚相连,为 ECU 提供燃油压力信号;1 号针脚是该传感器的地线针脚,与发动机电控单元的 A08 针脚相连。

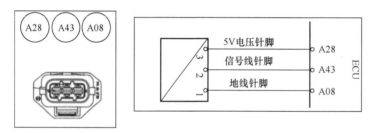

图 2-44 轨压传感器电路(例)

轨压传感器内部膜片上装有半导体型压敏元件,当高压燃油经压力室的小孔流向膜片时,膜片形状发生改变,膜片涂层的电阻发生变化,并产生电压变化,向 ECU 发送电压信号,如图 2-45 所示。

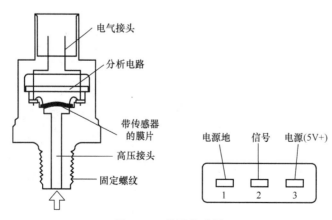

图 2-45 轨压传感器

当计量单元通过调整占空比也不能解决轨压问题，轨压偏差超过200bar时就会报出轨压偏差的故障码。轨压偏差指的是实际轨压与目标轨压的差值，即目标轨压－实际轨压，当值为正值（正偏差）说明轨压偏低，当值为负值（负偏差）说明轨压偏高。轨压正偏差和负偏差超限制均会导致发动机动力不足。

轨压传感器信号输出电压值在不同电控系统中存在差异：博世电控系统连接电压静态值（点火开关处于ON档通电状态），6缸发动机多为0.5V，4缸发动机有的为0.5V，有的为0.3V；康明斯电控系统连接电压静态值为0.5V；电装电控系统连接电压静态值为1V。怠速状态时，轨压传感器信号线的电压值通常为1.2V和1.5V不等。

轨压传感器的信号线在电控单元内有个上拉电阻，对于博世电控系统，轨压传感器的任何一根线断路、信号线对电源或对地短路、传感器内部短路、传感器更换错误等，都会报高于上限故障，即轨压传感器电压超过4.8V。轨压传感器信号输出电压值及对应状态，如图2-46所示。康明斯电控系统则会报0451-1号喷油器计量油轨压力传感器电压高或对高压电源短路故障。此时对于装配了常开型计量单元的车辆，出现高轨压，在ECU保护控制下车辆限矩，进入跛行回家模式；装配了常闭型计量单元的车辆，因没有限压阀，在ECU保护控制下车辆熄火。

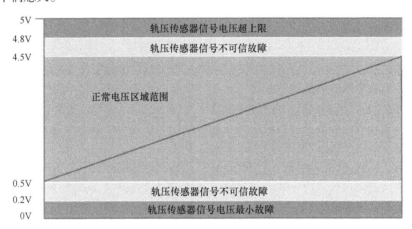

图2-46 轨压传感器信号输出电压值及对应状态

② 限压阀。限压阀又叫泄压阀，简称PRV阀或DBV阀，大型车辆基本是机械式的，如图2-47所示。它的作用是当轨压的压力超出限定值时，通过开启限压阀溢流来限制共轨管中的压力。例如，轨压设定值最大为1600bar的高压共轨燃油供给系统，当轨压达到1850bar时，限压阀开启。此时实际轨压维持在700~760bar范围内，随转速变化而波动，发动机转速往往限制在1700r/min下，在限制范围内，加速踏板仍然起作用，另外，回油管温度会很高。点火开关关闭后，泄压阀方可关闭，恢复正常，发动机熄火后仍可起动。

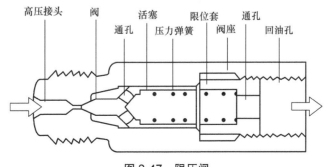

图2-47 限压阀

在正常轨压下，限压阀中的弹簧使活塞的锥形头部紧紧压在密封座上，保持泄压阀的关闭状态；当轨压超过系统压力限定值时，限压阀中的弹簧被压缩，活塞被顶起，燃油通过限压阀从共轨管溢出，流回油箱，油轨压力下降。

正常工况下，限压阀处于关闭状态，没有燃油泄漏，只有当发生故障时，限压阀才会主动或者被动开启，限压阀开启原因见表2-4。主动开启为ECU控制轨压升高强制开启，被动开启为系统中轨压过高达到开启压力。如果是因为油路故障引起的限压阀开启，除了报限压阀开启故障，一般还会有计量单元和轨压传感器的相关故障码；如果仅为单独一个限压阀开启故障码，此时主要考虑电路原因。

表2-4 限压阀开启原因

主动开启	被动开启
轨压传感器损坏	回油管弯折或堵塞
计量单元损坏：卡滞、线圈开路、短路	喷油器卡死
计量单元线路或者插接件故障：线束开路、短路，插接件接触不良	泄压阀弹簧疲劳或者型号不对
供电模块故障	同步信号错误
ECU偶发性断电：蓄电池电源线、搭铁线接触不良，ECU电源线、搭铁线接触不良	溢流阀卡在最大开度
	ECU故障
	低压油路供油不畅通

对于限压阀需要注意的是：它开启一次，电控单元就会记录一次，累计开启次数要<50次，累计开启时间要<300min，超次数或时长可能造成ECU锁死。另外，在故障排除后需用故障诊断仪进行限压阀重置。当限压阀开启次数较多或内部磨损、卡滞导致关闭不严时需要更换，部分车型限压阀损坏时常会将整根共轨管更换。

③ 流量限制阀。流量限制阀又称为限流器，它安装在共轨管上，如图2-48所示。其功能是当油轨输出的油量超过规定值时，流量限制阀关闭通往喷油器的油路，防止高压管破裂或喷油器常开导致持续喷油。

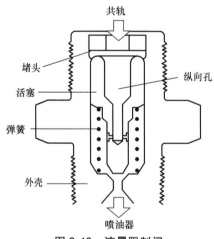

图2-48 流量限制阀

4）燃油计量单元。燃油计量单元又称为进油计量比例阀，如图2-49所示。博世电控系统中简称为MEUN阀，德尔福电控系统中简称为IMV阀、电装电控系统中简称为SCV阀或PCV阀，康明斯电控系统中简称为EFC。它安装在高压油泵的进油位置，受ECU控制，控制过程受轨压传感器测得的数值影响，用于调整控制进入高压燃油泵内柱塞的燃油量，从而控制共轨管的压力,进而满足共轨系统的设定压力与实际压力,形成对轨压的闭环控制。燃油计量单元内部柱塞向上运动为增大供油,向下运动(出油口方向)为减少供油。

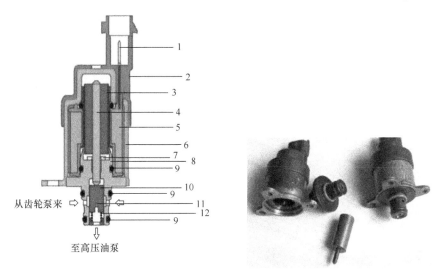

图 2-49 燃油计量单元

1—电气插头 2—电磁阀壳体 3—轴承 4—带挺杆的枢轴 5—带壳体的线圈 6—外壳
7—剩余气隙垫片 8—磁心 9—O形密封圈 10—柱塞 11—弹簧 12—安全元件

燃油计量单元从设计结构上可分为常开型和常闭型两种,如图 2-50 所示。

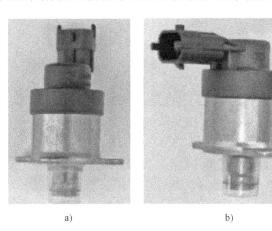

图 2-50 燃油计量单元
a)常开型 b)常闭型

① 常开型燃油计量单元。常开型燃油计量单元主要适用于运输车辆,在控制线圈没有通电时,燃油计量单元是导通的,可以给燃油泵提供最大流量的燃油。默认状态(即断电时)下全开,此时计量单元内部没有电流,阀芯位于最大供油位置。点火开关打开时触发电流值在 400mA(近全开);怠速时触发电流值应该为 1380~1460mA,若<1380mA,说明轨压低,会导致动力不足;急加速时触发电流值应降到 1200~1340mA,若<1200mA,说明轨压低,会导致动力不足;当发动机正常维持一定转速时,触发电流值的波动量应<30mA。

对于常开型燃油计量单元,触发电流越小,开度越大,进油越多;占空比越大,开度越小,进油越少。

常开型计量单元触发电流与轨压的关系见表 2-5。

表 2-5 触发电流与轨压的关系

数据流名称	单位	低怠速	中速	高速
蓄电池电压	V	28.08	28.14	28.16
发动机转速	r/min	700	1481	2497
实际油轨压力	bar	441	762	1106
额定油轨压力	bar	439	755	1105
油轨压力偏差	bar	−2	−7	−1
计量单元控制电流	mA	1391	1335	1278

② 常闭型燃油计量单元。常闭型燃油计量单元主要适用于乘用车辆和皮卡等,在控制线圈没有通电时,燃油计量单元处于零供油位置,通往燃油泵的供油量为零,默认状态(即断电时)下关闭。点火开关打开时触发电流值在 200mA;怠速 700r/min 时触发电流值约在 700mA;高速 2000r/min 时触发电流值约为 900mA。对于常闭型燃油计量单元,触发电流越大,开度越大,进油越多;占空比越大,开度越大,进油越多。燃油计量单元采用脉宽调制控制(PWM)(165~195Hz),占空比为 18%~24%。它的线圈电阻值,不同电控系统存在差异:博世电控系统为 2.6~3.15Ω(20℃),康明斯电控系统约为 3Ω,电装电控系统燃油泵上有一个阀的为 8~9Ω、有两个阀的为 3Ω,德尔福电控系统约为 5.5Ω。

它的电压值也因电控系统不同而异:博世系统当断开燃油计量单元的电气插头时,两个针脚电压值为电源线 24V(高端)和控制线 3.5V(低端);当连接电气插头后,两个针脚电压值电源线和控制线均为 24V。当电控单元(ECU)检测到控制线电压为 3.5V 时,会报开路故障;检测到 0V 时,会报对地短路故障;检测到比正常电压高,会报对电源短路故障。不同电控系统、同一电控系统不同车型,燃油计量单元的参数值都会有所不同。例如,康明斯电控系统 6 缸发动机的燃油计量单元断开电气插头后,两根线的电压值为 3V 和 0V;4 缸发动机的燃油计量单元断开电气插头后,两根线的电压值为 17V 和 0V;连接电气插头后,两根线的电压值均为 0V。

不同型号的燃油计量单元(流量不同)混装后,触发电流值不在正常范围内,严重时会限速 1500r/min。燃油计量单元在点火开关转到 ON 档时会发出"嗡嗡"声,用手摸壳体会感觉到微微振动,此时线圈部分是好的。大多数坏的计量单元是由于阀体磨损卡滞,这会导致车辆出现轨压难以建立、起动困难、间歇性熄火以及转速限制在 1500r/min 等故障,拆解后可看到阀针上有明显的白色磨损痕迹,如图 2-51 所示。

图 2-51 燃油计量单元阀针磨损

5)喷油器。喷油器的作用是根据 ECU 发出的控制信号,控制电磁阀的开启和关闭,将高压油轨中的燃油以最佳的喷油定时、喷油量和喷油率喷入燃烧室。重型载货汽车常见喷油器如图 2-52 所示,其内部结构如图 2-53 所示。

喷油器喷油的条件为:曲轴、凸轮轴传感器信号正常;轨压超过 200bar;蓄电池电压超过设定值;系统无严重故障。喷油器上的电气接口的接线柱螺母拧紧力矩一般约为 2N·m,不能超出,否则会造成其损伤,如图 2-54 所示。静态电阻:0.2~0.3Ω(20℃)。喷油器的开启电压为 48V,最大通电时间 4ms,喷油量正常为 40~50mg,实际喷油量在重载时应达到整车动力的一半以上。安装时注意观察喷油器下面的密封铜垫是否完好,如果没有安装好,气缸里面的气会从回油管回到油箱,导致油箱冒烟。

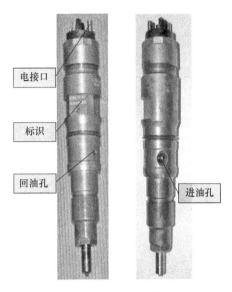

图 2-52 喷油器

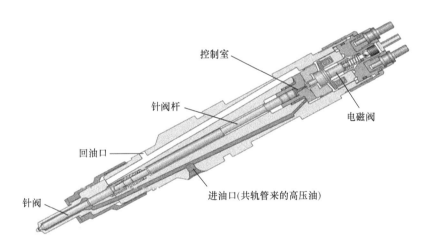

图 2-53 喷油器内部结构

图 2-54 喷油器接线柱损伤

① 喷油器的工作过程。喷油器的工作过程包括初始状态、喷油开始状态和喷油结束状态，如图2-55所示。初始状态即喷油器电磁阀未被触发时，小弹簧将衔铁下方的球阀压在释放控制孔上，在控制室内形成共轨高压，此时喷嘴腔也形成共轨高压，共轨压力对针阀推杆柱塞端面的压力和喷嘴弹簧的压力与高压燃油作用在针阀锥面上的开启力相平衡，使针阀保持关闭状态。喷油开始状态即电磁阀被触发时，衔铁上升，此时释放控制孔打开，燃油从控制室流到上方的空腔中进行回油，随着控制室压力降低，减小了作用在针阀推杆柱塞端面的压力，上下压力平衡打破，针阀被打开，喷油器开始喷油。喷油结束状态即电磁阀断电不被触发，小弹簧力使电磁阀衔铁下压，球阀将释放控制孔关闭；释放控制孔关闭后，燃油从进油孔进入控制室建立起油压，油压作用在针阀推杆柱塞端面上，油轨压力加上弹簧力大于针阀锥面上的压力，针阀关闭。整个过程之中回油很重要，回油包括功能性回油和泄漏性回油（润滑作用），如图2-56所示。

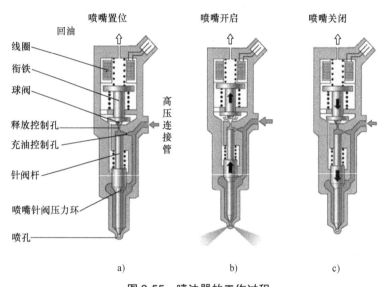

图 2-55　喷油器的工作过程
a）初始状态　b）开始状态　c）结束状态

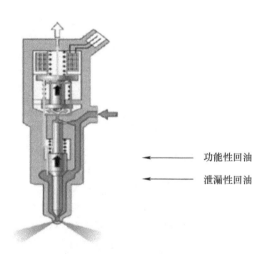

图 2-56　喷油器的回油（见彩插）

正常情况下，车辆未起动时喷油量应为0，车辆起动时结合轨压和加电时间，喷油量是有变化的，若不管起动不起动，读取的数据流中实际喷油量一直有数据且没有变化，车辆无法起动，则说明喷油器损坏（堵塞）。判断喷油器好坏常用的方法有两个，一是进行回油量测试，如图2-57所示。

图2-57 喷油器的回油量测试

具体测试方法为：

a.在喷油器的回油接头处断开回油管，用一根内径相同的橡胶软管连接到断开的接头处，并把另一端连到量杯内（此时还需要密封好回油管断开的另一端，防止有柴油流出）。

b.运行发动机至冷却液温度达到65℃。

c.起动/拖动发动机至柴油流出软管，观察60s内流入量杯的柴油量，记录各个喷油器的柴油回油量。正常情况下喷油器的回油量参考标准值见表2-6。最大允许回油量是最低回油量的3倍，各个缸的回油量在怠速状态下差别应不大于10%，如果一个或多个喷油器的回油量比回油量低的喷油器回油量高出3倍以上，则更换回油量高的喷油器。

表2-6 喷油器回油量参考标准值（轻卡）

发动机工况	体积/（mL/min）		标注
	下限	上限	
拖动	1	4	100~120r/min，拔出曲轴和凸轮轴位置传感器线束接头或拔出所有喷油器的线束接头，发动机将被拖动但不喷油
低怠速	2	6	800r/min
较高转速	4	13	2000r/min
最高转速	15	25	3500r/min

二是利用喷油泵实验台测试，喷油器测试参数及标准值见表2-7。例如：车辆出现冒黑烟、发抖、起动困难的故障现象，则需对喷油器进行测试，全负荷测量值为59.6，回油测量值为6.7，两个值均超出标准值，通过数据分析判断为喷油器喷孔磨损。

表 2-7 喷油器测试参数及标准值

参数	标准值 /mm³
排空气	0.0 ~ 200.0
密封性	0.0 ~ 70.0
全负荷	41.7 ~ 57.7
回油	17.0 ~ 61.0
排放点	7.4 ~ 17.0
急速	1.7 ~ 8.7
预喷	0.3 ~ 2.3

② 喷油器的更换。喷油器拆装时要严格按照喷油器的拆装步骤进行。喷油器在装配时的技术要求包括（例）：清洁喷油器安装孔，更换铜垫圈和 O 形密封圈；润滑喷油器 O 形密封圈和铜垫圈，喷油器进油孔对准高压燃油接头安装孔压入；安装喷油器压板，预拧紧喷油器压板螺栓（5N·m），然后松开；压入高压连接导管，注意定位钢珠与缸盖定位槽对准，用 15 ~ 20N·m 力矩拧紧紧固螺母；以 60N·m 力矩拧紧喷油器压板螺栓；以 50N·m ± 5N·m 力矩拧紧高压燃油接头紧固螺母；必要时还需检查喷油器的凸出量（如 4.22 ~ 4.89mm）。涉及的相关零部件如图 2-58 所示。

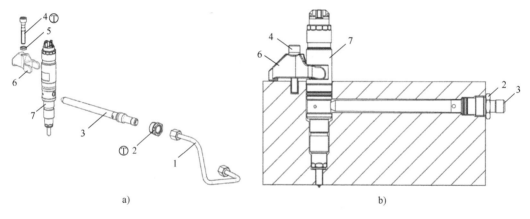

图 2-58 喷油器装配
a) 零件分解图　b) 喷油器装配图
1—高压油管　2—高压油管连接导管锁紧螺母　3—高压油管连接导管
4—喷油器压板螺栓　5—球面垫片　6—喷油器压板　7—喷油器总成

③ 喷油量补偿。在喷油器生产过程中，会对每一个喷油器的各种参数进行测量，该数据以数据矩阵码的形式标记到喷油器上。这个数据在车辆制造时被输入 ECU，当发动机运行时，这些值被用于补偿计量和开关响应的偏离，确保各缸喷油器的喷油量一致。当车辆喷油器发生故障需要更换时，需要将新喷油器上的喷油量补偿码输入 ECU，替换原有的补偿码。且当更换全部喷油器或喷油泵时，还需要使用故障诊断设备进入 ECU，执行自学习命令。如果不进行上述操作可能会导致发动机发抖、异响、动力不足、排放超标，甚至无法起动。

博世喷油器上的喷油量补偿码叫 IQA 码，由 7 位数字和字母（全为大写）组成，如图 2-59 所示。其中字母不能使用 J 和 Q，数字不能使用 0。

电装喷油器上的喷油量补偿码叫 QR 码，由 28 位或 30 位数字和字母组成，若喷油器上只有 28 位，需要在 24 和 25 位之间补入"00"，如图 2-60 所示。

德尔福喷油器上的喷油量补偿码叫 IMA 码，有 8 位、16 位和 20 位等几种。

图 2-59　喷油器 IQA 码　　　　　图 2-60　喷油器 QR 码

康明斯喷油器上的喷油量补偿码一般有 7 位、9 位和 30 位等几种，编码中有阿拉伯数字 0、1、2、5，没有字母 O、I、Z、S。

知识点 2：高压共轨电控燃油供给系统常见故障

随着国 6 排放标准的实施，柴油发动机必须使用含硫量更低的燃油。使用不合格柴油或过度污染的柴油，会损坏高压共轨电控燃油供给系统的相关零部件，使后处理的负荷超载，从而造成燃油系统和后处理系统出现故障。此时，车辆燃油消耗会增加、仪表故障灯会点亮、后处理系统零部件使用寿命降低、转矩和车速受到限制。因此高压共轨电控燃油供给系统日常要注意燃油的使用规范，降低故障率。下面介绍高压共轨电控燃油供给系统常见故障。

（1）系统故障

1）轨压低。故障现象可能有故障灯点亮、发动机无力、高档位无法挂入、行驶速度受限、发动机无法起动等。

共轨系统对燃油油路要求较高，低压油路（油箱—粗滤—精滤—回油）、高压油路（高压燃油泵—共轨管—高压油管—喷油器）都要保证密闭。任何一个环节出了问题，轨压都不能正常建立，从而出现上述问题。

轨压低的原因可以归结为低压堵、高压漏、喷油器回油大。具体原因如下：①油箱油位过低；②低压油路（油箱呼吸孔、吸油滤网、燃油滤清器、手油泵、油管、高压燃油泵进油滤网等）堵塞、泄漏（注意查看 ECU 冷却板出油管是否有裂缝）、有空气、有水；③齿轮泵磨损严重，无法提供规定油压（5~7bar），高压共轨燃油供给系统低压油路各处油压标准如图 2-61 所示；④轨压传感器初始电压值不正常；⑤共轨管限压阀密封不良导致泄漏；⑥燃油计量单元卡滞；⑦喷油器磨损导致泄漏、回油过大；⑧检查曲轴位置传感器和凸轮轴位置传感器；⑨检查 ECU 供电电源是否正常；⑩高压泵的柱塞磨损、出油阀卡滞、溢流阀弹簧老化卡死等。

2）动力不足。动力不足常见的故障现象有发动机达不到最高转速和踩加速踏板没有反应两种。

第一种故障现象常见的原因有喷油器堵塞或回油量大、低压油路堵塞和高压油路泄漏等造成的轨压异常；进排气管堵塞和增压器失效等气路故障；加速踏板和制动踏板信号问题，喷油器线路搭铁短路等电路故障，如图 2-62 所示；气门间隙调整不当、气缸密封性差、机油黏度大导致发动机运动阻力大等机械故障；制动拖滞故障；冷却液、机油和进气等温度类传感器信号异常，ECU 进入过热保护功能，控制喷油量，从而限制转矩。

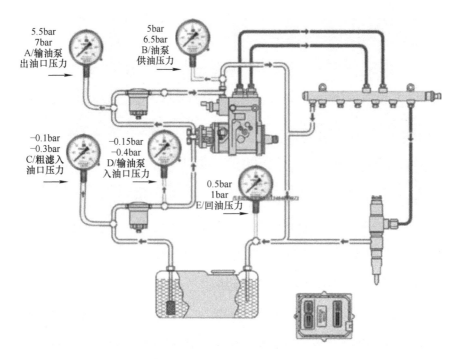

图 2-61 高压共轨燃油供给系统低压油路油压标准

图 2-62 喷油器线路搭铁对地短路

第二种故障现象常伴随限压阀开启,原因主要有:高压燃油泵、喷油器的回油堵塞,燃油计量单元卡滞常开导致轨压过高,限压阀打开;限压阀内部弹簧失效,燃油泄漏,轨压低;ECU 的通信、供电信号异常导致重启;燃油计量单元信号异常;轨压信号异常;温度类信号异常;曲轴位置传感器信号与凸轮轴位置传感器信号失效或机械正时错误,造成同步信号异常,导致 ECU 重启;加速踏板信号异常;后处理系统故障。

(2)元器件故障

1)燃油计量单元。当高压共轨燃油供给系统报出燃油计量单元相关故障码时,不一定是燃油计量单元的问题,可能是其他元器件问题,举例如下:

① 报出"P1012 燃油计量单元计量错误且喷油量超限"故障。意为燃油计量单元开度过大,超过一定限值,此时往往是轨压过低导致的,需要对造成轨压低的各项原因进行检查。

② 报出"P1014 超速模式下燃油计量单元信号不可信"故障。意为车辆在下坡或滑行时，加速踏板复位（开度为 0%），若此时发动机转速超过 1000r/min，喷油器应停止喷油，但此时高压油路有泄漏，车辆为了维持一定的轨压，电控系统会控制燃油计量单元不断打开阀门使轨压上升，超过了一定限值。需要对造成高压油路泄漏的各项原因进行检查，此处多为喷油器故障。

2）轨压传感器。

① 报出"P0193 轨压传感器信号电压太高"故障。意为轨压传感器信号电压超过 4.8V。此时除了故障灯点亮外，车辆往往出现限矩。

需使用万用表检查轨压传感器电源线的对地电压，正常电压应在 4.9~5.1V 之间；检查轨压传感器的信号线是否开路（可断开传感器的电气插头测量信号线电压，正常为 4.9~5.1V 之间；也可测量信号线电阻）；检查轨压传感器的信号线是否与电源线短路（可断开信号线的传感器电气插头端和 ECU 端，测量信号线的电压，应为 0V；也可断开传感器电气插头和 ECU 对应的插头，测量信号线和电源线之间的阻值，应该为无穷大）；检查轨压传感器的地线是否开路（可断开传感器的电气插头测量地线电压，正常为 0V；也可测量地线对地电阻，正常为 0Ω）；以上均正常则可能为轨压传感器内部开路。

② 报出"P0192 轨压传感器信号电压低于下限"故障。意为轨压传感器信号电压低于 0.25V。此时除了故障灯点亮外，车辆往往也出现限矩。

需使用万用表检查轨压传感器电源线的对地电压，正常电压应在 4.9~5.1V 之间；检查轨压传感器的电源线是否开路（可断开传感器的电气插头测量信号线电压，正常为 4.9~5.1V 之间；也可测量信号线电阻）；检查轨压传感器的信号线是否与地线短路（断开传感器电气插头端，测量信号线和地线之间的阻值，应该为 5.5kΩ 左右）；检查轨压传感器的信号线针脚和地线针脚之间阻值，若为 0Ω，则说明轨压传感器内部短路。

③ 报出"P0191 轨压传感器信号漂移"故障。此时需用万用表先测量轨压传感器静态信号电压是否为标准值，若不是则需要更换轨压传感器。

3）喷油器。喷油器常见的故障有雾化不良、不喷油、滴油、单个喷油器回油量大或与其他喷油器差别较大等。

其中喷油器不喷油可能的原因有轨压不够、同步不对、电磁阀损坏、喷油器线束短路、T15 虚接、ECU 供电搭铁异常或自身故障、防盗故障、欠款远程锁定等。

【工作任务实施】

<任务准备>

1. 任务计划

工具设备清单见表 2-8。

表 2-8 工具设备清单

名称	数量	单位
实训车辆	4	台
工具车	4	辆
工具	4	套
三角木	16	块
五件套	4	套
车辆使用手册	4	本

2. 任务决策

根据高压共轨电控燃油供给系统低压油路油压测量和燃油计量单元的检测这些具体任务内容，制订小组任务计划，简要说明任务实施过程的步骤及注意事项，并将项目计划内容填入表2-9中，落实子任务的学习目标。（注意：流程步骤小组自行设计表格，可以酌情添加或删减）

表2-9 任务计划表

任务步骤	子任务1 高压共轨电控燃油供给系统低压油路油压测量	子任务2 燃油计量单元的检测
前期准备	（着装、查看车辆、查资料和准备工量具等）	（查看车辆、查资料）
步骤1		
步骤2		
步骤3		
步骤4		
步骤5		
步骤6		

<任务实施>

子任务1 高压共轨电控燃油供给系统低压油路油压测量

实施步骤	标准/图示	过程记录
前期准备	—	① 车辆停放在平坦地面，用三角木顶住车轮 ② 车辆处于熄火状态 ③ 确认驻车制动状态 ④ 变速器处于"N"位 ⑤ 铺设五件套，如图1-40所示
拆卸安装	 图2-63 连接燃油压力表	选择合适位置（本次选择高压燃油泵进油螺栓），接入燃油压力表，如图2-63所示
油压测量	 图2-64 燃油压力数值	① 起动发动机，怠速运转 ② 查看燃油压力表表头数值，如图2-64所示 ③ 测量值与标准值对比
整理恢复		① 将发动机熄火 ② 将低压油路还原 ③ 清洁整理工量具和场地

子任务 2　燃油计量单元的检测

实施步骤	标准 / 图示	过程记录
前期准备	—	① 车辆停放在平坦地面，用三角木顶住车轮 ② 车辆处于熄火状态 ③ 确认驻车制动状态 ④ 变速器处于"N"位 ⑤ 铺设五件套，如图 1-40 所示 ⑥ 准备汽车故障诊断仪和万用表
检查测量	 图 2-65　燃油计量单元电阻值  图 2-66　燃油计量单元针脚电压值 博世共轨EDC17CV44(V720-V771) | 序号	名称	数据值	单位
---	---	---	---
1	油量计量单元实际电流	1372	mA
2	油轨压力当前值	566.00	bar
3	油轨压力目标值	560.00	bar
4	进气压力值	100.10	KPa
5	当前喷油量	12.24	mg/cyl | 图 2-67　燃油计量单元怠速触发电流值	① 钥匙插入点火开关，转动至 ON 档 ② 用手摸燃油计量单元壳体，感觉有没有微微振动，初步确认其线圈情况 ③ 点火开关转动到 OFF 档，断开燃油计量单元电气插头，用万用表测其线圈电阻值，如图 2-65 所示 ④ 点火开关转动到 ON 档，测量燃油计量单元电气插头两个针脚的电压值，如图 2-66 所示 ⑤ 点火开关转动到 OFF 档，连接燃油计量单元电气插头，连接故障诊断仪，再将点火开关转动到 ON 档，起动发动机怠速运转，读取触发电流值，如图 2-67 所示
整理恢复		① 将车辆熄火 ② 清洁整理设备、工量具和场地

【工作小结与思考】

1. 本节重点学习了商用车高压共轨电控燃油供给系统中的相关内容及注意事项。
2. 在工作任务实施前，要查阅相关资料，确认操作方法，同时重点对操作中的注意事项进行熟记，确保操作安全规范，达到工作要求。
3. 整个任务实施过程的步骤和注意事项，充分体现了工匠精神、安全和标准意识。

任务3　检修发动机电控系统

【任务导入】

随着电控技术的发展，商用车发动机电控化程度越来越高，作为一名商用车售后服务人员，能够快速、准确、规范地对柴油发动机电控系统开展相应的检修作业，是必须掌握的专业技能，因此加强发动机电控系统相关知识的了解和掌握非常必要。为了更好地做到安全规范准确地开展发动机电控系统检修作业，掌握发动机电控系统检修的注意事项，请你为新入职的同事介绍柴油发动机电控系统常见的故障和原因，以及检修的相关知识。

【工作内容分析】

<认知目标>

1. 了解发动机电控系统的相关知识。
2. 掌握发动机电控系统检修的相关操作方法及注意事项。

<能力目标>

1. 能够正确选用工量具，对发动机控制单元的上电过程进行检测，并分析测量结果。
2. 能够正确选用工量具，规范地进行发动机电控系统传感器、执行器检测，并分析测量结果。
3. 能够使用故障诊断仪对发动机电控系统进行检测，并分析测量结果。
4. 能够对发动机电控系统常见故障进行诊断与排除。

<素养目标>

1. 形成安全意识和学习意识。
2. 树立标准操作意识。

<任务拆解>

子任务1　发动机电控单元（ECU）上电测量
子任务2　加速踏板位置传感器的检测

【学习资料准备】

知识点1：发动机电控系统介绍

（1）电控系统生产厂家

比较知名且市场占有率较大的电控系统生产有德国博世，日本电装，美国德尔福、康明斯等，它们的标识如图2-68所示。

图 2-68　常见电控系统生产厂家标识

（2）发动机电控单元

商用车发动机电控单元即发动机 ECU，如图 2-69 所示。它是电控发动机的控制中心，通过接收各传感器和一些开关传送来的信号，根据相应的控制策略加以运算处理后，控制各执行器动作。发动机电控单元常布置在发动机机体侧面、驾驶室内仪表台下或者车架纵梁等处，如图 2-70 所示。不同厂家对发动机电控单元的称呼有所区别，如康明斯发动机电控单元称为 ECM、东风公司发动机电控单元称为 EECU。电控单元上面的标签含有版本号、零件号、生产日期和序列号等信息，如图 2-71 所示。不同厂家生产的发动机 ECU 会根据功能区划分，布置 2~8 个插头，分别用于连接整车线束、发动机线束和后处理线束等。

图 2-69　发动机电控单元
1—4 插接口连接整车线束（含后处理线束）
5—8 插接口连接发动机线束

  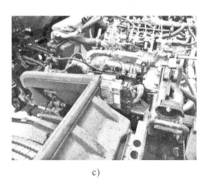

a)　　　　　　　　　b)　　　　　　　　　c)

图 2-70　发动机电控单元安装位置
a）发动机机体侧面　b）驾驶室内　c）车架纵梁处

图 2-71　发动机电控单元标签信息
1—零件号　2—生产日期　3—序列号　4—版本号

注意：在进行电控单元插头的插拔时，应按照顺序进行，禁止随意或暴力插拔，如图 2-72 所示。而且务必断掉电控单元的电源，以免烧坏电控单元或其他元器件；在进行电控单元插头的插拔时，务必操作到位，避免虚插或插拔不当造成电控单元的针脚弯曲，进而影响相关功能；在进行 ECU 供电电源的连接时，务必确认好电源的正负极，以免烧坏电控单元。

（3）汽车诊断口

汽车诊断口又叫作 OBD 接口，是车载自诊断系统（用于控制车辆排放的一种在线监测诊断系统，同时也监测发动机其他相关故障）的一个电插座，是汽车故障诊断仪连接电控单元的桥梁。通过汽车诊断口可以随时检测零部件和系统的故障，保证汽车在使用寿命中的排放不超过 OBD 法规的要求；当检测到相关排放故障时，OBD 系统可以用仪表板上的 MIL 灯进行报警。OBD 系统有助于维修技师迅速诊断，对症修理，降低维修成本，故障车辆能够得到及时修理，减少车辆排放。

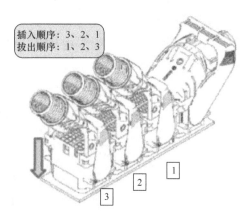

图 2-72 发动机电控单元插头插拔顺序

汽车诊断口的位置通常在离合器踏板上方，如图 2-73 所示。也有的在副驾驶座前方熔丝盒内。

常见汽车诊断口为梯形，上有 16 个针脚，各针脚的定义如图 2-74 所示。针脚在定义有一定的规律性，如电源线基本是固定的，CAN 网络线大多数相对布置，如通常 6 号针脚为 CAN-H，14 号针脚为 CAN-L，两者为一组 CAN 线；1 号针脚和 9 号针脚为一组 CAN 线；3 号针脚和 11 号针脚为一组 CAN 线。也有个别厂家在布置时不是相对布置，如 8 号针脚和 12 号针脚为一组 CAN 线；部分天然气车 12 号针脚和 13 号针脚为一组 CAN 线。电源线电压值为蓄电池电压，诊断线电压通常比蓄电池电压低大约 1V。由于车型比较多，也有些车型使用的汽车诊断口是圆形的，针脚数也不尽相同。

图 2-73 汽车诊断口位置

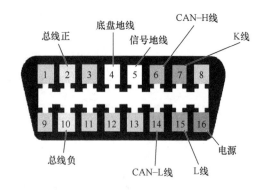

图 2-74 OBD 诊断接口针脚定义

（4）电控系统失效策略

电控系统失效策略即电控系统故障状态下的运行策略，它兼顾了故障后的驾驶安全性、继续驾驶性及排放性。按照失效等级不同，可分为默认值、减转矩、跛行回家和停机保护四级，每个失效等级举例以下。

1）默认值：冷却液温度传感器失效后，发动机起动时按照系统内设定的默认值"-40℃"来执行燃油喷射。常见传感器的默认值见表 2-10。

表 2-10 常见传感器的默认值（例）

传感器名称	默认值
进气温度传感器	起动时温度 -20℃，其他时间温度 25℃
冷却液温度传感器	起动时温度 -20℃，其他时间温度 80℃
进气压力传感器	进气压力为 92kPa 或进气压力等于上一次正常时的测量值
大气压力传感器	大气压力等于 101.3kPa
共轨压力传感器	目标压力等于 48～80MPa，实际压力等于目标压力
燃油温度传感器	起动时温度 -20℃，其他时间温度 80℃

2）减转矩：当尿素液位过低、不喷尿素、温度类传感器信号偏高、油水分离器传感器（四缸机）故障时，电控系统会按照内部程序设定，控制发动机减小转矩，在限制范围内加速踏板仍然起作用。

3）跛行回家（Limp home）：当轨压信号异常，限压阀打开，车辆进入轨压开环控制时；加速踏板位置传感器出现故障时；同步信号错误时，都会导致电控系统进入备份模式，控制发动机进入跛行回家模式。通过查看车辆是否限速 1500r/min 左右、车辆是否报限压阀打开故障、限压阀开启是否有大量回油、车辆是否报曲轴位置传感器或凸轮轴位置传感器故障，可判断车辆是否进入了跛行回家模式。

4）停机保护：当轨压超高或温度类传感器信号超高时，电控系统会按照内部程序设定，控制发动机熄火保护。

（5）发动机工作循环

在进行汽车故障诊断排除时，可能会遇到故障排除了，但无法将故障码删除的问题，故障灯仍然点亮，此时往往需要进行适当的"循环"，即满足具体车型规定的故障码清除条件后，才能顺利将故障码消除，使故障灯熄灭。常见循环如下。

1）驾驶循环。指由发动机起动、车辆行驶、发动机停机，从发动机停机再到发动机下一次起动前的时间组成的连续过程。

2）暖机循环。发动机起动后经充分运转，使冷却液温度比发动机起动时上升至少 22℃，并且达到最低 60℃ 的过程。

3）操作循环。指由发动机起动、发动机按不同故障排除的条件要求运转、发动机停机至发动机下一次起动前的时间组成的连续过程。

4）点火循环。包括发动机起动、运转 1min 以上、停机 30s 以上的一个完整过程。

5）8h 彻底冷机。发动机起动、运转、停机，冷却液温度达到最低 60℃。再次起动前必须停止运行放置 8h 以上，使所有的温度传感器都降到与大气温度一致。

知识点 2：发动机电控单元上电过程

发动机控制系统的工作基础，就是得到有效的电源供应，俗称"上电"。没有电源，发动机控制系统不会工作。当电控单元供电异常时车辆会出现以下症状：①车辆无法起动，正在运转的车辆也会马上熄火；②将点火开关拧到 ON 档时，仪表上的故障指示灯不亮；③诊断设备无法与电控单元连接通信；④拔掉冷却液温度或进气压力温度传感器的电气插头，测量供电端子电压为零。当发动机电控单元的正负极接通电源后，还需要点火信号来激活，电控单元才能真正工作。发动机电控单元的上电可分为两种模式。一种是 ECU 正负极直接由蓄电池供电，另一种就是通过主继电器为 ECU 供电。下面分别介绍这两种上电方式。

1）由蓄电池直接上电，以 EDC17C54/44 电脑板为例，如图 2-75 所示。在博世系统电路图中用 K 表示整车插接件，A 表示发动机插接件。图中 K01 表示整车插头的 1 号针脚，V1 表示铰接点。

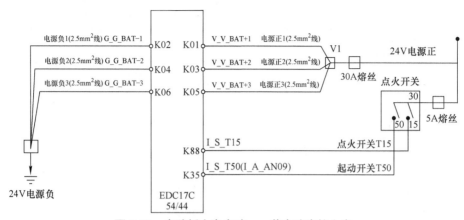

图 2-75 电脑板上电电路——蓄电池直接上电

2）通过主继电器上电，如图 2-76 所示。该上电模式的过程是：先将点火开关上电，ECU 的 K28 来电，ECU 被激活；此时 ECU 内部控制 K72 针脚输出负极电，主继电器线圈的 85、86 两针脚得到了正负极电，主继电器开始工作，触点闭合；蓄电池的正极电从继电器的 30 针脚送至 87 针脚，最后到达 ECU 的 K01、K03、K05。车辆发动机 ECU 上电线路关键部位的电压值见表 2-11。

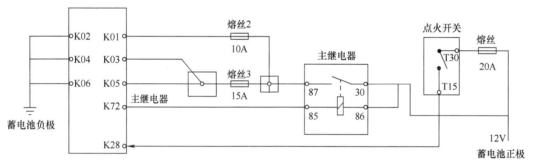

图 2-76 电脑板上电电路——主继电器上电

表 2-11 发动机 ECU 上电线路关键部位的电压值

针脚号	点火开关（ON 档）断开	点火开关（ON 档）闭合
T30	12V	12V
T15	0V	12V
30	12V	12V
87	0V	12V
86	12V	12V
85	12V	0V
K28	0V	12V
K72	12V	0V
K01、K03、K05	0V	12V

知识点 3：电源模块

（1）供电模块

蓄电池给 ECU 的供电是 12V/24V 直流电，但是车辆中诸如轨压传感器、进气压力传感器、尿素压力传感器等很多传感器都是 5V 供电，所以在 ECU 内部就需要一个将蓄电池电压转换为 5V 电源的模块，这个模块就叫作供电模块。由于传感器数量多，所以一个电控单元中往往有若干个供电模块。以博世电控系统为例,它所有的电脑板共有3个独立的5V供电模块,分别称为供电模块1、供电模块2和供电模块3,见表2-12。这三个供电模块各自对应多个针脚,分配给所有需要5V电源的传感器。因为一个供电模块内有一个或多个针脚,这些针脚都是相通的,加上一个供电模块要同时给好几个传感器供电,所以就产生了这样一个问题:当某个传感器供电出现异常时,会导致这个供电模块下的其他传感器工作异常。在不同电控系统中,供电模块的叫法也是不一样的,在博世、电装、德尔福电控系统中,通常叫作供电模块、传感器供电电源/电压等,而在康明斯电控系统中,则称为5号传感器、传感器电源5。

表 2-12 供电模块(例 EDC17CV44)

供电模块	针脚号	针脚定义
供电模块 1	A21	风扇转速传感器
	K44	加速踏板 2
	A24	机油压力传感器
	K43	未定义
	A09	进气压力传感器
供电模块 2	K23	未定义
	A22	未定义
	K45	加速踏板 1
	K46	未定义
	A08	未定义
供电模块 3	K24	尿素泵压力传感器
	A07	轨压传感器

供电模块按功能的实现形式可分为内分叉形和外分叉形两种。内分叉形常见于博世、电装和德尔福等电控系统,供电模块在ECU外部是三个孤立的针脚,在ECU内部实际是连接在一起的。外分叉形常见于康明斯电控系统,供电模块在ECU外部的针脚只有一个,但是这个针脚连接的线束却又分为好几股,连接不同的传感器。供电模块形式如图2-77所示。

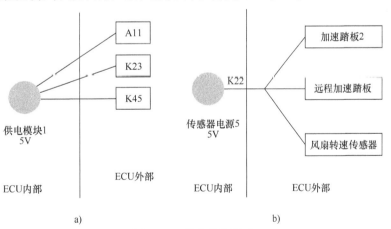

图 2-77 供电模块形式
a)内分叉形 b)外分叉形

(2)主继电器电源模块

ECU内部除了有给各个传感器供电的模块外,还有部分执行器的供电模块,叫作ECU主继电器电源模块或执行器供电模块。它和传感器供电模块相似,有些执行器的电源共用一个电源模块。执行器的电磁阀需要有电流流过才能工作,控制方式有以下三种:①一端供常电,ECU控负,简称"低控";②一端常搭铁,ECU控正,简称"高控";③供电和搭铁端均由ECU控制,简称"双控",如图2-78所示。

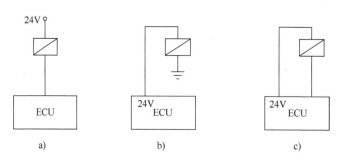

图 2-78 ECU 控制电磁阀的形式

a)"低控" b)"高控" c)"双控"

值得注意的是,当主继电器电源模块的供电线路出现了对地短路故障并修复后,ECU 内部的保护电路会使供电线路针脚电压变为 3.0V。此时,需要对 ECU 进行重启,才能使供电线路针脚电压恢复至 24V,单纯使用汽车故障诊断仪清除故障码是不能恢复供电线路针脚状态的。

(3)公共供电模块

发动机喷油器通常由公共供电模块分组控制,像 6 缸发动机 6 个喷油器,通常 1、2、3 缸为一组,由一个公共供电模块负责供电,一般称为 BANK1,如图 2-79 所示;4、5、6 缸为一组,一般称为 BANK2。当任何一个喷油器的供电线路出现了对地短路故障,则会造成与其公共供电模块相关的一组喷油器均不能正常工作。

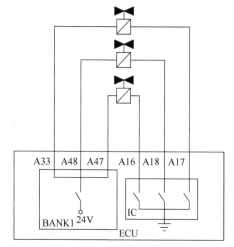

图 2-79 喷油器公共供电模块 1 电路图(例)

知识点 4:发动机电控系统传感器和执行器介绍

传感器作为电控系统的重要组成有很多种类型,按照有无电源可分为有源传感器和无源传感器,按照信号特征不同可分为开关式(如制动开关、离合开关、空档开关)、频率式(如曲轴位置传感器、凸轮轴位置传感器、车速传感器)、线性电压式(如冷却液温度传感器、压力传感器——进气、燃油、机油、废气再循环等)。

执行器作为电控系统的重要组成可分为电磁阀(如喷油器、燃油计量单元和冷却液电磁阀等)、电动机(如电动燃油泵)、加热器(如预热格栅、预热塞等)、指示灯(如仪表)和继电器等。

(1)曲轴位置传感器(CKP)

CKP 安装于飞轮壳体上,又称为发动机转速与曲轴转角传感器、Ne 信号传感器,如图 2-80 所示。它用于采集曲轴转动角度和发动机转速信号,并输入电子控制单元,以便确定喷油时刻和喷油量,进行转速计算;还可作为凸轮轴位置传感器的备

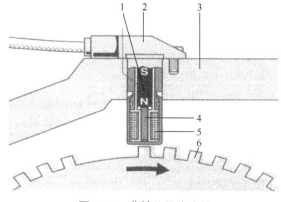

图 2-80 曲轴位置传感器

1—永磁铁 2—传感器壳体 3—飞轮壳体 4—软铁心
5—线圈 6—信号齿圈

用功能,即当凸轮轴位置传感器失效时曲轴位置传感器可代替其工作。当传感器信号丢失或异常时,会导致 ECU 运算错误,喷油时刻、轨压信号、喷油量修正数据等出现无规律错误,导致发动机无法起动或延迟起动。

常见的曲轴位置传感器是磁电式曲轴位置传感器,其电路如图 2-81 所示。磁电式曲轴位置传感器的接线端有 2 个针脚(也有增加一根屏蔽线,3 个针脚的),分别是曲轴信号正极和曲轴信号负极,分别与发动机电控单元的 A27、A12 针脚相连。不同电控系统中的曲轴位置传感器静态电阻值不同,博世曲轴位置传感器静态电阻值为(860 ± 86)Ω、电装曲轴位置传感器静态电阻值为 120Ω、德尔福曲轴位置传感器静态电阻值为(2400 ± 240)Ω。曲轴位置传感器与信号盘的空气间隙值一般为(1 ± 0.5)mm。常见的信号盘形式除了凸齿式还有打孔式,如图 2-82 所示。信号盘与传感器磁头之间的间隙大小直接影响磁路的磁阻和传感器线圈输出电压的高低,因此在使用中,信号盘凸齿与传感器磁头之间的间隙不能随意变动。信号盘的圆周上间隔均匀地制有 58 个凸齿、57 个小齿缺和 1 个大齿缺,大齿缺输出基准信号,对应于发动机 1 缸压缩上止点前一定角度,大齿缺对应的弧度相当于两个凸齿和三个小齿缺所占弧度。信号盘旋转时每转过一个凸齿,传感器线圈中就会产生一个周期的交变电动势,输出一个交变电压信号,故信号盘每转一圈,传感器线圈中就会产生 58 个交变电压信号给电控单元,我们用示波器看到的波形如图 2-83 所示。正常的波形上下变化比较匀称,如果波形出现异常杂波,可能是曲轴轴瓦损伤、飞轮信号齿圈损伤等机械问题导致波形失常,如图 2-84 所示。

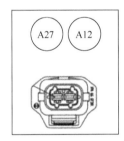 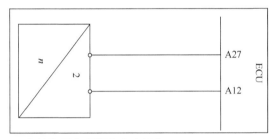

图 2-81 曲轴位置传感器电路(例)

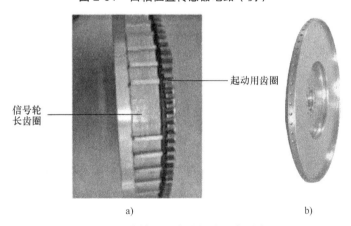

图 2-82 曲轴位置传感器信号盘形式
a)凸齿式 b)打孔式

图 2-83 曲轴位置传感器波形

当飞轮转动2圈后,电控系统仍检测不到曲轴位置信号时,便不能确定正确的喷油时刻,电控系统不会下达喷油指令,此时故障灯点亮,报出无曲轴信号故障码。曲轴位置传感器的失效模式通常为传感器上吸附了铁屑影响了磁通量,导致信号不准;传感器线路插头针脚氧化锈蚀影响信号的传递;信号线的屏蔽线破损,与整车电器产生电磁干扰,影响传递信号的准确性;传感器安装位置不当,间隙超差,导致信号不准确;飞轮齿圈节距不等,在某一个转速点时测得的转速不准确,导致发动机抖动;线路断路;飞轮安装错误或其他原因导致飞轮将传感器打坏。

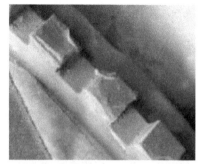

图 2-84　机械问题导致曲轴位置传感器波形失常

由于磁电式传感器可以自身发电输出功率,且输出的是交流信号,因此磁电式曲轴位置传感器可以看作一个小型的"交流发电机"。在起动车辆时可利用二极管试灯进行测量,红黑表笔分别接在传感器的两个针脚上,试灯应该闪烁;也可利用万用表的交流电压档测得一定电压的交流电。

（2）凸轮轴位置传感器（CMP）

CMP大多装在高压燃油泵壳体上或发动机曲轴前端壳体上,又称为相位传感器、G信号传感器,如图2-85所示。CMP用于采集凸轮轴的位置信号,并输入电子控制单元,以便ECU识别1缸的压缩上止点,用于喷油时刻的计算。CMP常分为霍尔式（一般为三线,但有些车型上也有两线霍尔式传感器）和磁电式两种。当传感器信号丢失或异常时,会造成发动机起动困难或无法起动。凸轮轴位置传感器的电路如图2-86所示,霍尔式凸轮轴位置传感器的接线端有3个针脚,其中3号针脚是该传感器的5V电源针脚,与发动机电控单元的A11针脚相连;2号针脚是该传感器的信号针脚,与发动机电控单元的A50针脚相连,为ECU提供凸轮轴位置信号;1号针脚是该传感器的地线针脚,与发动机电控单元的A20针脚相连。信号盘的信号齿为4加1或6加1的形式,如图2-87所示。

图 2-85　凸轮轴位置传感器（高压燃油泵壳体上）

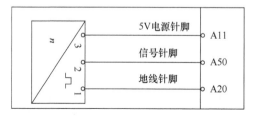

图 2-86　凸轮轴位置传感器电路（例）

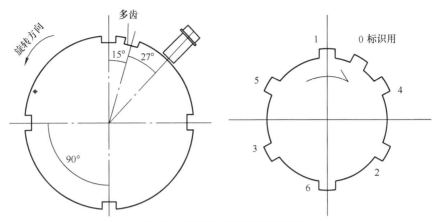

图 2-87 凸轮轴位置传感器信号盘

凸轮轴位置传感器的失效模式通常为传感器线路断路、短路；传感器线路插头针脚氧化锈蚀影响信号的传递；采用错误方法测量电阻，导致传感器内部电路击穿；传感器与感应铁间隙不当，影响输出信号的准确性；传感器内部电路故障。霍尔式传感器是有源传感器，当信号盘上的一个齿经过传感器时，就会产生一个从 5V 到 0V 的跳变，在起动车辆时可利用二极管试灯进行测量，红表笔接在信号线上，黑表笔接在搭铁线上，试灯应该闪烁。如果不闪则需继续排查传感器线路、传感器及电控单元（ECU）。

电控柴油发动机由曲轴位置传感器和凸轮轴位置传感器共同给电控单元（ECU）提供信号，然后信号经 ECU 处理后，最终确定喷油提前角和喷油时刻，因此曲轴位置传感器和凸轮轴位置传感器信号的合理性即"同步"非常重要，"同步"就是指曲轴位置传感器和凸轮轴位置传感器测定的发动机状态是一致的。同步问题可能会对车辆性能造成以下影响：起动困难或无法起动；发动机发抖、冒烟、动力不足、达不到最高转速、加速慢；发动机限速；不喷尿素；报喷油器模块相关故障等。检查同步的最佳方式是通过诊断仪中数据流的同步信号进行检查。根据电控系统和故障诊断设备的不同，在同步状态时数据流中"同步信号"会对应显示如"已实现"、"1"、"有效"、"曲轴/凸轮轴位置活动旗标打开"等信息。还可以利用示波器测量曲轴位置传感器和凸轮轴位置传感器信号波形的同步合理性，如图 2-88 所示。如果两个记号齿（凸轮轴和曲轴都有一个记号齿）之间差 11 齿是正确的话，那么差 9 齿或 12 齿都代表正时不正确，也就是曲轴与凸轮轴正时记号错了，此时又被称为不同步。

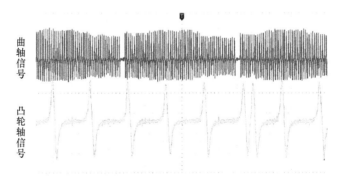

图 2-88 曲轴位置传感器和凸轮轴位置传感器信号波形同步图

同步的影响因素有很多，通常包括：①传感器自身问题，如传感器损坏、过脏、安装位置不合理、线束问题（开路、短路、虚接）、插接件问题（进水、腐蚀、松动、端子磨损、退针）等；②信号盘故障；③相位关系错误；④ECU 搭铁或自身问题。

对于同步信号故障，通常有同步信号错误、同步信号丢失和同步信号漂移等情况，具体分析如下：

1）同步信号错误或相位不同步：即 ECU 得到的曲轴信号和凸轮轴信号不一致。此时应重点查看机械部分，如飞轮有没有更换过或损伤、飞轮壳有没有更换过、曲轴是否有问题、正时传动装置是否错位、高压燃油泵是否有问题、是否更换过离合器片等。

2）同步信号丢失：即"无曲轴位置传感器""无凸轮轴位置传感器""仅靠曲轴位置传感器运行""仅靠凸轮轴位置传感器运行""曲轴或凸轮轴位置传感器无脉冲"等。该问题可分为两类情况，一类是传感器线路断路、短路、接触不良；另一类是传感器损坏，无有效信号输出。

3）同步信号漂移：当传感器消磁、损坏、污损，传感器屏蔽线损坏或对正极短路时都可能引发此类故障。

（3）冷却液温度传感器

冷却液温度传感器常安装于发动机出水口总成上，它的结构如图 2-89 所示。发动机上一般有两个或者三个冷却液温度传感器，用于检测发动机的冷却液温度，并将信号输入仪表和电控单元（ECU），ECU 通过冷却液温度传感器监视发动机温度从而修正喷油量；对发动机进行预热和暖机控制；对发动机进行高温保护；进行风扇控制。冷却液温度传感器除了具有上述功用外，还会影响 OBD 检测。冷却液温度传感器常见有两线式、三线式和四线式，与电控单元和仪表连接形式如图 2-90 所示。常见冷却液温度传感器的电路如图 2-91 所示，传感器的接线端有 2 个针脚，其中 2 号针脚是该传感器的信号线针脚，与发动机电控单元的 A41 针脚相连，为 ECU 提供冷却液温度信号；1 号针脚是该传感器的地线针脚，与发动机电控单元的 A58 针脚相连。从电路图中可以看出，由于 ECU 中有上拉电阻，故断开该传感器线束插头测量线束端电压分别为 5V/0V，此时数据流中显示"冷却液温度 -40℃"。冷却液温度传感器由负温度系数（NTC）热敏电阻构成，冷却液的温度变化引起阻值的变化。传感器输出的电压信号也会变化。冷却液温度越低，阻值越大；冷却液温度越高，阻值越小。冷却液温度传感器各温度的阻值见表 2-13。冷却液温度达到 95℃后，每升高 1℃，喷油量会递减 10%，发动机转速会相应受限；温度达到标定值（如 102℃），发动机即停机保护。导致冷却液温度过高的常见原因有散热器堵塞，冷却液泄漏，水泵、风扇、节温器等故障。

冷却液温度传感器的失效模式通常为线束插头松动，线路短路、断路；传感器内部故障。在其失效情况下，电子风扇常转，ECU 按照内部默认值来控制喷油，报出故障码。如果是机械故障还会导致漏水。

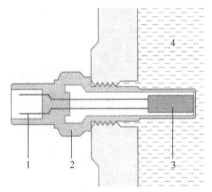

图 2-89 冷却液温度传感器结构

1—电气接头 2—壳体 3—电阻 4—冷却液

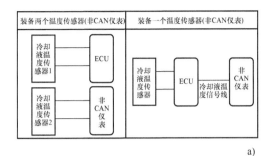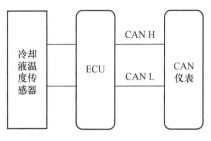

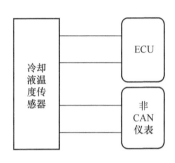

图 2-90　冷却液温度传感器与 ECU 和仪表连接形式
a）两线式　b）三线式　c）四线式

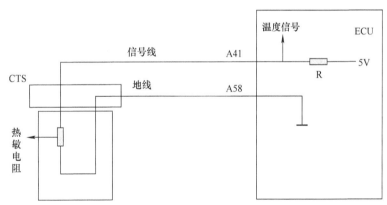

图 2-91　常见冷却液温度传感器电路（例）

表 2-13　冷却液温度传感器各温度的阻值

序号	阻值 /kΩ		温度 /℃	序号	阻值 /kΩ		温度 /℃
	最小	最大			最小	最大	
1	8.24	10.66	−10	5	1.1	1.25	40
2	5.23	6.62	0	6	0.55	0.65	60
3	3.39	4.22	10	7	0.31	0.34	80
4	2.35	2.65	20				

（4）进气压力及温度传感器

增压压力及温度传感器通常集成在一起，安装于发动机的进气歧管上，如图 2-92 所示，用于采集进气歧管内空气的压力和温度信号，并输入电子控制单元，以便修正喷油量和喷油正时，还起到过热保护的作用。当传感器信号异常时，大部分车辆会动力不足，冒白烟或黑烟，个别车辆还可能无法起动。

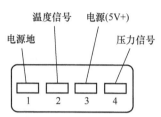

图 2-92 进气压力温度传感器

进气压力温度传感器的电路如图 2-93 所示。进气压力温度传感器的接线端有 4 个针脚，其中 3 号针脚是该传感器的 5V 电源针脚，与发动机电控单元的 36 针脚相连；4 号针脚是该传感器的压力信号线针脚，与发动机电控单元的 19 针脚相连，为 ECU 提供进气压力信号；2 号针脚是该传感器的温度信号线针脚，与发动机电控单元的 11 针脚相连，为 ECU 提供进气温度信号；1 号针脚是该传感器的地线针脚，与发动机电控单元的 48 针脚相连。不同电控系统中的进气压力温度传感器在断开插接器时各针脚的电压值不同，博世电控系统进气压力温度传感器断开插接器时 1~4 号针脚的电压值为 0V、5V、5V、5V，此时会报出进气压力传感器信号电压超上限、进气温度传感器信号电压超上限的故障码；康明斯电控系统进气压力温度传感器断开插接器时 1~4 号针脚的电压值为 0V、5V、5V、0V，此时会报出进气压力传感器信号电压低或对低压电源短路、进气温度传感器信号电压高或对高压电源短路的故障码。发动机的进气压力值可以通过汽车故障诊断仪连接发动机电控单元后读取数据流得知，不同车辆、不同状态下的进气压力值是不同的。轻型载货汽车原地踩加速踏板，发动机的进气压力值通常可以达到 1.6bar 以上；重型载货汽车原地踩加速踏板，发动机的进气压力值通常可以达到 1.25bar 以上；重型载货汽车重载加速时，发动机的进气压力值通常可以达到 2.4bar 以上。若发动机进气压力值低于以上数值，则需要进行相应检修。进气温度大约在 46℃时车辆经济性最好；进气温度在 70℃以内不限矩，但随着进气温度的升高，喷油量会减少；进气温度达到 70℃时会限矩，导致动力不足；进气温度再高到一定程度，车辆起动后就熄火。造成进气温度过高的常见原因有中冷器太脏散热不好、中冷器有泄漏、发动机进气门关闭不严串气、进气温度传感器测量温度不准等。

图 2-93 进气压力温度传感器电路（例）

随着国 6 电控发动机的上市，为了更加精确有效地满足大功率高流速压力波动状态下对进气量的测量，目前普遍采用集成型流量传感器（TFI 传感器），又叫作压差式空气流量计或文丘里空气流量计，能够通过 CAN 总线向电控单元提供进气流量、温度、压差和绝对压力信号。该传感器由传感器本体和文丘里管（两头粗、中间细的一根管子）两部分组成，如

图 2-94 所示。它是利用文丘里特性进行检测的,即在管内流动的气体(或液体)在通过缩小的过流断面时,流体出现流速增大同时伴随流体压力降低的现象,通过测量压力和压差同时辅助温度修正就能精确计算出流过的流量大小。因为测出的数值与文丘里管截面积也就是粗细有关,所以不同型号发动机的文丘里管是不能互换使用的。

TFI 传感器电气插头共有 6 个针脚,目前只有 4 个针脚有效,该传感器的电气原理图如图 2-95 所示。安装传感器的座处有两个孔,如图 2-96 所示。前面一个孔是用来测量进气温度和入口压力的,后面的孔是用来测量文丘里管收口处与入口处压差的,如图 2-97 所示。该传感器在使用中要特别注意两个问题:①传感器是否安装牢固,避免出现座孔处漏气,造成检测不准;②由于传感器安装在中冷器与节气门之间,可能会在某些地区和季节,发动机起动时,传感器探头部位有水凝结甚至结冰,影响传感器检测而报出故障码的现象。

图 2-94 集成型流量传感器

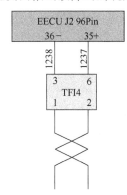

图 2-95 TFI 传感器电气原理图(例)

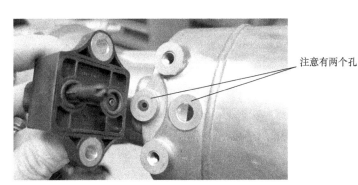

图 2-96 TFI 传感器安装座

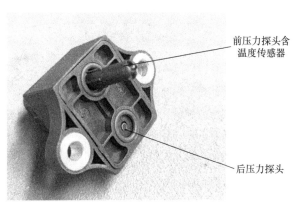

图 2-97 TFI 传感器

（5）加速踏板位置传感器

加速踏板位置传感器常见的形式是地踏式和悬挂式，如图2-98所示。加速踏板位置传感器信号是转速和负荷需求的主信号，用于将驾驶员的意图以电信号的形式输入电控单元（ECU），ECU根据传感器输出的信号值及其变化速率判定发动机的实时负载和动态变化状况，从而确定转矩控制（油量控制）、怠速控制（高、低怠速）、减速断油控制、跛行回家控制。加速踏板位置传感器有三线式、五线式和六线式几种，其中以六线式居多。为了提升传感器的可靠性，采用冗余设计，具有双电位计或者双霍尔式传感器元件。以博世电控系统为例，加速踏板位置传感器1信号电压是加速踏板位置传感器2信号电压的两倍，怠速时两传感器

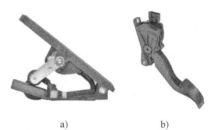

图2-98 加速踏板位置传感器
a）地踏式 b）悬挂式

信号电压为0.37~0.74V，高速时两传感器信号电压为2~4V。不同电控系统两传感器信号电压测量值有所不同，也不一定是两倍关系，如部分电装和德尔福电控系统配置的加速踏板位置传感器两传感器信号电压比值为1∶1。若一个信号有问题，在负荷工况，发动机转速上升缓慢；若两个信号都有问题，发动机限速在某一转速（如1000r/min）附近。常见加速踏板位置传感器的电路如图2-99所示，传感器的接线端有6个针脚，其中2号、4号和3号针脚分别是加速踏板位置传感器1的5V电源针脚、信号线针脚和地线针脚；1号、6号和5号针脚分别是加速踏板位置传感器2的5V电源针脚、信号线针脚和地线针脚。五线式加速踏板位置传感器是由位置传感器的3根线和怠速开关的2根线组成。当踩下或释放加速踏板时，加速踏板位置传感器向发动机电控单元（ECU）发送的信号电压将产生变化。加速踏板开度在0%时，ECU接收到低信号电压；加速踏板开度在100%时，ECU接收到高信号电压。

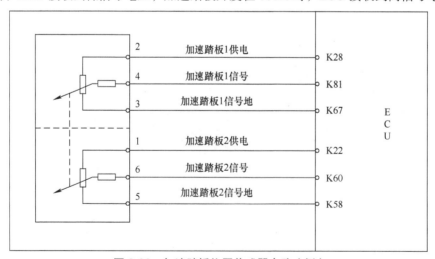

图2-99 加速踏板位置传感器电路（例）

（6）环境温度传感器

环境温度传感器用于检测环境温度（测量范围-40~130℃），判断尿素是否需要加热，还用于氮氧传感器露点温度监测，有的环境温度传感器和冷却液温度传感器通用，有问题时会报信号超限故障。当环境温度传感器和尿素箱温度传感器测得的温度差大于15℃时，会影响尿素泵建压。环境温度传感器应安装在通风、隔水、远离热源或发动机的地方，大部分车型的环境温度传感器在尿素箱和尿素泵附近。不同车型环境温度传感器的安装位置会有所不同，如东风车型通常在副驾驶玻璃右下角；解放车型通常在尿素箱附近、前杠里面、前照灯

附近、后尾灯处；欧曼车型在尿素箱附近、主车尾灯中间小盒内；陕汽车型在尿素箱附近、主车反光镜里面；重汽车型在进气软管上，四缸机在后桥附近。

环境温度传感器有两个针脚，一个是信号线针脚，在20℃温度下电阻值约为2500Ω，信号电压为3.6V。另一个是地线针脚。当环境温度传感器报出电压信号高于上限，表示温度高了；当环境温度数据显示-40℃时，很可能线束存在断路。

（7）燃油含水率传感器

柴油中含水是危害柴油发动机的一大因素。柴油中含水量超标，会导致燃油泵和喷油器等靠燃油润滑的部件异常磨损，这样不仅会降低发动机性能，还会导致燃油系统耐久性下降，甚至更严重的故障。

燃油含水率传感器安装在油水分离器上，结构组成如图2-100所示。部分车型的含水率传感器即为放水阀，操作时先将线束插头断开，然后再旋转传感器（放水阀）。当油水分离器内含水量增加，水位慢慢上升接触传感器探头时，传感器根据流体电阻率的变化判断出水位已超出上限，则将油水分离器下部的水位信息传递给ECU，当ECU得知水位报警后，通过降低发动机转速及输出转矩，对发动机共轨燃油供给系统采取保护策略。在含水量超过限值时，故障指示灯会被点亮，燃油含水指示灯被点亮（图2-101），对于四缸发动机还会出现转速受限现象，转速大约限制在2200～2600r/min之间。若燃油含水率传感器未接入ECU，则故障指示灯不会被点亮，只有燃油含水指示灯被点亮，发动机转速不会受到限制。

燃油含水指示灯点亮报警并不一定是柴油滤清器含水量超标，也可能是传感器自身或者线路出现了问题。

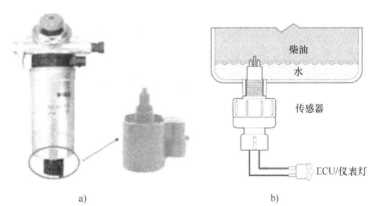

图2-100 燃油含水率传感器
a）安装位置 b）结构组成

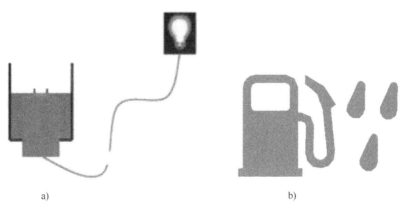

图2-101 燃油含水指示灯及工作原理
a）工作原理 b）指示灯

（8）大气压力传感器

大气压力传感器是所有压力传感器的参考。其安装位置因不同电控系统而异，博世电控系统的大气压力传感器集成在电控单元（ECU）内，康明斯电控系统的大气压力传感器在发动机线束上。大气压力传感器测量的是绝对压力，测量值与当地大气压力基本一致，如当地大气压为100kPa，大气压力传感器的测量值也是100kPa，若大气压力传感器没有故障，则此海拔下大气压力信号电压约为4V。如果此时大气压力传感器测量值为70kPa，那么发动机一定会动力不足，因为如此低的大气压力值，应该在高海拔地区，空气稀薄，氧气含量少，发动机电控单元收到此信号后，会减少喷油量。

大气压力传感器常见的失效形式有ECU通气塞堵塞、传感器本身损坏、ECU损坏。

（9）开关式传感器

常见的开关式传感器有制动开关、离合器开关和空档开关。

1）制动开关安装在制动踏板附近，如图2-102所示。通常采用冗余设计，分为制动开关1（主制动开关）和制动开关2（副制动开关），主制动开关为常开式，副制动开关为常闭式，如图2-103所示。当踩下制动踏板时，主副开关的状态发生了改变，即主制动开关闭合，副制动开关开启。使用两个制动开关主要是考虑到安全和备份，有更高的可靠性。不同的车辆中，制动信号的取样有不同的方式。

在车辆行驶中，踩下制动踏板的同时踩下加速踏板，发动机转速无法提升，这被称为"制动优先"。这也是当制动开关有故障时，会导致车辆加速不良或者车辆在行驶中出现转速掉落、短暂加速不良现象的原因。

通常利用汽车故障诊断仪的数据流功能对制动开关进行检查，当踩下制动踏板时，数据应当发生相应的变化，或者变化应符合标准值。

图2-102 制动开关

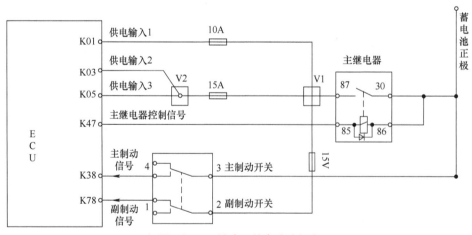

图2-103 制动开关电路（例）

2）离合器开关安装在离合器踏板附近，通常松开离合器踏板时开关闭合，踩下离合器踏板时开关打开。可以利用这个特性来检测离合器开关的好坏，如图2-104所示，当松开离合器踏板时，用万用表测量ECU针脚K55对应离合器开关电气接头针脚的电压，应为0V；当踩下离合器踏板时，用万用表测量ECU针脚K55对应离合器开关电气接头针脚的电压，应为蓄电池电压或系统设定的一个电压值，如10~14V。

图 2-104 离合器开关电路（例）

3）空档开关安装在变速器操纵机构上，在变速器处于空档时空档开关闭合，变速器挂档后空档开关常开。可以利用这个特性来检测空档开关的好坏。

（10）执行器

1）预热系统。发动机在寒冷地区冷起动的条件之一就是预热系统要正常。预热系统的工作需要冷却液温度传感器提供冷却液温度信号，不同的车型可能标定不一样，一般在冷却液温度低于0℃预热才会开启。冷却液温度传感器拔了之后ECU会给出-40℃的替代值，这时预热系统也会工作，由发动机控制单元控制向进气加热器供电的继电器实现。轻卡一般使用预热塞，重卡一般使用预热格栅，如图2-105所示。

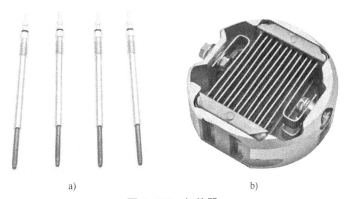

图 2-105 加热器

a）预热塞　b）预热格栅

预热塞也称为电热塞，可提升冷起动性能。电热塞具有快速升温和持久保持高温状态、节能环保、使用寿命长等特点。每个预热塞对应一个针脚，即供电线路，通过壳体和发动机连接来接地，电流在预热塞内的流向如图2-106所示。由于预热塞的电阻很小，因此在回路中产生较高的电流，当电流流过预热塞头部的加热单元时，加热单元瞬时产生高温。预热塞在2s温度可达850℃以上，最高温度可达980℃，通常预热时间为15~25s。在发动机起动后，电热塞可保持3min温度，主要是为了燃烧的稳定性、减噪及降低排放。预热塞的失效模式通常为加热时间过长或燃烧室温度过高导致烧蚀。

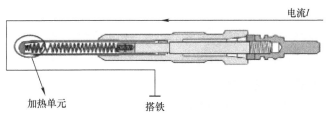

图 2-106 预热塞内电流的流向

当车辆冷车无法着车,没有故障码,但采用低温起动液测试,车辆则顺利起动,此时判断问题有可能就出在冷起动前的预热上。判断预热塞好坏的方法为:①拔掉冷却液温度传感器的插头;②将点火开关转到"ON"档;③用万用表测量预热塞的连接片即正极处,看能否测得蓄电池电压,能说明预热塞的供电正常;④将点火开关转到"OFF"档;⑤用万用表测量预热塞电阻,正常应为 0.25~5Ω。也可将预热塞拆下后通电测试,如图 2-107 所示。

对于预热格栅,每次 T15 上电后,ECU 会主动"闭合—断开"进气预热继电器,来检测预热格栅是否安装正确,是否有开路、短路故障,是否能正常断开。由于预热格栅功率较大,"闭合—断开"时必然会引起蓄电池电压的变化。闭合时蓄电池电压应下降 0.3V 左右,否则判断预热格栅开路或短路、粘连;断开时蓄电池电压应上升 0.3V 左右,否则判断预热格栅粘连或开路、短路;当出现以上两种情况时,ECU 就会报出预热继电器无负载、预热格栅"关闭—断开"时电压信号异常等故障。

2)继电器。继电器如图 2-108 所示,常安装在电气装置板上,电气插接器口会有位置号,另外在插座的每个插脚孔位上也有其插脚位置"30"、"85"、"86"、"87"(不同继电器的标注会有所不同,但可以一一对照识别,如 86—1、85—2、30—3、87—5)等,如图 2-109 所示。作用:通过低电流实现对高电流的控制,并保护 ECU 不被逆向电流冲击。与电控系统相关的常见继电器有起动继电器、空调继电器、排气制动继电器和预热继电器等,其中预热等继电器和普通继电器的外形有明显区别,如图 2-110 所示。继电器上面的一排数字和字母组成的序号是配件号,第二排符号是该继电器触点端允许的最大电压和电流值,下面绘制的是该继电器的内部结构原理图(1、2 针脚是线圈,是细针脚;3、5 针脚是触点,是粗针脚)。

图 2-107　预热塞通电测试

图 2-108　继电器

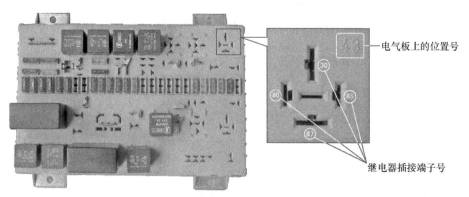

图 2-109　电气装置板电气位置标识

对于控制电控单元上电的继电器，当继电器线圈端断电的一瞬间，由于磁场的变化，线圈会产生 400V 的自感电压，这个自感电压会将 ECU 内部击穿，导致 ECU 损坏。为了避免 ECU 承受这么高的瞬间电压，此处应使用负载抗干扰继电器，不可使用普通继电器。常见的负载抗干扰继电器一般加装了续流二极管，电路工作时电流不会从二极管流过。因为二极管是有极性的，续流二极管就是在继电器线圈端断电后，继续让自感电流流动，将 400V 的自感电压疏导。如果安装这种继电器时，接反了线圈端的正负极，会导致续流二极管烧毁。也有的负载抗干扰继电器加装了续流电阻，如图 2-111 所示，它的作用和续流二极管一样。它的优点是安装时没有极性要求，线圈端正负极可以在两个针脚之间随意连接。

图 2-110　预热继电器

传感器常见失效形式有线束开路、短路；接头松动、虚接、密封不严导致进水烧毁内部零部件；供电线束上熔丝虚接；信号超范围（小于 0.25V，大于 4.75V）等。

执行器往往可以通过测量其阻值或使用汽车故障诊断仪进行动作测试来判断其状态正常与否。

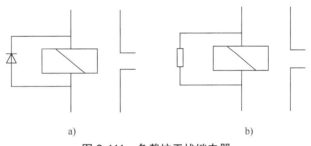

图 2-111　负载抗干扰继电器
a）续流二极管式　b）续流电阻式

知识点 5：发动机起动控制策略

随着电控化程度的提高，加上考虑安全问题，各个厂家对发动机的起动控制都有自己的控制策略，由 ECU 判断是否满足空档开关和离合器开关信号等常见的起动条件，根据空档开关和离合器开关参与起动控制策略的情况不同分为完全参与起动控制、部分参与起动控制和不参与起动控制三种情况。完全参与起动控制即不在空档就不能起动，此时空档开关串在起动继电器电路或点火开关 T50 的电路中。此时若不在空档起动车辆，要么 ECU 接收不到起动信号，要么是接收到信号，但起动继电器无法吸合。部分参与起动控制即 ECU 控制起动继电器延迟吸合，空档开关既不接入 T50 线路，也不接入起动继电器线路，是在软件层面实现对起动机的控制。不参与起动控制即将 T50 线路直接接入起动继电器或起动机，这种情况越来越少。下面通过图 2-112 所示电路图，了解一下起动控制策略。从图中可以看出，起动机转动的要素包括电控单元（ECU）上电正常、起动信号正常、空档开关信号正常、离合器开关信号正常、起动继电器及线路正常、起动机正常。除此之外，根据起动控制策略不同，副起停开关状态也会导致无法起动或延迟起动。冷却液温度、进气温度和机油温度等信号过低时，发动机无法起动；温度超高时，发动机进入过热保护，发动机异常熄火。

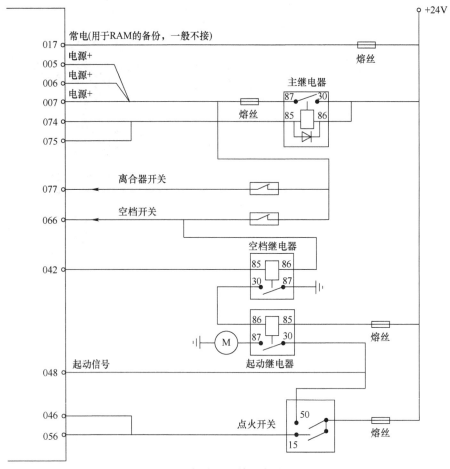

图 2-112 起动控制策略电路图（例）

知识点 6：数据流

数据流指的是各传感器或开关信号输入 ECU 的各个参数和 ECU 向各执行器输出的各个参数，这些参数有状态参数也有数值参数。状态参数一般指开或关、闭合或断开、高或低、是或否等两种工作状态的参数。数值参数一般指工作电压、电流、频率、压力、温度、时间、速度等有一定单位、一定变化范围的参数。车辆数据流见表 2-14（以东风天龙 KL-ISD290-62-CM2350 为例）。

数据流对于精准判断车辆故障具有很大的作用，其使用方法可以归纳为以下四种。

（1）数值分析法

通过解码器读出目标数据和实际数据的差异（如目标轨压和实际轨压），从而通过数据的变化规律和变化范围的分析精准确定车辆故障。

（2）时间分析法

通过数据的变化频率和周期的分析精准确定车辆故障（如氮氧化物传感器的信号，不仅要有信号电压和电压的变化，还要有一定的变化频率）。

（3）关联分析法

通过对互为关联的数据间存在的比例关系和对应关系的分析，判别逻辑关系是否合理（如加速踏板位置传感器信号电压 1 和信号电压 2 是否为两倍关系），从而精准确定车辆故障。

(4）比较分析法

即对相同车型及系统在相同状态下的数据进行对比分析，从而精准确定车辆故障。

表2-14 车辆数据流

数据流名称	单位	急速（599r/min）	中速（1442r/min）	高速（2401r/min）
ECM时间（开启时间）	h：m：s	3632：49：40	3632：58：54	3363：02：23
百分比加速踏板或操纵杆	%	0	27	92
加速踏板或操纵杆位置传感器电源1电压	V	1.12	2.06	2.44
加速踏板或操纵杆位置传感器信号2电压	V	0.56	1.06	1.19
发动机小时数	h：m：s	5317：11：29	5317：14：51	5317：17：31
发动机冷却液温度	℃	41.9	51.7	66.6
机油压力	kPa	293.3	438	448.4
加速踏板或操纵杆位置传感器电源电压	V	5.02	5.02	5.02
发动机转速	r/min	599	1442	2401
发动机转速状态		良好	良好	良好
主发动机转速同步状态		同步	同步	同步
备用发动机转速同步状态		同步	同步	同步
备用发动机转速传感器状态		有效信号	有效信号	有效信号
主发动机转速传感器状态		有效信号	有效信号	有效信号
测量燃油油轨压力	bar	394	577	786
车速	km/h	0	0	0
OEM大气温度	℃	29	29	28
进气歧管空气温度	℃	36.1	35.2	36.2
后桥传动比开关		高	高	高
涡轮增压器压缩机进口空气温度	℃	29.5	28.8	29.3
涡轮增压器转速	kr/min	9	35	81
排气温度（计算值）	℃	267	292	312
离合器踏板位置开关		释放	释放	释放
进气歧管压力	kPa	0	4.6	448.5
发动机制动输出电路2		未激活	未激活	未激活
巡航控制油门开关		断开	断开	断开
巡航控制滑行开关		断开	断开	断开
巡航控制打开/关闭开关		打开	打开	打开
开关设置		设置/滑行（恢复/加速）	设置/滑行（恢复/加速）	设置/滑行（恢复/加速）
校准软件相位		23505A01	23505A01	23505A02

（续）

数据流名称	单位	怠速（599r/min）	中速（1442r/min）	高速（2401r/min）
百分比远程加速踏板或操纵杆	%	0	0	0
ECM 实际时间	h：m：s	77963：14：01	77963：14：50	77963：15：30
发动机转矩模式		低怠速调速器	加速踏板驾驶员选择	加速踏板驾驶员选择
加速踏板或操纵杆指示器		初级加速踏板或操纵杆	初级加速踏板或操纵杆	初级加速踏板或操纵杆
远程加速踏板或操纵杆指示器		断开	断开	断开
进气加热器 1		断开	断开	断开
燃油含水状态		未检测到水分	未检测到水分	未检测到水分
起动器锁定继电器命令		打开	打开	打开
等待起动指示灯状态		断开	断开	断开
进气加热器 2		断开	断开	断开
检测到燃油含水的总积累时间	h：m：s	00：00：00	00：00：00	00：00：00
发动机保护降额禁止		禁用	禁用	禁用
发动机冷却液温度传感器信号电压	V	2.31	1.75	1.12
进气歧管空气温度传感器信号电压	V	0.94	0.94	0.94
发动机机油压力传感器类型		模拟	模拟	模拟
发动机机油压力传感器信号电压	V	2.5	3.38	3.31
调速器类型		车用	车用	车用
涡轮增压器执行器测量位置（百分比关闭）	%	94	40	3
电池电压	V	27.8	27.5	27.5
涡轮增压器压气机出口空气温度（计算值）	℃	29	43	65
主发动机转速传感器信号状态		范围内	范围内	范围内
发动机转速传感器起作用		主	主	主
风扇控制 2 多路通信请求级别	%	0	0	0
智能道路车速调速器滑行开关		断开	断开	断开
智能道路车速调速器加速开关		断开	断开	断开
排气压力传感器信号电压	V	1.12	1	1.19
涡轮增压器压缩机进口空气温度传感器信号电压	V	1.12	1.12	1.12

（续）

数据流名称	单位	怠速（599r/min）	中速（1442r/min）	高速（2401r/min）
PTO 状态		未激活	未激活	未激活
进气歧管压力传感器信号电压	V	1.19	1.25	1.31
发动机行驶里程补偿	km	0	0	0
发动机里程	km	24340	24340	24340
ECM 里程	km	24371.3	24371.3	24371.3
瞬时燃油经济性	km/h	0	0	0
巡航控制开关设置		启用	启用	启用
发动机制动输出电路 1		未激活	未激活	未激活
发动机制动输出电路 3		未激活	未激活	未激活
发动机制动输出电路 4		未激活	未激活	未激活
油门联锁状态		解锁	解锁	解锁
发动机制动开关水平	%	0	0	0
PTO 其他开关		断开	断开	断开
涡轮增压器执行器指令位置（关闭百分比）	%	94	42	4
涡轮增压器执行器位置传感器信号电压	V	0	0	0
涡轮增压器执行器类型		电气	电气	电气
曲轴箱压力传感器信号电压	V	1.62	1.69	1.69
曲轴箱压力	kPa	0.2	0.3	0.4
动力系统保护转矩限制	km	1300	1300	1300
发动机转矩限制开关		断开	断开	断开
OEM 环境空气温度传感器信号电压	V	0	0	0
废气再循环控制系统（EGR）阀测量位置（开启百分比）	%	1	0	0
基于负载的速度控制状态		无限制	无限制	无限制
废气再循环控制系统（EGR）阀位置传感器信号电压	V	0	0	0
废气再循环控制系统（EGR）压差	kPa	0.2	0	−0.2
废气再循环控制系统（EGR）阀压差传感器信号电压	V	1	0.94	0.94
废气再循环控制系统（EGR）阀温度传感器信号电压	V	2.8	2.8	2.75
废气再循环控制系统（EGR）温度	℃	40	40	41.1

（续）

数据流名称	单位	急速（599r/min）	中速（1442r/min）	高速（2401r/min）
废气再循环控制系统（EGR）阀位置	%	1	0	0
大气气压	kPa	99.1	97.8	96.1
大气空气压力传感器信号电压	V	3.81	3.69	3.56
指令喷油器增压电源电压	V	50	50	50
测量喷油器增压电源电压	V	50.4	50.3	50.2
减档保护状态		未激活	未激活	未激活
油轨压力传感器信号电压	V	1.29	1.65	3.52
控制燃油油轨压力	bar	400	578	1485
燃油泵执行器位置		关闭	关闭	关闭
燃油泵执行器检测电流	A	1.38	1.31	1.25
燃油泵执行器工作负载循环	%	20	19	18
指令燃油流量	g/s	3.78	6.41	5.59
燃油泵执行器指令电流	A	1.39	1.32	1.26
诊断测试模式开关		断开	断开	断开
点火开关		打开	打开	打开
点火开关关闭计次		330	330	330
红色停车指示灯状态		断开	断开	断开
点火开关打开计次		331	331	331
琥珀色警告灯状态		断开	断开	断开
百分比负荷	%	9	13	15
发动机运行状态		低速调速器状态	两级调速器	两级调速器
制动踏板位置开关		释放	释放	释放
J1939 发动机源地址		0	0	0
J1939 停止广播源地址一		0	0	0
J1939 停止广播源地址二		0	0	0
J1939 停止广播源地址三		0	0	0
最大运行转速开关		转速1	转速1	转速1
防盗保护系统状态		解锁	解锁	解锁
发动机预热保护状态		未激活	未激活	未激活
传感器电源1	V	5	5	5
传感器电源2	V	5	5	5
传感器电源3	V	5	5	5
传感器电源4	V	5	5	5
传感器电源5	V	5	5	5
传感器电源6	V	5	5	5

(续)

数据流名称	单位	怠速（599r/min）	中速（1442r/min）	高速（2401r/min）
使用的后处理柴油机排气处理液	L	408	408	408
后处理柴油机排气处理液加料阀指令位置		已关闭	已关闭	已关闭
后处理柴油机排气处理液返料阀位置		已关闭	已关闭	已关闭
风扇控制多路通信请求级别	%	0	0	0
加速踏板或操纵杆位置传感器信号1电压	V	5.02	5.02	5.02
后处理柴油机氧化催化器进口温度	℃	69.6	216.4	245.2
后处理柴油微粒滤清器压差传感器信号电压	V	0.69	0.75	0.81
废气再循环控制系统（EGR）阀冷却器效率	%	100	100	100
后处理柴油微粒滤清器出口温度	℃	41	174	229.8
后处理柴油微粒滤清器进口温度	℃	60.7	213.8	252.9
风扇转速	r/min	758	1928	2543
后处理柴油微粒滤清器烟度负载状态		正常情况	正常情况	正常情况
后处理高排气系统温度指示灯状态		断开	断开	断开
后处理柴油微粒滤清器再生允许开关状态		打开	打开	打开
后处理柴油微粒滤清器再生启动开关状态		断开	断开	断开
后处理柴油微粒滤清器指示灯状态		断开	断开	断开
后处理柴油机排气处理液储液罐加热阀指令位置		已关闭	已关闭	已关闭
后处理柴油机排气处理液压力	kPa	891.7	878.2	861.4
后处理柴油微粒滤清器烟度负载	g	0.27	0.44	0.07
后处理柴油机排气处理液压力传感器电压	V	3.4	3.4	3.3
后处理柴油机排气处理液储液罐液位传感器电压	V	2	2	2
后处理柴油机排气处理液管加热器1状态		断开	断开	断开

（续）

数据流名称	单位	急速（599r/min）	中速（1442r/min）	高速（2401r/min）
后处理柴油机排气处理液管加热器2状态		断开	断开	断开
后处理柴油机排气处理液管加热器3状态		断开	断开	断开
后处理柴油机排气处理液喷射单元加热器状态		断开	断开	断开
排气压力	kPa	135.92	127.84	126.66
发动机制动选择器开关1		断开	断开	断开
发动机制动选择器开关2		断开	断开	断开
防盗器钥匙状态		无钥匙状态	无钥匙状态	无钥匙状态
巡航控制暂停开关状态		断开	断开	断开
车辆加速率	km/h	0	0	0
开关控制最大车速状态		最大车辆速度	最大车辆速度	最大车辆速度
防盗器钥匙已知		未知	未知	未知
智能道路车速调速器状态		断开	断开	断开
智能道路速度器参考速度	km/h	150	150	150
后处理柴油微粒滤清器工作状态		未激活	选择性催化还原（ECR）催化器预热	未激活
远程油门位置传感器电压	V	0	0	0
后处理柴油机排气处理液喷射状态		喷射已经启用	喷射已经启用	喷射已经启用
后处理柴油机排气处理液喷射速率	g/h	0	0	786.1
后处理选择催化还原（SCR）进口温度	℃	42	153	216
后处理选择催化还原（SCR）出口温度	℃	70	69	181
后处理选择催化还原（SCR）出口温度信号电压	V	0	0	0
后处理柴油机排气处理液储液罐液位	%	56	56	56
风扇驱动状态		断开	断开	断开
后处理柴油机排气处理液照明灯状态		断开	断开	断开
后处理进口氮氧化合物（NO_x）	10^{-6}	0	113	123
更改的后处理进口氮氧化合物（NO_x）	10^{-6}	0	508	116
后处理进口氮氧化合物（NO_x）稳定读数		未提供读数	稳定读数	不稳定读数

（续）

数据流名称	单位	急速（599r/min）	中速（1442r/min）	高速（2401r/min）
后处理组合积炭负荷预估	g/L	0.03	0.06	0.01
后处理压差积炭负荷预估	g/L	0	0	0
增强辅助停机开关状态		未激活	未激活	未激活
后处理柴油机排气处理液储液罐温度	℃	32	33	32
故障指示灯状态		断开	断开	断开
后处理柴油机排气处理液储液罐温度传感器电压	V	1.39	1.39	1.39
后处理柴油微粒滤清器出口压力	kPa	-0.06	0.94	1.41
后处理柴油微粒滤清器出口压力传感器信号电压	V	0.69	0.81	0.81
停车制动开关状态		断开	断开	断开
巡航控制参考速度	km/h	0	0	0
变速器状态		空档	空档	空档
排气容积流量	m³/s	0.02	0.13	0.15
燃油含水传感器信号电压	V	3.1	3.1	3.1
后处理柴油机排气处理液加料单元状态		喷射	喷射	喷射
柴油机排气处理液储液罐加热器状态		断开	断开	断开
柴油机排气处理液管加热器 1 状态		断开	断开	断开
柴油机排气处理液管加热器 2 状态		断开	断开	断开
柴油机排气处理液管加热器 3 状态		断开	断开	断开
后处理柴油机排气处理液加料单元加热器状态		断开	断开	断开
后处理柴油微粒滤清器压差	kPa	0	0.97	1.03
使用的总柴油机排气处理液	L	0	0	0
后处理柴油微粒滤清器出口压力	kPa	408	408	408
后处理柴油微粒滤清器被动再生消耗时间	h	607	607	607
后处理柴油微粒滤清器主动再生消耗时间	h	34	34	34
多路通信油门错误跛行回家开关状态		踩下加速踏板	踩下加速踏板	踩下加速踏板
激活的油门类型		双相模拟	双相模拟	双相模拟

（续）

数据流名称	单位	急速（599r/min）	中速（1442r/min）	高速（2401r/min）
用户可调节燃油经济性设置	%	100	100	100
燃油油轨压力合理性传感器	bar	0	0	0
固定泵送模式		禁用	禁用	禁用
远程站PTO接通/断开开关		断开	断开	断开
远程站PTO附加开关		断开	断开	断开
远程站PTO增量开关		断开	断开	断开
远程站PTO减量开关		断开	断开	断开
ECM点火开关断开时间	h：m：s	00：01：10	00：01：10	00：01：10
选择性催化还原（SCR）催化器进口温度	℃	42.7	174.7	218.6
后处理柴油机排气处理液储液罐温度	℃	31.8	31.9	31.9
后处理柴油机排气处理液储液罐液位	%	55	55	56
后处理柴油机排气处理液喷射温度	℃	36.1	36.1	36.1
后处理柴油机排气处理液喷射单元加热器温度	℃	33.8	33.8	33.8
后处理柴油机排气处理液储液罐液位	%	55	55	56
后处理柴油机排气处理液喷射温度	℃	36.1	36.1	36.1
后处理柴油机排气处理液喷射单元加热器温度	℃	33.8	33.8	33.8
静负载百分比	%	21	21	21
巡航控制备用回复开关	%	21	21	15.8
自适应巡航使用指令		断开	断开	断开
自适应巡航使用指令		断开	断开	断开
停止启动服务禁止状态		未激活	未激活	未激活
停止启动自动关机次数		17332	17333	17332
当前发动机停止的机会状态		未激活	未激活	未激活

知识点7：典型故障诊断与排除

（1）车辆无法起动

柴油车辆能够正常顺利起动的条件包括雾化的柴油、缸内空气压缩后有一定温度和压力、起动系统正常、电控燃油系统正常、进排气系统正常、发动机机械零部件装配间隙正常等。根据上述条件分析，车辆无法起动的原因可能有：

1）电压异常。系统电压过高或过低都会导致发动机无法起动或异常熄火。

2）起动机问题。ECU没有收到T50信号、ECU没有收到起动继电器控制信号、ECU没有收到起动保护继电器控制信号、起动机故障等。

3）轨压异常。同步信号不正常；低压油路或高压油路中有空气、堵塞、泄漏；喷油器未加电或堵塞；燃油计量单元、限压阀等故障；溢流阀卡滞等。对于没有泄压阀的燃油供给系统，因回油问题、计量单元问题等导致轨压过高的情况，也无法着车。

4）预热系统异常。尤其是环境温度较低时。

5）ECU供电异常。除了ECU自身供电问题外，点火开关T15问题也可导致ECU无法上电。

6）机械部件损坏。缸压异常（大车一般是3.2MPa左右，小车大约为2.8MPa）；止推瓦磨损，导致曲轴窜气量过大；气门间隙调整不当；发动机进排气故障等。

7）起动条件不足。空档开关、离合器开关、副起停开关状态异常。

8）温度类传感器故障。冷却液温度、机油温度和进气温度过低导致无法起动，温度超高发动机进入过热保护导致异常熄火。

9）其他原因。CAN通信异常；IQA码、QR码、ZFC值等不匹配；GPS锁车等。

当车辆无法起动时，应该查看的数据流见表2-15。

表2-15 与发动机无法起动相关的数据流

序号	数据流	单位
1	目标轨压	bar
2	实际轨压	bar
3	系统电压	V
4	冷却液温度	℃
5	进气温度	℃
6	机油温度	℃
7	同步信号	
8	实际喷油量	mg/Hub
9	空档开关	
10	离合器开关	
11	副起停开关	
12	T15状态	
13	T50控制信号	
14	起动继电器控制信号	
15	预热状态	

（2）车辆行驶无力

车辆行驶无力的原因有很多，大体归结如下：

1）气路故障。发动机进排气不通畅、进气温度过高、涡轮增压器故障、进气歧管没有装好或中冷器开裂、进气流量传感器检测不准或检测不到空气流量等。

2）油路故障。高低压油路不通畅、油路漏油、油路进空气、轨压异常、喷油量异常、油温过高等。

3）发动机机械故障。气门间隙调整不当、气缸垫损坏漏气、硅油风扇故障等。

4）后处理故障。尿素是否正常消耗、是否有结晶堵塞等情况。

5）制动系统故障。是否出现制动拖滞等故障。

6）信号异常。同步信号、加速踏板位置传感器信号、冷却液温度和机油温度信号等异常。

7）轮胎异常。轮胎胎压是否正常。

8）车辆使用问题。驾驶习惯问题，如拖档现象。
9）其他原因。ECU 程序问题；润滑系统故障，导致零部件运动阻力加大；离合器打滑等。
车辆行驶无力时，应该查看的数据流见表 2-16。

表 2-16 与车辆行驶无力相关的数据流

序号	数据流	单位
1	目标轨压	bar
2	实际轨压	bar
3	冷却液温度	℃
4	机油温度	℃
5	计量单元触发电流	mA
6	进气歧管压力	bar
7	进气歧管温度	℃
8	发动机转矩限制状态	
9	后处理转矩限制	
10	实际喷油量	mg/Hub
11	加速踏板位置/开度	%
12	加速踏板电压	V
13	发动机转速	r/min
14	车速信号	km/h
15	大气压力	bar
16	节气门开度	%
17	节油开关状态	
18	EGR 阀开度	%
19	同步信号	
20	后处理系统	

从上述分析可以看出，车辆行驶无力大多是由于发动机功率或转矩不足引起的，这些情况根据车辆故障表现又分为两大类：发动机转速不受限和转速受限（转速限制在某一数值）。下面将导致两种情况出现的原因和排查的对象做一说明。

① 转速不受限的故障原因包括冷却液温度过高导致发动机进入热保护、冷却液温度传感器或对应线束故障、增压后进气管路泄漏、增压器损坏、油路堵塞或泄漏、高原修正导致、进排气管路堵塞、加速踏板无法达到全开等，此时需要检查发动机冷却系统、冷却液温度传感器及对应线束、高压共轨燃油供给系统、发动机进排气系统、涡轮增压器和加速踏板等。

② 转速受限的故障原因包括轨压信号异常、燃油计量单元信号故障、进气温度传感器信号异常、冷却液温度传感器信号异常等，此时需要检查轨压传感器或对应线束、燃油计量单元或对应线束、进气温度传感器或对应线束、冷却液温度传感器或对应线束。

【工作任务实施】

<任务准备>

1. 任务计划

1）工具设备清单见表 2-17。

表 2-17 工具设备清单

名称	数量	单位
实训车辆	4	台
工具车	4	辆
工具	4	套
三角木	16	块
五件套	4	套
车辆使用手册	4	本

2）实操预演。

ECU 上电测量（直接）　　ECU 上电测量（继电器）　　加速踏板位置传感器的测量

2. 任务决策

根据发动机电控单元（ECU）上电测量和加速踏板位置传感器的检测这些具体任务内容，制订小组任务计划，简要说明任务实施过程的步骤及注意事项，并将项目计划内容填入表 2-18 中，落实子任务的学习目标。（注意：流程步骤小组自行设计表格，可以酌情添加或删减）

表 2-18 任务计划表

任务步骤	子任务 1　发动机电控单元（ECU）上电测量	子任务 2　加速踏板位置传感器的检测
前期准备	（着装、查看车辆、查资料和准备工量具等）	（查看车辆、查资料）
步骤 1		
步骤 2		
步骤 3		
步骤 4		
步骤 5		
步骤 6		

＜任务实施＞

子任务 1　发动机电控单元（ECU）上电测量

实施步骤	标准/图示	过程记录
前期准备	—	① 车辆停放在平坦地面，用三角木顶住车轮 ② 车辆处于熄火状态，点火开关处于"OFF"档 ③ 确认驻车制动状态 ④ 变速器处于"N"位 ⑤ 铺设五件套，如图 1-40 所示 ⑥ 准备万用表

（续）

实施步骤	标准/图示	过程记录
检查测量	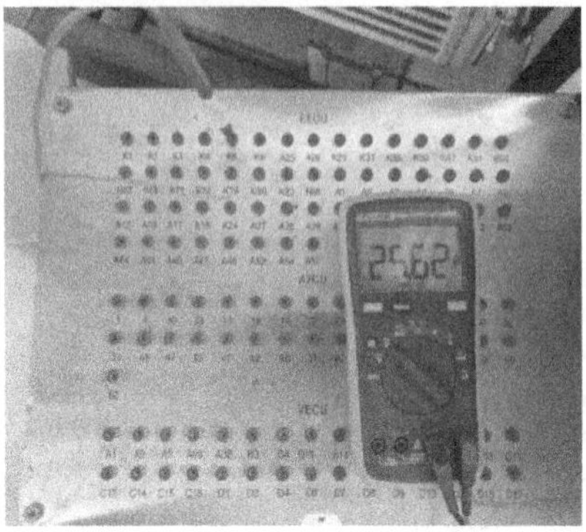 图2-113　ECU上电测量	①断开ECU的电气插头 ②根据ECU的电路图找到相应针脚，引出线束待测（为便于观察，此处使用发动机台架上设计的测量端子进行测量） ③将点火开关转到"ON"档 ④用万用表对相关针脚进行测量，如图2-113所示 ⑤测量值与理论值对比
恢复整理		①将点火开关转至"OFF"档 ②恢复ECU的电气插头 ③将点火开关转到"ON"档，查看仪表各指示灯情况 ④起动发动机，急速运转，踩下踏加速踏板，查看仪表 ⑤将发动机熄火 ⑥清洁整理工量具和场地

子任务2　加速踏板位置传感器的检测

实施步骤	标准/图示	过程记录
前期准备	—	①车辆停放在平坦地面，用三角木顶住车轮 ②车辆处于熄火状态，点火开关处于"OFF"档 ③确认驻车制动状态 ④变速器处于"N"位 ⑤铺设五件套，如图1-40所示 ⑥准备汽车故障诊断仪和万用表
检查测量	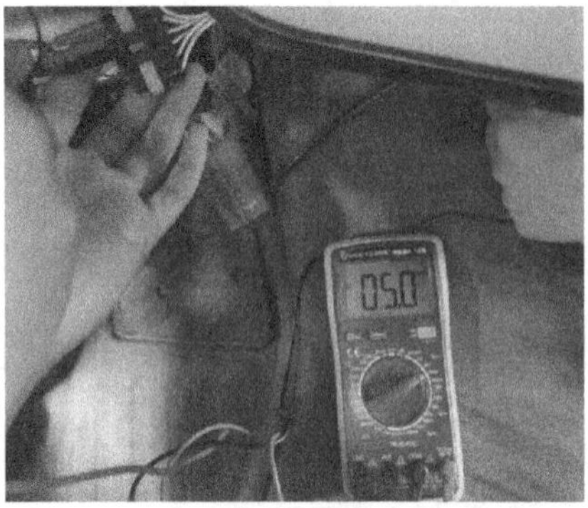 图2-114　加速踏板位置传感器的断开测量	①断开加速踏板位置传感器的电器插头 ②用万用表蜂鸣档，黑表笔接地，红表笔依次测量电气插头各针脚，确认传感器地线 ③将点火开关转到"ON"档 ④用万用表电压档，黑表笔接地，测量各针脚电压值，确认传感器供电线，如图2-114所示 ⑤将点火开关转到"OFF"档

（续）

<table>
<tr><th>实施步骤</th><th>标准 / 图示</th><th>过程记录</th></tr>
<tr><td>检查测量</td><td>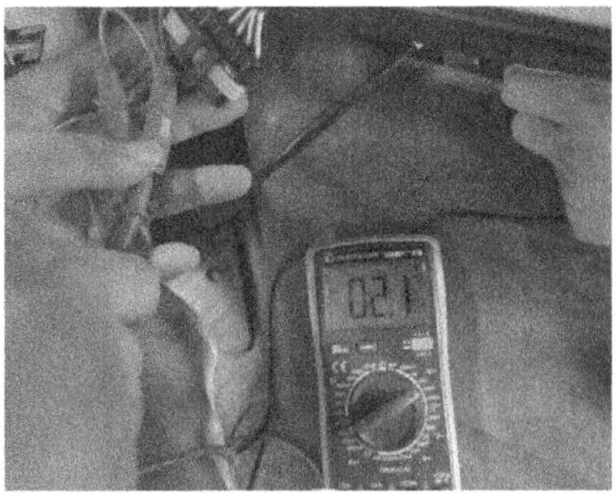
图 2-115　加速踏板位置传感器的连接测量
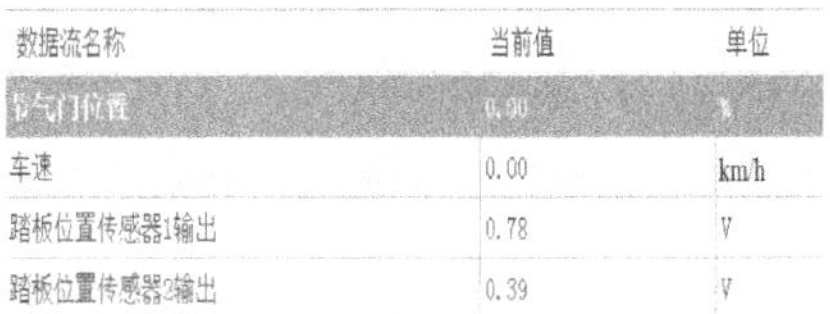
<table>
<tr><th>数据流名称</th><th>当前值</th><th>单位</th></tr>
<tr><td>节气门位置</td><td>0.00</td><td>%</td></tr>
<tr><td>车速</td><td>0.00</td><td>km/h</td></tr>
<tr><td>踏板位置传感器1输出</td><td>0.78</td><td>V</td></tr>
<tr><td>踏板位置传感器2输出</td><td>0.39</td><td>V</td></tr>
</table>
图 2-116　用汽车故障诊断仪读取加速踏板位置传感器的数据</td><td>⑥ 连接传感器的电气插头
⑦ 用万用表电压档，黑表笔接地，测量各针脚电压值，确认传感器信号线及电压值（是否在标准范围），如图 2-115 所示
⑧ 将点火开关转到“OFF”档
⑨ 连接汽车故障诊断仪，改变加速踏板位置，读取数据（是否在标准范围），如图 2-116 所示
⑩ 上述操作确认线束正常后，考虑传感器本身问题</td></tr>
<tr><td>整理恢复</td><td></td><td>清洁整理车辆、设备、工量具和场地</td></tr>
</table>

【工作小结与思考】

1. 本节重点学习了商用车发动机电控系统的相关内容及注意事项。

2. 在工作任务实施前，要查阅相关资料，确认操作方法，同时重点对操作中的注意事项进行熟记，确保操作安全规范，达到工作要求。

3. 整个任务实施过程的步骤和注意事项，充分体现了工匠精神、安全和标准意识。

任务 4　检修 CAN 总线系统

【任务导入】

随着汽车电子技术的发展，车辆控制越来越集成化，商用车普遍采用车载网络控制。作为一名商用车售后服务人员，如何能够快速、准确、规范地对车载网络系统开展相应的检修作业，是必须掌握的专业技能，因此加强对车载网络系统相关知识的了解和掌握非常必要。为了更好地做到安全规范准确地开展车载网络系统的检修作业，请你为新入职的同事介绍车载网络系统结构及原理并演示如何进行检测。

【工作内容分析】

<认知目标>

1. 掌握 CAN 总线系统的结构及原理。

2. 掌握 CAN 总线常见故障类型及现象。

3. 掌握 CAN 总线系统检修工艺。

< 能力目标 >
1. 能够正确选用工量具，规范地进行 CAN 总线检测，并分析测量结果。
2. 能够对车辆 CAN 总线系统常见故障进行诊断与排除。

< 素养目标 >
1. 形成安全规范操作意识。
2. 形成质量意识。

< 任务拆解 >
子任务 1　CAN 总线终端电阻检测
子任务 2　CAN 总线波形检测

知识点 1：CAN 总线介绍

CAN 全称为 "Controller Area Network"，即控制器局域网，是国际上应用最广泛的现场总线之一，是国际标准化组织（ISO）推荐的串行通信协议。CAN 最初出现在 20 世纪 80 年代末的汽车工业中，由德国博世公司最先提出。当时，由于消费者对汽车功能的要求越来越多，而这些功能的实现大多是基于电子操作的，这就使得电子装置之间的通信越来越复杂，同时意味着需要更多地连接信号线。提出 CAN 总线的最初动机就是解决现代汽车中庞大的电子控制装置之间的通信问题，减少不断增加的信号线。于是设计了一个单一的网络总线，所有的外围器件都可以被挂接在该总线上。1993 年，CAN 已成为国际标准 [ISO 11898（高速应用）和 ISO 11519（低速应用）]。CAN 是一种多主方式的串行通信总线，基本设计规范要求有高的位速率、高抗电磁干扰性，而且能够检测出任何错误。当信号传输距离达到 10km 时，CAN 仍可提供高达 50kbit/s 的数据传输速率。现在，CAN 的高性能和可靠性已被认同，并被广泛地应用于工业自动化、船舶、医疗设备、工业设备等方面。

知识点 2：CAN 总线的结构

CAN 总线通信不需要主控制器。所有 CAN 节点直接连接到 CAN 总线，而每个节点都能获取总线上的信息。这种总线拓扑结构是通信系统中最常用的一种结构。总线拓扑结构具有良好的电气特性。当一个节点出现故障时，剩余总线系统的通信性能不会受到影响。此外，添加新节点时，不需要做很多的改变，就能与已有的总线系统进行耦合。

（1）网络节点

网络节点由可运行应用程序的微控制器、CAN 控制器，以及 CAN 收发器（总线驱动、发送和接收）组成，如图 2-117 所示。

CAN 控制器负责管理消息的发送和接收。它将需要传输的二进制数据转换成数据传输所需的位电流，并将位电流通过控制器发送引脚 TxD 传递到 CAN 收发器。CAN 收发器将该信号增强，产生差分数据传输所需的电平，并将增强后的位电流以串行方式发送到总线上（CAN-H 和 CAN-L）。接收到的 CAN 消息通过 CAN 收发器，经由接收引脚 RxD 传递到 CAN 控制器。运行应用程序的微控制器（如 Motronic）控制 CAN 控制器，

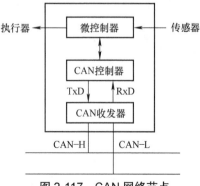

图 2-117　CAN 网络节点

提供需要发送的 CAN 数据，读取接收到的 CAN 数据。

（2）总线逻辑状态及编码

CAN 总线有两种逻辑电平状态，即显性和隐性。显性电平代表二进制位"0"，隐性电平代表二进制位"1"。CAN 总线采用非归零码编码/解码方式（Non Return to Zero，NRZ），即在两个相同电平之间并不强制插入一个零状态电平。收到总线消息后，CAN 收发器将信号电平转换成逻辑状态，即 CAN-H 电平与 CAN-L 电平相减，得到一个差值电平。各种干扰（如点火系统）在两根导线上的作用相同，相减后所得的差值电平可以过滤这些干扰，如图 2-118 所示。

（3）传输介质以及总线连接

能够传输显性电平和隐性电平的传输介质，都可以用于 CAN 总线通信。大部分情况下 CAN 总线使用双线传输，按照环境因素的不同，又可分为耦合的双绞线和退耦的非双绞线。两根导线分别作为 CAN-H 和 CAN-L 使用。使用双线来传输数据，按照使用情况，在两根导线上传输不同的电平。通过差分电平，滤除了两根导线上相同的干扰，降低了总线对干扰的敏感性。此外，双线传输能降低总线辐射，这对导线是一种额外的保护。

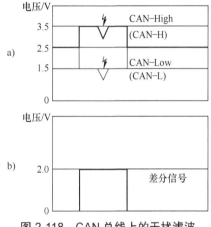

图 2-118　CAN 总线上的干扰滤波

（4）电压电平

CAN 收发器将从 CAN 控制器发出的逻辑状态"0"和"1"转换成 CAN-H 和 CAN-L 上传输的总线电平，如图 2-119 所示。

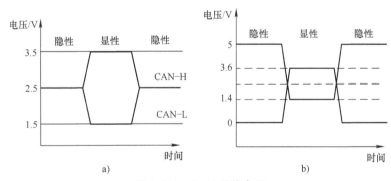

图 2-119　CAN 总线电平

a）高速 CAN 总线电平　b）低速 CAN 总线电平

高速 CAN 在传输隐性状态位时，CAN-H 和 CAN-L 上的电平都是 2.5V。在传输显性状态位时，CAN-H 上的电平为 3.5V，CAN-L 上的电平为 1.5V。

低速 CAN 在传输隐性状态位时，CAN-H 上的电平为 0V，CAN-L 上的电平为 5V。在传输显性状态位时，CAN-H 上的电平为 3.6V，CAN-L 上的电平为 1.4V。

（5）终端反射消除

开放式的总线在传输电子信号时，会产生终端反射而干扰通信。为了消除终端反射，在总线两端分别加上一个 120Ω 的终端电阻，如图 2-120 所示。终端电阻也可以被集成在控制器内部。

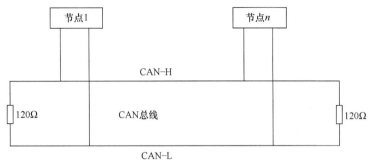

图 2-120　CAN 总线传输系统

（6）限值

为了确保通信的正确性，总线信号必须在一定时间内出现在总线上，并且保证被正确采样。总线信号传输有一定的时间延迟，最大的可靠的总线波特率与总线长度有关，不需要采取任何额外的措施，CAN 总线上最多能连接 30 个节点。ISO 11898 定义了总线长度，对各种总线长度的建议见表 2-19。

表 2-19　总线长度建议值

总线波特率	总线长度（最大值）
1Mbit/s	40m
500kbit/s	100m
250kbit/s	250m
125kbit/s	500m
40kbit/s	1000m

知识点 3：CAN 总线报文

（1）报文格式

CAN 总线报文传输有以下 4 种不同的格式。

1）数据帧。数据帧来自于发送节点（数据来源），并包含数据（如当前发动机转速）。

2）远程帧。通过发送远程帧可以向网络请求数据，网络发送相应数据帧来响应远程帧。

3）错误帧。总线节点发现错误时，以错误帧方式通知网络上其他节点。

4）过载帧。过载帧可能是两个数据帧之间的延迟，或是一个数据帧和一个远程帧之间的延迟。总线节点发送过载帧，表示当前该节点不能处理后续的报文。

总线上的数据以报文形式传输，而报文有固定的格式。CAN 支持 2 种不同的报文格式，分别在 CAN2.0A 和 CAN2.0B 中定义。这 2 种报文格式最大的区别在于标识符的长度不同。CAN2.0A 的标识符有 11 位；而 CAN2.0B 的标识符有 29 位，分成两部分（11 位和 18 位）。这 2 种报文格式相互兼容，能在同一个网络中使用。CAN 报文帧最大长度分别为 130 位（标准格式）和 150 位（扩展格式）。

在 CAN2.0A 和 CAN2.0B 中，数据帧格式相同，由帧起始、仲裁域、控制域、数据域、CRC 域、ACK 域以及帧结束组成，如图 2-121 所示，具体介绍如下：

① 帧起始。总线处于空闲状态时，总线为隐性状态。帧起始由单个显性位构成，表示帧的开始，并在总线上起到同步作用。

② 仲裁域。在 CAN2.0A 中仲裁域由 11 位标识符和 RTR 位（远程发送请求位）组成。在 CAN2.0B 中仲裁域由 11 位标识符、SRR 位（替代远程请求位）、IDE 位（标识符扩展位）、18 位标识符，以及 RTR 位（远程发送请求位）组成。SRR 位和 IDE 位都是隐性位，因此如

果 11 位标识符相同，则符合 CAN2.0A 的报文总是优先于符合 CAN2.0B 的报文。

RTR 位是区别数据帧和远程帧的标志。RTR 位在数据帧里为"显性"，而在远程帧里为"隐性"。

如果节点 A 发送一个数据帧，同时节点 B 发送远程帧，请求该数据帧，则由于标识符相同，总线冲突仲裁机制不起作用，优先级由 RTR 位决定。节点 A 凭借显性 RTR 位获得优先权，发送该数据帧。节点 B 失去发送优先权，转而接收总线数据，从而获得并读取节点 A 发送的数据帧。

③ 控制域。CAN2.0A 中，控制域由显性的 IDE 位（标识符扩展位）、隐性位 r0（保留位，用于将来扩展）和 4 位数据长度码组成。这 4 位数据长度码描述了数据域中数据字节数。通过数据长度码，接收节点可以判断接收数据是否完整。

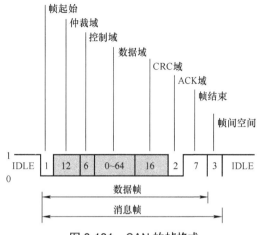

图 2-121 CAN 的帧格式

CAN2.0B 中控制域结构与 CAN2.0A 类似。但是，由于 IDE 位已经属于仲裁域，这里再增加一个隐性位 r1（保留位）用于将来扩展。

④ 数据域。数据域包含 0～8 字节数据。当数据域包含 0 字节数据时，该数据帧最短，为 44 或 64 位，这样的报文可以用于分布式进程的同步。多个数据也可以在一个报文中传输（如发动机温度信号和发动机转速信号）。

⑤ CRC 域。CRC 域（循环冗余校验）包含 15 位校验码和一个隐性的 CRC 界定符。报文帧的帧起始、仲裁域、控制域和数据域都参与 15 位校验码的计算。CRC 域的帧校验方式是为了识别可能出现的传输干扰。

⑥ ACK 域。ACK 域（应答域）由发送节点发出的隐性应答间隙和隐性应答界定符组成。所有接收到正确 CRC 域的节点将在应答间隙发送一个显性位，覆盖发送节点发送的隐性应答间隙。如果总线上的应答间隙为显性，那么至少一个节点正确接收到了发送节点发送的报文，没有发生传输干扰。

⑦ 帧结束。帧结束由一串 7 个隐性位组成，表示报文的结束。连续 7 个相同的位不符合 CAN 总线位填充规则，因此能够标识报文帧结束。

⑧ 帧间空间。帧间空间由 3 个隐性位组成，用于分开各个报文帧。一共 10 位隐性位之后，CAN 总线网络允许新的报文发送被发起。如果没有报文需要发送，总线进入空闲状态。只有数据帧和远程帧必须加上帧间空间。错误帧和过载帧能在上一帧结束后直接发送，从而及时标记总线错误或总线过载。

（2）干扰识别

总线传输可能会被干扰，如电磁干扰。为了避免传输错误，需要对传输的数据进行校验。CAN 协议中包含了一系列控制机制，用于干扰识别。

① 循环冗余校验。CRC 计算中，被除的多项式由帧的起始域、仲裁域、控制域、数据域及 15 位位流给定。此多项式被多项式发生器生成的多项式除，相除的余数即发至总线的 CRC 序列。如果接收节点接收到的 CRC 校验码与自己计算出来的一致，则报文数据传输正确。

② 报文格式判别。所有的总线节点、发送节点和接收节点都判别发送/接收的数据格式是否满足 CAN 报文格式。CAN 协议中，有些域的格式一定（帧开始、帧结束和界定符）。

这些格式都需要被检验。

③ ACK 检验。如果接收节点正确接收了报文，就会在 ACK 域发送显性位。该报文发送者由此可以判别报文是否被正确传输或是传输过程中产生了错误。

④ 总线监控。报文发送节点在发送的同时，一直监测总线电平。如果发送的位和接收的位不一致，则表明传输发生错误。

⑤ 位填充。在编码过程中，检验位填充规则是否被遵循。位填充规则规定，在数据帧和远程帧中以及在帧开始和 CRC 域之间，最多允许传输 5 个相同位。在 5 个相同位之后必须插入一个逻辑相反的填充位。接收节点在接收到报文后，删除所有填充位。位填充可以识别总线干扰，如短路或断路。此外，位填充避免了过小的总线电平变化引起的节点间的不同步。

（3）干扰处理

如果 CAN 控制器确定了一个总线干扰或是格式错误，那么控制器发送错误帧，中断正在传输的报文。错误帧由 6 个显性位组成，破坏了位填充规则。发送节点发现正在发送的报文被错误帧中断，发送节点中断发送进程，稍后尝试再发送。这样做可以避免其他节点接收出错的报文帧，从而提高了整个系统的可靠性。

知识点 4：CAN 总线的特点

CAN 协议具有以下特点。

（1）多主控制

CAN 总线通信是一种不需要主控制单元的通信。每个总线节点在任何时候都可以尝试发送报文。这种尝试是否成功主要取决于以下两点。

① 总线是否允许节点发送报文头。

② 节点是否通过仲裁机制。

这种结构保证了无论多少个节点发生故障，都能判断某个节点是否有权利发送报文。

在总线空闲时，所有的单元都可开始发送消息（多主控制）。最先访问总线的单元可获得发送权。多个单元同时开始发送时，发送高优先级 ID 消息的单元可获得发送权。

（2）消息的发送

在 CAN 协议中，所有的消息都以固定的格式发送。总线空闲时，所有与总线相连的单元都可以开始发送新消息。两个以上的单元同时开始发送消息时，根据标识符（Identifier 以下称为 ID）决定优先级。

与其他的网络不同，CAN 总线不是对节点进行地址编码，而是对传输的报文进行地址编码。每个报文都有一个唯一的标识，即标识符。标识符表示报文的内容（例如，发动机转速或车窗升降位置）。一个节点可以向其他所有节点发送报文（广播模式）。只有那些接收相应报文标识符的节点才会处理这些报文（接收判别，如图 2-122 所示）。每个节点自己判断是否对总线上发送的报文进行响应。

ID 并不是表示发送的目的地址，而是表示访问总线的消息的优先级。两个以上的单元同时开始发送消息时，对各消息 ID 的每个位进行逐个仲裁比较。仲裁获胜（被判定为优先级最高）的单元可继续发送消息，仲裁失利的单元则立刻停止发送而进行接收工作。

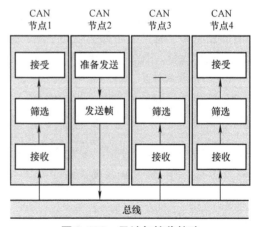

图 2-122　寻址与接收校验

（3）系统的柔性

与总线相连的单元没有类似于"地址"的信息。因此在总线上增加单元时，连接在总线上的其他单元的软硬件及应用层都不需要改变。

（4）通信速度

根据整个网络的规模，可设定适合的通信速度。在同一网络中，所有单元必须设定成统一的通信速度。即使有一个单元的通信速度与其他的不一样，此单元也会输出错误信号，妨碍整个网络的通信。不同网络间则可以有不同的通信速度。

（5）远程数据请求

可通过发送"远程帧"请求其他单元发送数据。

（6）错误检测功能、错误通知功能、错误恢复功能

所有的单元都可以检测错误（错误检测功能）。检测出错误的单元会立即同时通知其他所有单元（错误通知功能）。正在发送消息的单元一旦检测出错误，会强制结束当前的发送。强制结束发送的单元会不断反复地重新发送此消息直到成功发送为止（错误恢复功能）。

（7）故障封闭

CAN可以判断出错误的类型是总线上暂时的数据错误（如外部噪声等）还是持续的数据错误（如单元内部故障、驱动器故障、断线等）。利用此功能，当总线上发生持续数据错误时，可将引起此故障的单元从总线上隔离出去。

（8）连接

CAN总线是可同时连接多个单元的总线。可连接的单元总数理论上是没有限制的，但实际上可连接的单元数受总线上的时间延迟及电气负载的限制。降低通信速度，可连接的单元数增加，提高通信速度，则可连接的单元数减少。

知识点5：SAE J1939协议

J1939由SAE（美国汽车工程师学会）制定，它在CAN的基础上定义了网络层和应用层。目前J1939标准已经成为世界各大车辆部件制造商均支持的重要通信标准，在大客车、载货汽车、特种车辆、农业装备和工程机械中得到了广泛的应用。

在协议中规定了正常操作中，由于发生一些总线故障而导致的非正常操作。故障导致可能发生的网络行为如下。

（1）网络连接失败

如果一个节点从总线网络脱开而导致连接失败，剩下的其他节点之间应能够继续通信。

（2）节点电源断开或节点接地断开

如果某个节点与电源断开，或者处于低电压状态下，网络不会被拉低，剩下的节点应能够继续通信。

如果某节点与接地点断开，网络不会被拉高，剩下的节点应能够继续通信。

（3）屏蔽接地断开

如果某个节点的屏蔽接地断开，则会在屏蔽层与双绞线的任一根线之间产生共模干扰电压。虽然通信是可能的，但电磁干扰会增加。

（4）开路和短路故障

原则上，电子控制单元可以检测到CAN信息传递的故障。一些意外事件引起的故障示例如下，如图2-123所示。

例1：CAN-H断开

在CAN-H断开点的不同边节点之间，数据通信是不可能的。而在CAN-H断开点的相同边节点之间，数据通信是可能的。但是数据信号的信噪比（S/N）随之降低。

例 2：CAN-L 断开

在 CAN-L 断开点的不同边节点之间，数据通信是不可能的。而在 CAN-L 断开点的相同边节点之间，数据通信是可能的。但是数据信号的信噪比（S/N）会随之降低。

例 3：CAN-H 与电源短路

如果电源电压比最大允许的总线正常电压范围还大，数据通信是不可能的。

例 4：CAN-L 与地短路

由于总线电压在允许的正常电压范围内，所以通信是可能的。但是数据信号的信噪比（S/N）下降，抗电磁辐射能力减弱。

例 5：CAN-H 与地短路

数据通信不能进行。

例 6：CAN-L 与电源短路

数据通信不能进行。

例 7：CAN-H 与 CAN-L 短路

数据通信不能进行。

例 8：CAN-H 与 CAN-L 在同一位置断开

在断点的不同一侧的节点之间，数据通信是不可能的。而在断点的同一侧的节点之间，数据通信是可能的，但是数据信号的信噪比（S/N）会随之降低。

例 9：总线匹配终端丢失

虽然通过总线进行数据通信是可能的，但是数据信号的信噪比（S/N）会随之降低。

例 10：违反布局参数（如总线的长度、节点短截总线的长度、节点的分布设置）

通过总线进行数据通信是可能的，但是数据信号的信噪比（S/N）会随之降低。

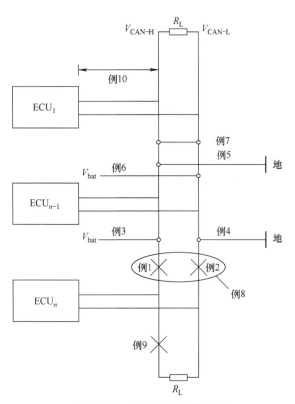

图 2-123　CAN 总线系统故障

知识点6：CAN总线检测

（1）电阻检测

正常时线间电阻应为60Ω，开路时线间电阻应为120Ω，短路时线间电阻应为0Ω，如图2-124所示。

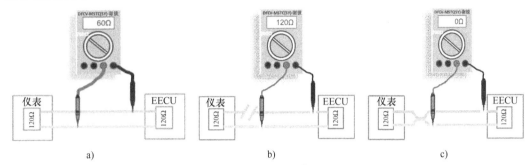

图2-124　电阻检测

a）正常状态　b）开路状态　c）短路状态

（2）电压检测

万用表测量档位：DCV。

分别对地测量CAN-H和CAN-L的电压：CAN-H对地电压约为2.6V，CAN-L对地电压约为2.4V。

【工作任务实施】

<任务准备>

1. 任务计划

1）工具设备清单见表2-20。

表2-20　工具设备清单

名称	数量	单位
实训车辆	2	台
工具车	2	辆
工具	2	套
三角木	4	块
五件套	2	套

2）实操预演。

CAN总线电压测量　　　　　CAN总线电阻测量-普通　　　　　CAN总线电阻测量-特殊

2. 任务决策

根据商用车车载网络系统特点，制订小组任务计划，简要说明任务实施过程的步骤及注意事项，并将项目计划内容填入表2-21中，落实子任务的学习目标。（注意：流程步骤小组自行设计表格可以酌情添加或删减）

表 2-21 任务计划表

任务步骤	子任务 1　CAN 总线终端电阻检测	子任务 2　CAN 总线波形检测
前期准备	（着装、工具和设备等）	（资料获取渠道）
步骤 1		
步骤 2		
步骤 3		
步骤 4		
步骤 5		
步骤 6		

<任务实施>

子任务 1　CAN 总线终端电阻检测

实施步骤	标准/图示	过程记录
前期准备	 图 2-125　断开蓄电池负极	① 车辆停放在平坦地面，用三角木顶住车轮 ② 确认驻车制动状态 ③ 变速器处于"N"位 ④ 断开蓄电池负极接线柱，如图 2-125 所示
终端电阻测试	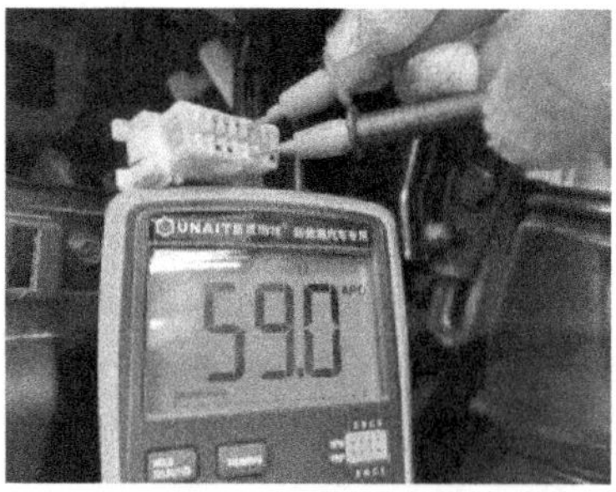 图 2-126　测量终端电阻	从 OBD 诊断接头处测试终端电阻，如图 2-126 所示

子任务 2　CAN 总线波形检测

实施步骤	标准/图示	过程记录
前期准备	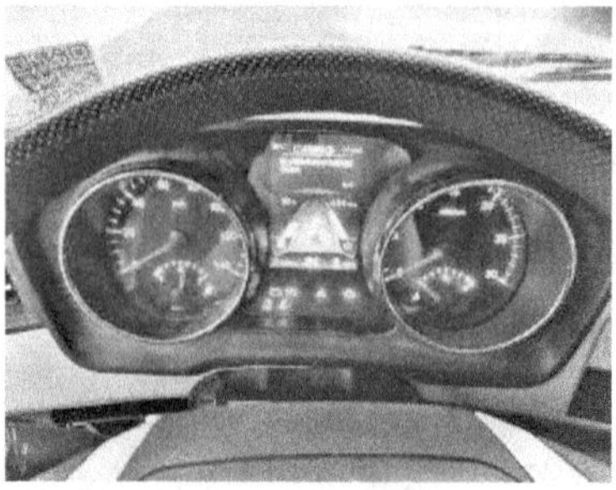 图 2-127　点火开关转至 ON 档	① 车辆停放在平坦地面，用三角木顶住车轮 ② 确认驻车制动状态 ③ 变速器处于"N"位 ④ 将点火开关转至 ON 档，如图 2-127 所示

（续）

实施步骤	标准/图示	过程记录
CAN 总线波形测试	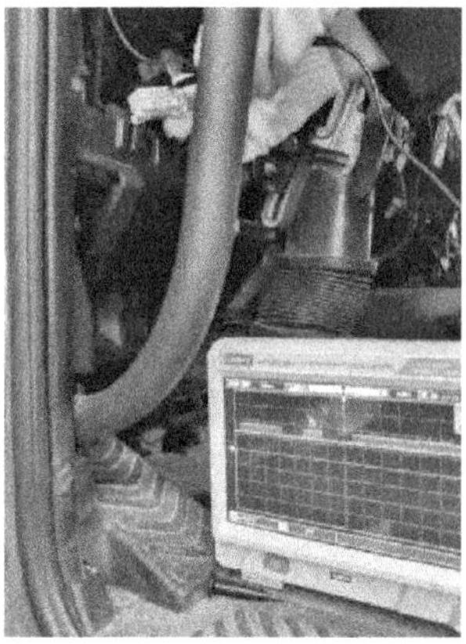 图 2-128 CAN 总线波形测试	从 OBD 诊断接头处测试 CAN 总线波形，如图 2-128 所示

【工作小结与思考】

1. 本节重点学习了 CAN 总线系统的结构组成及特点。
2. 在进行终端电阻检测时，务必保证彻底断电，否则会影响测试准确性。
3. 整个任务实施过程的步骤和注意事项，充分体现了安全和标准意识。

任务 5　检修商用车后处理系统

【任务导入】

随着国家环保要求的提高及国 6 排放的普及，商用车尾气的处理进入了更为复杂的阶段。作为一名商用车售后服务人员，能够快速、准确、规范地对柴油发动机后处理系统开展相应的检修作业，是必须掌握的专业技能，因此加强后处理系统相关知识的了解和掌握非常必要。为了更好地做到安全规范准确地开展后处理系统检修作业，掌握后处理系统检修的注意事项，请你为新入职的同事介绍柴油发动机后处理系统常见的故障和原因，以及检修的相关知识。

【工作内容分析】

<认知目标>

1. 了解后处理系统的相关知识。
2. 掌握后处理系统检修的相关操作方法及注意事项。

<能力目标>

1. 能够正确选用工量具，规范地对后处理系统进行检测，并分析测量结果。

2. 能够规范地使用故障诊断仪对后处理系统进行驱动测试，并分析测试结果。
3. 能够对后处理系统常见故障进行诊断与排除。

<素养目标>

1. 形成安全意识、环保意识和学习意识。
2. 树立标准操作意识。

<任务拆解>

子任务 1　后处理系统驱动测试
子任务 2　氮氧化物传感器的检测

【学习资料准备】

知识点 1：后处理系统介绍

柴油发动机主要排放物为颗粒物（PM）和氮氧化物（NO_x），CO 和 HC 排放量较低。控制柴油发动机尾气排放，主要就是控制 PM 和 NO_x 的生成，降低 PM 和 NO_x 的直接排放。

（1）排放标准

重型柴油车辆排放法规演变历程，如图 2-129 所示。排放限值中，NO_x 限值分别为：国 4 3.5g/kW·h；国 5 2.0g/kW·h；国 6 0.4g/kW·h。国 6 车型的驾驶性能限制分两个阶段，第一阶段限矩 25%，第二阶段限速 20km/h。国 6 车型故障指示灯（MIL）点亮后 20h 开始限矩，40h 后限速。

图 2-129　重型柴油车辆排放法规演变历程

MIL 的标识会因排放标准的不同而不同，如图 2-130 所示，用于指示后处理相关故障。国 6 法规对 OBD 故障类型按照影响排放的严重程度，分为 A 类、B1 类、B2 类和 C 类。比如在 DDi13 发动机中：尿素泵空气电磁阀低端短路到地是 A 类故障；尿素温度传感器开路或对高压电源短路是 B1 类故障；尿素消耗量过高是 B2 类故障；燃油温度传感器线路故障（对地短路）是 C 类故障；整车开关供电模块 2 故障（对地短路）是非 OBD 故障。为了用一个 MIL 区别不同级别的故障，国 6 法规规定了 MIL 在不同故障下的闪亮模式，见表 2-22。

表 2-22 MIL 闪亮控制模式

故障类型	故障对应控制模式		点火开关打开不起动	起动后
无故障	无故障	模式 1	先自检：MIL 常亮 5s 后灭，间隔 10s，再常亮 5s；后闪 1 次（1 次 1s），间隔 5s，再闪 1 次，再间隔 5s	MIL 熄灭
C 类故障	C 类	模式 2	先自检：MIL 常亮 5s 后灭，间隔 10s，连续闪 5 次（1 次 1s）；后 3s 闪 2 次，间隔 5s，再 3s 闪 2 次，再间隔 5s	MIL 熄灭
B2 类故障	B2 类	模式 3	先自检：MIL 常亮 5s 后灭，间隔 10s，连续闪 5 次（1 次 1s）；后 5s 闪 3 次，间隔 5s，再 5s 闪 3 次，再间隔 5s	15s 后 MIL 熄灭
B1 类故障	<200h			
	>200h	模式 4	先自检：MIL 常亮 5s 后灭，间隔 10s，连续闪 5 次（1 次 1s）；后 MIL 常亮	MIL 常亮
A 类故障	A 类			

国 6 系统还增加了驾驶人报警系统，目的是尽可能确保 NO_x 排放控制系统正常工作，尤其是尿素系统能够正常工作，保证 NO_x 的排放满足要求。如出现反应剂液位低、反应剂质量异常、反应剂消耗量低、SCR 系统喷射中断、EGR 阀卡滞或相关传感器篡改/故障等 NO_x 控制系统相关故障，能够及时通知驾驶人维修。相应地也会有专门的驾驶人警告灯（DWL）用于提醒驾驶人，这个警告灯因厂家不同符号也有所区别，如图 2-131 所示。驾驶人报警系统相关故障被触发以后，会点亮驾驶人报警系统警告灯（DWL），驾驶人报警系统黄灯常亮。同时启用相应的故障计数器（计数器类型包括 DEF 质量计数器、DEF 消耗计数器、DEF 喷射计数器、EGR 阀计数器、监控系统计数器）。计数器开始工作，经过 Xh 后，启用初级（降矩 25%）驾驶性能限制系统，激活后进入降矩模式，驾驶人报警系统红灯常亮；经过 Yh，故障仍未修复，启用严重（限速 20km/h）驾驶性能限制系统，激活后进入跛行模式，驾驶人报警系统红灯闪烁。驾驶人报警系统工作过程如图 2-132 所示。各计数器激活后对应计时数值见表 2-23。当初级驾驶性能限制系统触发条件满足时，应在车辆第一次停止后立即激活。当严重驾驶性能限制系统触发条件满足时，应在发动机再次起动时立即激活。限制激活和限制解除的具体规则情况见表 2-24。

a)

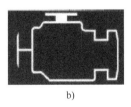
b)

图 2-130 MIL 符号
a）原符号 b）现符号

a)

b)

图 2-131 驾驶人报警系统灯
a）国标 b）自主（潍柴）

图 2-132 驾驶人报警系统工作过程

表 2-23 触发驾驶人报警系统的对应计时数值

计数器类型	首次激活计数器时故障状态	初级驾驶性能限制计数器值（降矩25%）	严重驾驶性能限制计数器值（限速20km/h）	严重驾驶性能限制停用后计数器的冻结值
DEF 质量计数器	确认并激活	10h	20h	36h 内再现故障，2h 后限速 20km/h
DEF 消耗计数器	潜在或确认并激活	10h	20h	
DEF 喷射计数器	确认并激活	10h	20h	
EGR 阀计数器	确认并激活	36h	100h	36h 内再现故障，5h 后限速 20km/h
监控系统/尾气净化超 OBD 限值计数器	确认并激活	36h	100h	
DEF 液位	立即降矩			

表 2-24 限制激活和限制解除规则

监控限制项目		报警	初级驾驶性能限制（限转矩）		严重驾驶性能限制（限速）	
			降矩 25%	限矩解除	限速 20km/h	限速解除
尿素液位	低于 10%	√				
	低于 2.5%		同时满足车速 <5km/h	修复后，发动机回怠速		
	≈ 0%				车辆重新起动后	修复后，车辆下电
DEF 喷射中断类故障		√	>10h，同时满足车速 <5km/h	修复后，发动机回怠速	>20h，并且车辆重新起动	修复后，车辆下电
DEF 质量故障						
DEF 消耗异常类故障						
EGR 阀卡滞类故障		√	>10h，同时满足车速 <5km/h	修复后，发动机回怠速	>100h，并且车辆重新起动	修复后，车辆下电
监控系统/尾气净化超 OBD 限值类故障						

（2）柴油发动机尾气污染物控制技术

柴油发动机尾气污染物控制通常包括机前处理技术、机内净化技术和排气后处理技术。

① 机前处理技术主要是指改进燃油品质，降低燃油的硫含量，从而得以降低 PM 等的排放。

② 机内净化技术主要是指通过改善进气以及采用电控喷射技术等手段，优化燃料燃烧，减少 NO_x 和 PM 等的生成。机内净化技术主要包括涡轮增压及增压中冷技术、废气再循环技术（EGR）、多气门实现涡流比可变控制技术、优化燃油喷射系统和燃烧室优化技术等。其中 EGR 是通过将发动机排出的废气适当地引回发动机进气系统，进入缸内再次参与燃烧，由于废气的引入缸内必然燃烧不好，降低了 NO_x 的产生，但由此造成 PM 的增加，可通过缸外后处理技术利用物理方法过滤废气中的颗粒物以达到排放法规。

③ 排气后处理技术主要是指采用各种过滤净化装置或催化转化器，对排气进行处理。目前柴油发动机后处理系统通常采用选择性催化还原技术（SCR）和废气再循环技术（EGR）两种主流技术路线，如图 2-133 所示。SCR 是通过进一步提高喷射压力，优化缸内燃烧，降低缸内 PM 的生成量，但同时由于缸内高温高压产生的 NO_x 增加，通过缸外后处理技术再利用化学方法将 NO_x 转化为无害的氮气和水。

图 2-133 主流重型商用车发动机国 6 后处理系统布置方案

(3) 废气再循环 (EGR)

废气再循环系统是通过将废气导入燃烧室，从而降低发动机燃烧峰值，达到减少 NO_x 排放的目的。根据控制方式不同，分为通过控制进气管负压和排气压力的气体控制方式机械式 EGR 系统和电控电磁阀式 EGR 系统。机械式控制方式适用于 EGR 率为 5% ~ 15%，当 EGR 率大于 20% 时，发动机燃烧不稳定，工作粗暴，碳氢化合物（HC）排放将增加 10%。EGR 率指的是进入发动机二次燃烧的废气量和新鲜空气量的比例。因发动机的尾气温度可达 600 ~ 700℃，当 EGR 系统工作时，为保证发动机能够吸入合适温度的空气，防止 EGR 阀因长时间受热和内部积炭的影响卡滞，导致发动机转速受限在 1500r/min，所以往往通过在系统中设置冷却装置，利用循环的冷却液不断为进入缸内的废气和 EGR 阀降温。根据冷却部位和效果的不同，EGR 系统又分为冷型和热型两种。冷型 EGR 和热型 EGR 适用的工况和所起的作用是不同的，热型 EGR 主要用于解决低温小负荷工况下发动机排放问题，冷型 EGR 则主要用于热态大负荷工况。

热型 EGR 如图 2-134 所示，指的是 EGR 管路除了能够利用发动机冷却风扇对其进行一定程度的降温外，没有冷却液降温装置（部分机型在 EGR 阀体上设置有冷却液管路），排气管的热废气通过 EGR 阀和管路直接进入进气管，进气管内的进气温度会随着 EGR 率的增加，也就是被引入废气量的增加而增加。热型 EGR 能够显著提高发动机进气温度，降低过量空气系数，在发动机冷态和低负荷时，改善缸内的热氛围，使燃烧更充分，热效率更高。但当发动机热态大负荷时，热型 EGR 会影响发动机的缸内燃烧，导致 HC 和 PM 排放增加，发动机热效率降低。

冷型 EGR 如图 2-135 所示，指的是废气从排气管经过 EGR 阀后会经过一个名为"EGR 冷却器"的装置，该装置通过发动机冷却液对其进行降温，因此进入进气管的废气温度被降低，使进气温度不会随着 EGR 率的升高而升高，因此在发动机热态和大负荷时，通过 EGR 率的正确匹配，能够有效降低发动机 NO_x 排放量。

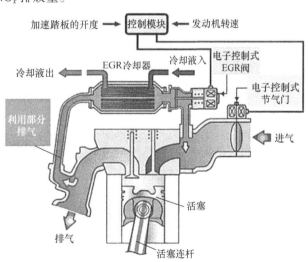

图 2-134 热型 EGR   图 2-135 冷型 EGR

发动机的工况不同，对EGR量的要求也不同。为了使EGR系统能更有效地发挥作用，必须对参加EGR的废气量加以限制。综合考虑车辆的动力性、经济性和排放性，EGR的控制策略为：

1）随着负荷的增加，EGR率也相应地增加，并能达到最佳值。

2）急速及低负荷时，NO_x排放浓度较低，为保证正常燃烧，不进行EGR。

3）暖机过程中，发动机温度低，NO_x排放浓度也较低，为防止EGR系统恶化燃烧过程，故不进行EGR。

4）大负荷、高速或油门全开时，为保证发动机的动力性，不进行EGR。

5）加速时，为了保证汽车的加速性及必要的净化效果，EGR系统在过渡过程中起作用。

废气再循环阀常会出现卡滞情况，当系统出现故障时会导致车辆出现动力不足、冒黑烟、发动机异响、急速不稳等情况。

（4）选择性催化还原（SCR）系统

SCR系统是以32.5%（质量分数）的尿素水溶液（DEF）作为还原剂，将其注入尾气气流中，在高温的尾气中尿素水溶液雾化分解成氨气，在催化还原剂的作用下，氨气与尾气中的氮氧化物（NO_x）发生化学反应，生成无害的氮气和水。

$$NO+NO_2+2NH_3 \rightarrow 2N_2+3H_2O$$
$$4NO+O_2+4NH_3 \rightarrow 4N_2+6H_2O$$
$$2NO_2+O_2+4NH_3 \rightarrow 3N_2+6H_2O$$

常见选择性催化还原系统的构成如图2-136所示。

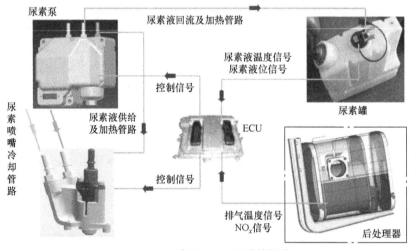

图2-136 常见SCR系统的构成

1）选择性催化还原（SCR）系统的尿素泵按照工作原理不同分为三类：非气助式、气助式和气驱式。

① 非气助式尿素泵常见的有博世2.2、博世6.5、天纳克。

② 气助式尿素泵常见的有康明斯Ecofit、凯龙、依米泰克。

③ 气驱式尿素泵以解放自主。

2）后处理系统控制单元（DCU）的作用是监测环境状况并控制SCR系统的预热，监测发动机的排气温度、负载和转速等参数，控制DEF喷射单元和DEF喷射阀进行预注、加料和排空，根据要求精确控制DEF的喷射量。后处理系统控制单元一般有两种常见形式：①集成式，也就是发动机控制功能与SCR系统控制功能集成在一块ECU上；②组合式，即采用发动机控制单元（ECU）+后处理系统控制单元（DCU），如图2-137所示。其中集成式

ECU 控制策略较为完善，但是 ECU+DCU 的通用组合性较强，布置较为灵活。

3）尿素液位及温度传感器总成。尿素液位及温度传感器总成属于组合式传感器，如图 2-138 所示，用于检测尿素罐内尿素液位和温度，将尿素液位和温度信息提供给发动机电控单元（ECU），ECU 通过 CAN 总线将尿素液位信息传递给仪表，仪表显示尿素液位。当尿素罐的温度低于 $-8 \sim -5$℃（不同车型，控制温度略有差异），并且冷却液温度高于 55℃（康明斯 Ecofit 系统需要冷却液温度达到 80℃）时，ECU 控制尿素罐解冻电磁阀打开，使热的冷却液流经尿素罐，给尿素罐加热解冻。根据 DEF 罐的大小和 ECU 的不同，DEF 液位及温度传感器总成不能通用，混用液位温度传感器总成可能导致相关故障码或温度液位等异常。国 6 后处理系统的尿素液位及温度传感器总成上增加了尿素

图 2-137　SCR 系统的 DCU 在尿素罐侧面（例）

质量传感器，如图 2-139 所示。其利用超声波工作原理，根据尿素水溶液的密度来检测尿素浓度，尿素质量不好可以直接报故障。当发现或怀疑尿素溶液存在质量问题时，需要更换尿素溶液，更换完成后，需进行相关操作。以康明斯系统为例，需将点火开关置于"ON"档，等待 5s，再将点火开关置于"OFF"档，等待 2s，将上述操作重复 3 次即可。在对后处理系统进行检修或保养操作时，应先切断整车电源，然后依次拆卸进出冷却液管、尿素进出管、压缩空气管路和电器插接件后，再拆卸零部件总成。安装顺序与拆卸顺序相反。

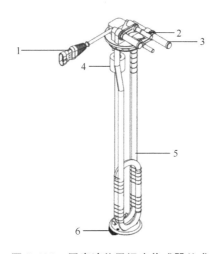

图 2-138　尿素液位及温度传感器总成
1—电气接口　2—尿素管接口　3—水加热接口
4—磁浮子　5—水加热管　6—滤网

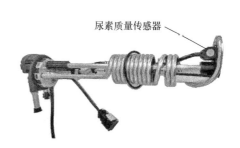

图 2-139　尿素质量传感器

4）排气后处理器结构类型。排气后处理器（EGP）均为集成式，常见国 6 排气后处理器结构类型如图 2-140 所示。

5）SCR 系统排气处理器的组成及功用。常见国 6 后处理器组成如图 2-141 所示。共有排气温度传感器 4 个，从左往右依次为 DOC 上游排气温度传感器、DPF 上游排气温度传感器、SCR 上游排气温度传感器和 SCR 下游排气温度传感器；压差传感器 1 个；NO_x 传感器 2 个，分别为上游 NO_x 传感器和下游 NO_x 传感器。

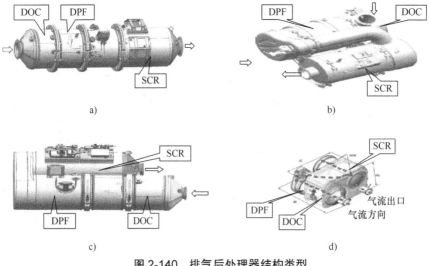

图 2-140 排气后处理器结构类型
a)一字圆桶式 b)S 型 c)U 型 d)箱式

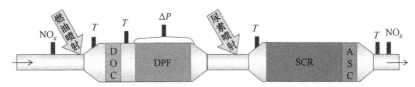

图 2-141 SCR 系统排气处理器

① 氧化催化器（DOC）。氧化催化器（DOC）一般封装在排气管中，处在 DPF 上游，其结构由蜂窝状载体组成，可将尾气中未燃烧的 HC 和润滑油 HC 氧化为 H_2O 和 CO_2。DOC 是国 6 发动机排气热管理的核心，如图 2-142 所示，其载体有陶瓷（远离涡轮增压器安装）或金属（靠近涡轮增压器安装）两种。它的作用是在 150℃时将 CO 转化为 CO_2；在 180℃时将 HC 转化为 H_2O；在 250～400℃时将尾气中的 NO 氧化成 NO_2，NO_2 作为下游 DPF 的催化剂又可以降低 DPF 中颗粒物燃烧温度；当 DPF 主动再生时点燃喷射到排气管里的燃油，把燃料转化为热量（无火焰），使 DPF 温度升高，DPF 内碳与氧气反应生成 CO_2。

图 2-142 氧化催化器（DOC）

② 颗粒物捕集器（DPF）。颗粒物捕集器（DPF）是一种安装在柴油发动机排放系统中的蜂窝状陶瓷过滤器，为壁流式过滤器，如图 2-143 所示。它依靠交替封堵载体孔进出口强迫气流通过多孔壁面实现颗粒的捕集，PM 过滤效率大于 90%，可达 99%。DPF 前后都设有压力管，ECU 通过压差传感器测得 DPF 前后压力差来判断 DPF 堵塞情况。一些厂家设定只要阻塞率超过 50%，仪表就会亮起 DPF 指示灯，如图 2-144 所示，此时就需要尽快清理 DPF 以免完全阻塞。

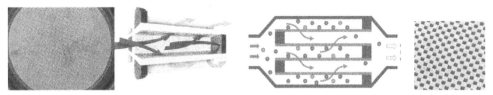

图 2-143　颗粒物捕集器（DPF）

DPF 的作用为捕捉发动机常规运行中燃油和机油所产生的碳烟，让气体通过，以减少排气黑烟的产生，在一定的条件下将碳烟（Soot）转化为 CO_2，并存放灰分（Ash）。灰分是颗粒物捕集器（DPF）中积累的机油添加剂物质，是发动机燃烧带来的必然产物，需要人工清理，清理灰分也是国 6 车辆的常规保养项目。

图 2-144　DPF 指示灯

③ 尿素喷嘴。尿素喷嘴通常为不锈钢材质，安装在排气处理器上，通过快速接头与尿素喷射管路连接，喷嘴头部会有三四个喷孔，确保尿素在一定压力下能够充分雾化，从而喷射到尾气中。喷嘴上还会设计有定位销，如图 2-145a 所示，确保其安装方向即尿素喷射方向正确。有的尿素喷嘴安装时有垫片，在拆卸安装尿素喷嘴时要注意，必要时需更换新的垫片。尿素喷嘴的结构和参数随着尿素系统的不同而不同，如非气助式尿素泵配套的尿素喷嘴通常带冷却液管；气助式尿素泵配套的尿素喷嘴通常不带冷却液管，靠自身结构设计的隔热层来保护；尿素喷嘴电磁阀的阻值不同。常见尿素喷嘴形式如图 2-145 所示。尿素喷嘴常见失效形式为喷嘴软结晶，出现软结晶后常见清理方法一种是直接用温水冲洗，另一种是将尿素喷嘴放置在排气管中，怠速 2min。由于尿素喷嘴所处环境较为恶劣，所以一般 2 年或 20 万 km 需要更换。

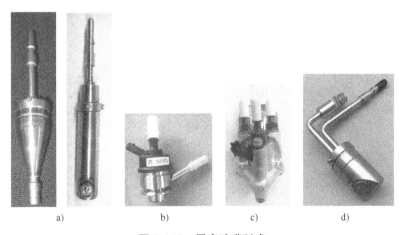

图 2-145　尿素喷嘴形式

a）尿素进液接头　b）尿素进液接头、尿素回液接头、电气插头
c）尿素进液接头、冷却液管进回液接头、电气插头　d）尿素进液接头、空气进气接头

④ 氮氧化物传感器。氮氧化物传感器的作用是检测尾气中有害气体 NO_x 的排放值。氮氧化物传感器由氮氧探头、连接电缆和控制模块组成，如图 2-146 所示。当氮氧化物传感器损坏后会导致车辆不烧尿素、车辆动力不足、CAN 通信失败等问题。为了确保传感器工作正常，安装氮氧化物传感器时有很多要求需要遵守，如传感器探头要求装在排气管道的上半圆位置；NO_x 传感器的控制模块要防进水、防高温，所以要远离排气管和 SCR 箱体表面，且

应竖直安装;传感器探头与控制模块连接处的电缆拉伸不能过紧,要考虑应力的释放,电缆弯折也有相应要求,如图2-147所示。NO_x传感器控制模块本身要求防水防尘,且应避开整车蓄电池安装,以防止信号干扰。NO_x传感器控制模块不能带电焊接,不要用手触摸其插接器端子,防止静电使其内部元件损坏。正常氮氧化物传感器总成是一个零件,任何一个分部件出现故障都需要整体更换。它主要用来控制SCR系统中需要喷射的尿素量,以减少NO_x排放,也用来监测SCR组件。后处理系统中有两个氮氧化物传感器,如图2-148所示,区分方法是看有没有地址线,有地址线的叫上游氮氧化物传感器即前氮氧化物传感器,也叫原排氮氧化物传感器,安装在DOC入口处,用于检测尾气中的NO浓度和O_2的浓度,控制尿素消耗量。没有地址线的叫下游氮氧化物传感器即后氮氧化物传感器,也叫尾排氮氧化物传感器,安装在SCR出口处,用于监控NO_x排放的情况。两者不能互换,如果装反可能会报氮氧排放超标故障、出口氮氧通信故障、进口氮氧通信故障等。随着后处理系统的升级,配套的传感器数量开始增多,除了上述两个氮氧化物传感器外,还有五个排气温度传感器,为了便于后处理系统在整车上的安装布置,其上配套的这些元器件朝着集成化方向发展,如图2-149所示,除了两个氮氧传感器安装在一起,五个温度传感器分成了SCR温度模块(两个温度传感器)、DOC和DPF温度模块(三个温度传感器)两部分,两个模块也安装在一起。

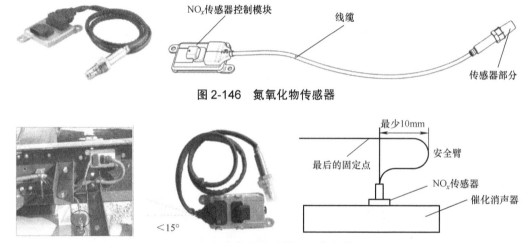

图2-146 氮氧化物传感器

图2-147 氮氧化物传感器及线束安装要求

图2-148 双氮氧化物传感器

NO_x传感器的监测条件为:冷却液温度高于70℃;海拔低于1600m;转速在1200~2200r/min;具有稳定的喷油量;尿素喷射量在一定范围内;SCR箱达到一定的温度;NO_x传感器给出一个相对稳定的读值。当传感器探头过脏时,可能会报NO_x传感器被移除。

氮氧化物传感器工作时需要一个"露点"温度信号,即将点火开关转至"ON"档后,NO_x传感器将通电加热到100℃,然后等待ECU发出一个排气管内适合传感器工作的温度信号(露点温度是参考EGP出口温度传感器测出的数值,目前通常被设定为120~140℃),此时不会有能损坏氮氧化物传感器的湿气存在,氮氧化物传感器将自行加热到正常工作温度,最大约为800℃。氮氧化物传感器加热完成后,将其置于空气中检测的值应小于$20×10^{-6}$;怠速状态下检测值应为$200~400×10^{-6}$;不工作或报故障时检测值应显示$0×10^{-6}$或$3077×10^{-6}$。

常见氮氧化物传感器是博世或康明斯生产的,传感器接线端针脚数和针脚定义如图2-150所示。氮氧化物传感器常见故障为通信问题,可能原因为供电问题、CAN总线问题、传感器损坏。供电方面不同车型各有自特点,如解放汽车的氮氧化物传感器熔丝很多与制动开关/离合开关熔丝共用,东风汽车的氮氧化物传感器和DCU都受ON档3号继电器控制。

图2-149 传感器集成化布置

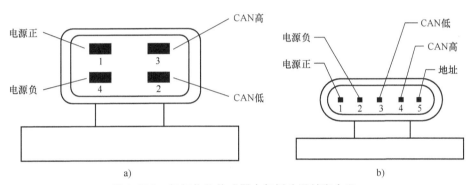

图2-150 氮氧化物传感器电气插头及针脚含义
a)康明斯 b)博世

为了使控制模块正常工作,模块背面壳体上有一个透气孔,使用一张透气膜片将其覆盖,如图2-151所示。在传感器接头内部还有一个压力平衡孔,如图2-152所示。在氮氧化物传感器使用过程中应确保控制模块的透气膜片不被杂质堵塞、遮蔽或污染,保证接头的防水密封可靠,严禁用水冲洗电气接头。另外,氮氧化物传感器探头与电缆连接处采用了一种叫"Gortex"(高尔泰克斯)的材料,它是一种柔软易塑的材料,外形像海绵,耐高低温、防风防雨,可使新鲜空气进入传感器探头内部作为参考比较,保证了传感器的正常工作,如图2-153所示。当车辆需要进行涂装作业时,需要对氮氧化物传感器的上述两个部位进行必要的遮蔽。

图2-151 氮氧化物传感器控制模块的透气膜片和透气孔

图 2-152 氮氧化物传感器压力平衡孔

图 2-153 氮氧化物传感器探头与电缆连接处密封材料

⑤ 氨气氧化催化器（ASC）。过量的 NH_3 氧化为 N_2、N_2O、NO_x，同时，再催化 NO_x、NH_3 反应为 N_2。

⑥ 排气温度传感器。排气温度传感器如图 2-154 所示，用于检测进入催化器的排气温度，不同温度下该传感器的阻值和电压值见表 2-25。为防止错装，通常进、出口排气温度传感器插接件不同，测量范围为 -40~850℃。排气温度传感器常见故障为线束断路、短路、错接等，另外还有传感器自身故障，如排气温度传感器电阻失效或者电阻值发生变化等。

图 2-154 排气温度传感器

表 2-25 排气温度与阻值和电压的关系

数据流名称	单位	数值1	数值2	数值3	数值4
排气温度	℃	25	100	200	400
传感器阻值	Ω	220	275	345	487
信号电压值	V	0.89	1.07	1.35	1.6

6）尿素喷射的条件。尿素喷射的条件通常包括以下几点。

① 排气处理器（EGP）的进出口温度超过系统规定值，如 200℃，不同机型会有 20℃ 左右的偏差。

② SCR 系统没有现行故障码。

③ DEF 罐液位高于规定值，如 6%。

④ SCR 系统预注成功，即 DEF 压力高于规定值，如 480kPa。

⑤ 系统解冻成功，且环境温度高于 -7℃。

⑥ 满足系统算法要求。

7）常见尿素泵建压失败后报故障内容如下：

① 博世尿素泵报：建压失败。

② 天纳克尿素泵报：尿素压力传感器功能故障。

③ 凯龙尿素泵报：泵内低尿素或低空气流量。

④ 康明斯 Ecofit 尿素泵报：排气处理液喷射单元输入管状况存在。

⑤ 依米泰克尿素泵报：排气处理液喷射单元加注损失状况存在。

知识点 2：选择性催化还原系统工作原理

尿素供给单元（SM）即尿素泵，它的作用是将尿素罐中的车用尿素溶液（DEF）经过加压输送到尿素喷射单元（DM），然后尿素喷射单元将车用尿素溶液喷入排气管中。下面介绍几款常见的尿素供给单元。

(1) 博世尿素供给单元（非气助式）

博世尿素供给单元常见的型号有 2.2 和 6.5 两款，为非气助式尿素泵，它们的工作过程都分为四个阶段：待机、建压、喷射和倒抽。以博世 6.5 尿素供给单元为例，它的结构如图 2-155 所示，主要包括回流管、加热丝、换向电动机、压力传感器和电气接口等。它的工作原理如图 2-156 所示，可按照尿素泵工作时的几个阶段来分析。

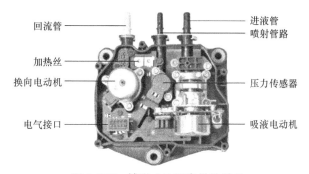

图 2-155 博世 6.5 尿素供给单元

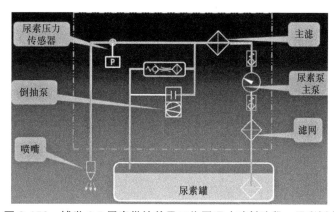

图 2-156 博世 6.5 尿素供给单元工作原理（喷射阶段，见彩插）

1）待机阶段。ECU/DCU 上电后，系统会进行自检，判断有无影响建压的后处理相关故障。

2）建压阶段。当后处理系统控制单元（DCU）监测到满足建压条件：①没有影响尿素泵建压的执行器、传感器、线束等故障；②发动机排气温度达到标定温度（一般约为

200℃);③发动机转速大于550r/min;④系统解冻完成;⑤无尿素管路(进液管、回液管、压力管)堵塞或泄漏,无喷嘴堵塞。则DCU控制主泵动作开始建压,在建压初期,电动机的占空比在68%左右,且为开环控制,当压力达到2~3bar时,电动机为闭环控制,根据泵内压力改变电动机占空比。刚开始建完压在6bar,试喷完降到约5bar。博世6.5尿素供给单元各部件在其工作过程中的状态及参数见表2-26。

表2-26 博世6.5尿素供给单元各部件在其工作过程中的状态及参数

	初始化	建压	喷射	倒抽
主泵	不工作	工作	工作	不工作
倒抽泵	不工作	不工作	不工作	工作
喷嘴	不工作	打开数次	工作	全开
尿素压力	0bar	5bar	5bar	负压

3)喷射阶段。当后处理系统控制单元(DCU)监测到满足喷射条件:①尿素液位不低于10%(不同车型会有一定区别);②尿素罐温度>-5℃;③建压成功,排气温度达到220℃(不同车型会有一定区别);④发动机转速达到1100r/min(不同车型会有一定区别);⑤尿素解冻完成(尿素罐、尿素管路、尿素泵),发动机温度>70℃;⑥氮氧化物传感器加热完成,数据流中有氮氧化物值;⑦无后处理相关故障;⑧尿素喷嘴完好。则DCU控制系统压力维持在(5±0.5)bar,尿素喷嘴开始喷射,尿素喷射量的多少取决于尿素喷嘴的开启时间。

4)倒抽阶段。也叫清空阶段。当点火开关转至"OFF"档位即点火开关下电后,为防止尿素水溶液结晶堵塞尿素泵及尿素管路,倒抽泵工作120s将管路残余尿素水溶液倒抽回尿素罐,如图2-157所示。倒抽阶段在车辆下电后或后处理系统出现严重故障时进行。

尿素泵常见故障有:
① 尿素泵进液滤网堵塞(进回液口均有滤网,如图2-158所示),导致建压失败。
② 泵电动机老化,效率低。
③ 尿素泵主滤堵塞。
④ 尿素压力传感器线束开路、短路或自身故障,供电模块异常等。
⑤ 回液口节流孔破损,尿素泵无法正常保压,导致建压失败。
⑥ 尿素泵内部密封损坏或密封不严,造成尿素泄漏导致建压失败。
⑦ 主板故障。

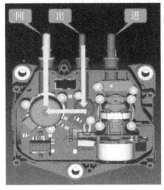

图2-157 尿素泵倒抽阶段尿素流向

图2-158 尿素泵进回液管接头内滤网

博世6.5尿素供给单元中各零部件的部分参数如下:
倒抽泵的电阻为8Ω;尿素压力传感器在不建压时显示大气压力,信号电压为0.8~1V,压力到达5.5bar时,信号电压为2.8V。

（2）康明斯尿素供给单元（气助式）

Ecofit 尿素泵是康明斯系统常用的一款气助式尿素泵，又叫 UA2 泵，如图 2-159 所示，主要包括电动机、主滤、喷射阀、尿素压力传感器、尿素温度传感器、空气压力传感器、回流阀、空气切断电磁阀、尿素管路接头和冷却液管接头等，其中尿素压力传感器和空气压力传感器可以互换使用。它的工作过程也分为四个阶段：初始化、预注建压、喷射和排空。它的工作原理可按照尿素泵工作时的几个阶段来分析。

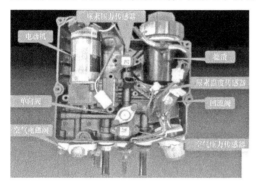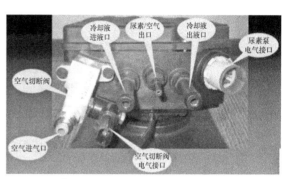

图 2-159　Ecofit 尿素泵

1）初始化阶段。点火开关转至"ON"档，ECU/DCU 上电后，系统会进行自检，判断有无影响建压的后处理相关故障。

2）预注建压阶段。当后处理系统控制单元（DCU）监测到满足预注建压条件：①发动机运转超过一定时间（如 5min 以上）；②EGP 进口温度超过一定温度（如 >150℃）；③系统解冻完成（罐内温度 >-7℃、尿素泵温度 >5℃）。则后处理系统的空气切断电磁阀开启，进入快速排空，此时压缩空气将分为两条通路：一条流经尿素泵混合室和尿素喷嘴；另一条打开喷射阀和回流阀，流经尿素泵的内部尿素通路。快速排空过程大约会持续十几秒，然后关闭空气切断电磁阀。DCU 控制电动机动作开始建压，将尿素溶液压力提高到 5.5bar，建压成功后，空气切断电磁阀再次开启，空气流出尿素泵。预注建压阶段如图 2-160 所示。

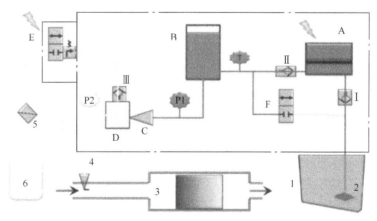

图 2-160　Ecofit 尿素泵工作原理（预注建压阶段）

A—膜片泵　B—尿素泵主滤芯　C—喷射阀　D—混合室　E—空气切断电磁阀　F—回流阀
1—尿素罐　2—尿素罐滤芯　3—EGP　4—尿素喷嘴　5—油气分离器　6—储气筒
Ⅰ、Ⅱ、Ⅲ—单向阀　P1—尿素压力传感器　P2—混合室压力传感器　T—尿素泵温度传感器

3）喷射阶段。当后处理系统控制单元（DCU）监测到满足喷射条件：①尿素液位高于 6%（不同车型会有一定区别）；②EGP 进出口温度 >200℃（在此之前，压缩空气会一直通过尿素泵和尿素喷嘴流入排气系统中）；③没有 SCR 系统的现行故障码；④预注成功（混合

室压力>3bar，尿素压力>4.8bar）；⑤系统解冻成功（且环境温度>-7℃）；⑥满足Cummins NO_x 算法要求。喷射阶段如图2-161所示。

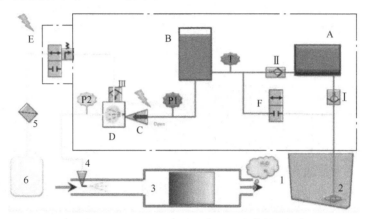

图2-161　Ecofit尿素泵工作原理（喷射阶段）

A—膜片泵　B—尿素泵主滤芯　C—喷射阀　D—混合室　E—空气切断电磁阀　F—回流阀
1—尿素罐　2—尿素罐滤芯　3—EGP　4—尿素喷嘴　5—油气分离器　6—储气筒
Ⅰ、Ⅱ、Ⅲ—单向阀　P1—尿素压力传感器　P2—混合室压力传感器　T—尿素泵温度传感器

4）排空阶段。此阶段与预注建压阶段中的快速排空环节一致，快速排空阶段压缩空气流动路径如图2-162所示。排空阶段分为两种情况：一种是系统正常排空，即关闭点火开关时会触发；另一种是当SCR系统有现行故障时，ECU/DCU会停止尿素泵工作，但在停泵前会执行一次排空以清除内部残余尿素。当出现故障码排空时，为了冷却尿素喷嘴，系统将在执行排空后将空气切断电磁阀开启直至点火开关关闭。排空阶段如图2-163所示。

图2-162　快速排空阶段压缩空气流动路径

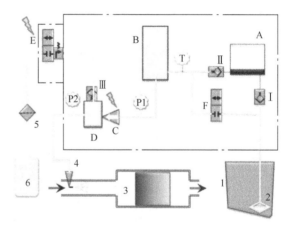

图2-163　Ecofit尿素泵工作原理（排空阶段）

A—膜片泵　B—尿素泵主滤芯　C—喷射阀　D—混合室　E—空气切断电磁阀　F—回流阀　1—尿素罐　2—尿素罐滤芯　3—EGP　4—尿素喷嘴　5—油气分离器　6—储气筒　Ⅰ、Ⅱ、Ⅲ—单向阀　P1—尿素压力传感器　P2—混合室压力传感器　T—尿素泵温度传感器

Ecofit尿素泵中各零部件的部分参数如下：

空气电磁阀的最大进气压力为10bar，调压后约4bar，它的线圈电阻值为9~14Ω，电气插头上有两个针脚，一个是供电针脚，电压值为24V，另一个是控制线针脚，电压值为12.7V；喷射阀的线圈电阻约为10~14Ω；尿素温度传感器在25℃时，电阻值约为10kΩ；

回流阀的电阻值为 8~14Ω。

（3）解放尿素供给单元（气驱式）

解放自主尿素喷射系统如图 2-164 所示，为气驱式。尿素罐从整车辅助储气罐取气，通过电加热尿素管为尿素喷嘴供给尿素，来自发动机的冷却液通过冷却水管为尿素喷嘴和尿素罐冷却或预热。尿素罐上集成压力传感器，通过 ECU 控制进气阀和排气阀的开闭保持尿素罐内的压力稳定；ECU 控制尿素喷嘴喷射；在整车熄火后进行排气，排空尿素罐内的压缩空气，进而实现尿素水溶液的倒抽。它的工作过程也分为四个阶段：初始化、建压、喷射和排空。它的工作原理可按照尿素泵工作时的几个阶段来分析。

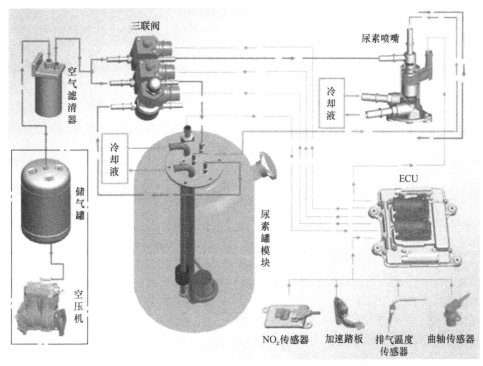

图 2-164　解放自主尿素喷射系统

1）初始化阶段。ECU/DCU 上电后，系统会进行自检，判断有无影响建压的后处理相关故障。

2）建压阶段。进气阀持续开启，直至压力升至 7.15bar，进气阀关闭，完成建压。

3）喷射阶段。通过进、排气阀进行压力控制，当压力小于 6.85bar 时，开启进气阀至压力达到 7.15bar 后，关闭进气阀；当压力大于 7.5bar 时开启排气阀至压力为 7.15bar 后，关闭排气阀；ECU 控制尿素喷嘴按运行工况进行喷射。

4）排空阶段。进气阀关闭，开启排气阀至压力为 0.1bar，排气时长 90s 左右，可标定；车辆熄火后，延迟一定时间后再排气，可标定。

该尿素喷射系统的尿素滤芯过脏不会导致建压失败，但会导致尿素消耗量少，短期内不会报故障码，长期会报排放不达标的故障。因为 0.3bar 时排气阀往往就关闭了，罐内的压力导致排空阶段不是很彻底，导致该尿素喷射系统的尿素喷嘴容易堵塞，解决方法为停车手动开盖释放罐内气体。

知识点 3：DPF 再生

DPF 再生是指将颗粒物捕集器收集到的黑烟通过排气加热的方式烧掉的过程，该过程可以防止因 DPF 捕集的碳颗粒越来越多，慢慢导致排气背压升高从而影响发动机动力的情况出现。但是再生只能处理碳烟，不能处理灰分，所以车辆行驶 20 万～30 万 km，需到服务站清除 DPF 单元内部积灰。

DPF 再生的触发条件通常有三类：一是达到一定里程数时触发；二是通过压差传感器检测排气压差，当达到一定值时触发；三是通过 ECU 内部的数据模型计算出碳加载量，通过此值触发。但是当车辆装载易燃易爆货物或经过易燃易爆区域、人员密集区域时，应打开禁止再生开关，确认安全后再关闭禁止再生开关。

1）DPF 再生分为被动再生、主动再生和强制再生，主动再生又分为行车再生和原地再生。

① 被动再生就是车辆在行驶过程中满足条件（通常在高速公路上行驶时才会发生）后，慢慢地把 DPF 上面的积炭烧掉；工作的温度范围是 250～400℃。

② 主动再生就是人为地觉得排气管堵塞了，利用车辆自带原地再生按钮或在原地利用汽车故障诊断仪使车辆进行 DPF 再生，以此解决 DPF 堵塞问题。主动再生通常需要原地超高转速运行 30min，且温度达到 600℃以上才有效果。对于行车主动再生来说，最高温度不能超过 500℃，因为行车的时候排气管温度太高不安全，而 500℃就足够解决绝大部分碳烟颗粒物的再生问题。轻型载货汽车 DPF 主动再生的热量来源于喷油器的后喷，即在远离上止点后的时刻喷入燃油，以增加发动机排气中的 HC，通过 DPF 上游 DOC 对 HC 的氧化放热提高排气温度，达到颗粒物的起燃温度，实现 DPF 主动再生。中重型载货汽车 DPF 主动再生的热量来源于碳氢喷射单元（HCI-DPM），它包括燃油计量单元（MU）和喷射单元（IU），如图 2-165 所示。所用燃油取自燃油滤清器，油压即输油泵产生的压力 5～9bar，当需要进行主动再生时，温度传感器检测 DOC 前端温度，若<350～400℃时，发动机通过控制油门开度、调节喷油提前角等缸内措施，提升排气温度达 350℃左右，充分激活 DOC 转换效率，当排气温度>350～400℃时，DPM 系统控制燃油经燃油计量单元（MU）上的切断阀、上游燃油压力温度传感器、计量单元、下游燃油压力传感器调节控制后，由喷射单元（IU）在 DOC 上游喷射燃油，DOC 尾部温度加热至 600℃左右，DPF 捕捉的颗粒物在高温下燃烧掉。喷射单元（IU）是一个纯机械结构，一般安装于涡轮增压器出口约 20cm 处的位置，喷嘴的开启和关闭只受压力控制，喷嘴的开启压力为 2.6bar。为了防止喷射单元（IU）长期接触高温失效（燃油变质、喷嘴堵塞），导致无法再生，故系统每 4～5 天喷射一次。

③ 强制再生是汽车服务企业对 DPF 单元进行拆卸，由专门的 DPF 再生设备高温炉进行 DPF 再生操作，清除 DPF 上的碳烟和硫酸盐等物质，恢复催化剂的活性。当发现 DPF 损坏或服务再生也无法解决堵塞问题时，就需要更换新的 DPF 载体。对于进行了燃烧清扫的 DPF 或更换的新 DPF，需要使用汽车故障诊断仪对 ECU 记录的 DPF 值进行重置，让 ECU 识别这是个"新"的 DPF。选择 DPF 值复位选项后，进入 DPF 值复位界面点击执行即可。

2）根据 DPF 的状态不同，可以分为主动再生、轻度堵塞、中度堵塞、重度堵塞和完全堵塞等五种情况，每种情况的具体表现如下：

① 主动再生。高排气温度灯亮，发动机正在进行主动再生，排气温度已经上升，如图 2-166 所示，此时需要保持车速。

② 轻度堵塞。此时 DPF 再生故障灯常亮，如图 2-167 所示。这说明 DPF 轻度堵塞，需要提高车速，保持转速在 1500r/min 以上运行（如果不能保持就应原地再生），直至故障灯熄灭。

③ 中度堵塞。DPF 再生故障灯闪亮，说明 DPF 中度堵塞，此时因排气背压升高，可以明显感觉到动力不足，需要停车执行原地再生，即驻车再生。驻车再生操作时，需要在后处理周围设立警示标志及围挡，禁止人员接近，以免发生烫伤等风险。

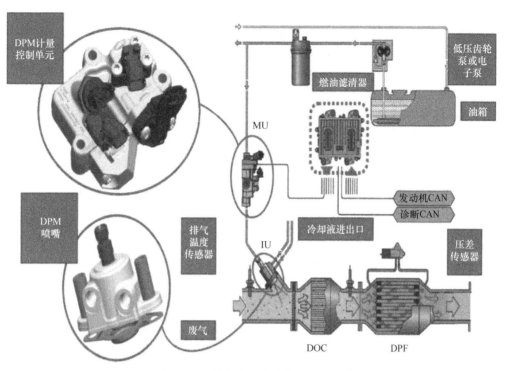

图 2-165 碳氢喷射单元（HCI-DPM）

图 2-166 高排气温度指示灯

图 2-167 DPF 再生故障灯

④ 重度堵塞。仪表点亮 DPF 再生故障灯以及发动机故障灯，说明 DPF 重度堵塞，如图 2-168a 所示。由于厂家不同，也可能红色 DPF 再生指示灯与发动机故障 SVS 灯点亮，或红色停机指示灯与黄色 OBD 灯点亮，如图 2-168b、c 所示。此时车辆因为排气不畅导致动力严重不足，需要立刻执行原地再生。

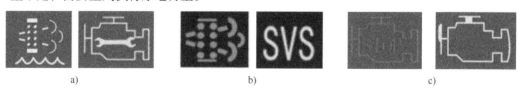

图 2-168 重度堵塞时指示灯

⑤ 完全堵塞。停机指示灯与 OBD 灯同时亮起，如图 2-169 所示，说明 DPF 已经完全堵死，发动机随时可能停机，此时就需要进行 DPF 强制再生了。

知识点 4：后处理系统常见故障

后处理系统常出现不喷尿素、尿素消耗异常和排放超标等故障，出现故障后又会导致车辆 SCR 系统不工作、故障灯点亮、发动机限矩等问题。下面对产生上述故障的原因进行简单总结。

图 2-169 完全堵塞时指示灯

（1）不喷尿素

造成 SCR 系统不喷尿素的常见原因有：

① SCR 系统传感器、执行器的线束和信号出现故障。

② 尿素罐通气孔堵塞或加热装置失效造成尿素解冻失败。

③ SCR 系统滤芯堵塞。

④ 尿素泵回液口接头处（泄压阀）泄漏。

⑤ 尿素水溶液量不够。

⑥ 尿素喷嘴堵塞。

⑦ 发动机排气温度信号异常。

（2）尿素消耗异常

造成尿素消耗异常的常见原因有：

① DCU 程序故障，导致尿素喷嘴常喷。

② 尿素水溶液清洁度不好，导致尿素喷嘴密封锥面密封失效，产生滴漏、常喷等现象。

③ 尿素喷嘴或喷嘴垫片未正确安装。

④ 尿素管路及接头连接处发生泄漏。

（3）排放超标

排放超标又称为 OBD 超限值，造成排放超标的原因有很多，总体上可以分为发动机故障和后处理系统故障两大方面的问题。当只报超限故障码时，则可先考虑查找发动机方面是否存在故障；若同时报后处理系统故障，则可先考虑查找后处理系统方面是否存在故障。下面将常见原因汇总如下：

① 尿素喷嘴存在喷射异常现象，如个别喷孔堵死或喷孔磨损，导致雾化不好、喷射量不够等。

② 排气系统内存在尿素结晶，可能原因有：尿素水溶液质量不合格；尿素喷嘴雾化不好；尿素喷嘴的喷孔磨损导致喷射量加大；尿素喷嘴的安装角度不对；排气管路漏气形成旋流导致尿素积存；长时间低负荷运行导致排气流速低；排气处理器堵塞，造成排气温度过高，排气阻力过大等。

③ 尿素喷射压力低，可能原因有：尿素管路泄漏；尿素泵工作异常，导致实际喷射量偏小或雾化不良。

④ 尿素喷射量小（尿素泵的实际喷射量与需求喷射量是否偏差太大，要求偏差应在 ±5% 以内），可能原因有：尿素喷嘴垫片问题或垫片安装问题造成密封不严，导致排气背压将尿素反吹泄漏。

⑤ 排气处理器转化率低、NO_x 传感器工作效率低。

⑥ NO_x 传感器检测过于敏感。

⑦ ECU 数据错误。

⑧ 柴油品质差，导致尾气原排超标，超出后处理系统工作负荷。

⑨ 同步问题，导致尾气原排超标。

⑩ 喷油器故障，喷油器磨损导致喷油量加大，尾气超标。

综上所述，后处理系统故障诊断时，可先读取故障码，根据故障码来确定故障点，若无故障码，则进行尿素泵建压测试，若建压成功则检查喷嘴是否结晶堵塞或卡滞；若建压失败则检查尿素管路是否有泄露，尿素罐滤芯、尿素泵进液口滤芯是否堵塞，拆解尿素泵检查泵内是否有结晶堵塞等，然后进一步检查线束是否正常。若以上都正常，有可能是电控单元数据有问题，需要更换电控单元再进行测试。

当排除故障以后，由于后处理系统部分故障码在清除时有特殊要求，需要进行适当的操作,如利用汽车故障诊断仪进行驱动测试后,才能顺利将故障码消除,使故障灯熄灭。

驱动测试又叫超越测试,即用汽车故障诊断仪驱动尿素供给单元即尿素泵动作,实现后处理系统完整工作的过程。驱动测试的目的通常为:检查尿素泵的喷射精度是否在标定范围内;检查尿素喷嘴的雾化效果;作为一些故障码的清除条件;检查尿素泵的工作参数是否正常。驱动测试的条件通常由汽车故障诊断仪与车辆通信后,通过诊断仪屏幕提示给维修技师参考。如康明斯尿素泵的驱动测试条件为:发动机运转且空气压力满足要求;将喷嘴从排气管中拆出,以避免尿素喷射到排气系统中;测试时 INSITE 命令的计量量为 0.28mL/s(1L/h);测试持续时间 360s;加载试验的标准为(100mL±5mL)/6min。

【工作任务实施】

<任务准备>

1. 任务计划

1)工具设备清单见表 2-27。

表 2-27 工具设备清单

名称	数量	单位
实训车辆	4	台
工具车	4	辆
工具	4	套
三角木	16	块
五件套	4	套
车辆使用手册	4	本

2)实操预演。

尿素喷射测试

2. 任务决策

根据后处理系统驱动测试和氮氧化物传感器的检测这些具体任务内容,制订小组任务计划,简要说明任务实施过程的步骤及注意事项,并将项目计划内容填入表 2-28 中,落实子任务的学习目标。(注意:流程步骤小组自行设计表格可以酌情添加或删减)

表 2-28 任务计划表

任务步骤	子任务 1 后处理系统驱动测试	子任务 2 氮氧化物传感器的检测
前期准备	(着装、查看车辆、查资料和准备工量具等)	(查看车辆、查资料)
步骤 1		
步骤 2		
步骤 3		
步骤 4		
步骤 5		
步骤 6		

< 任务实施 >

子任务 1 后处理系统驱动测试

实施步骤	标准/图示	过程记录
前期准备	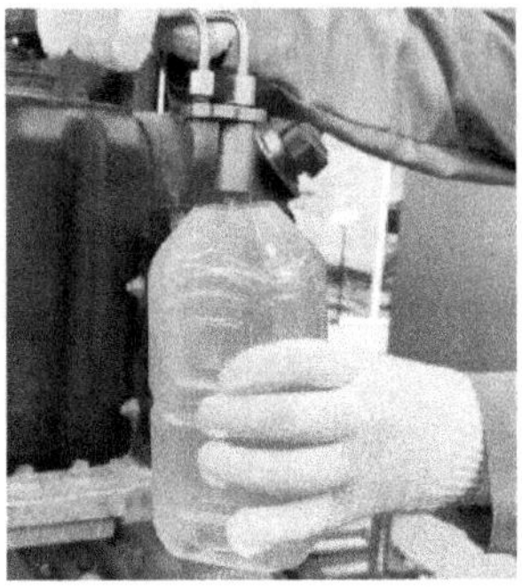 图 2-170 尿素喷嘴状态	① 车辆停放在平坦地面，用三角木顶住车轮 ② 车辆处于熄火状态，点火开关处于"OFF"档 ③ 确认驻车制动状态 ④ 变速器处于"N"位 ⑤ 铺设五件套，如图 1-40 所示 ⑥ 准备汽车故障诊断仪 ⑦ 将尿素喷嘴从排气管上拆下来，放入一个透明容器中，如图 2-170 所示
检查测量	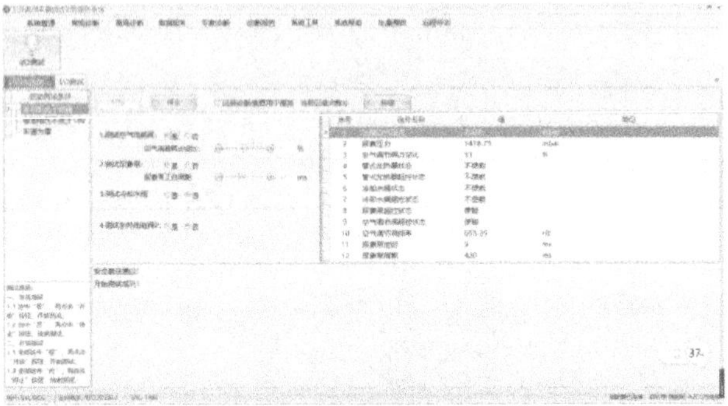 图 2-171 驱动测试界面 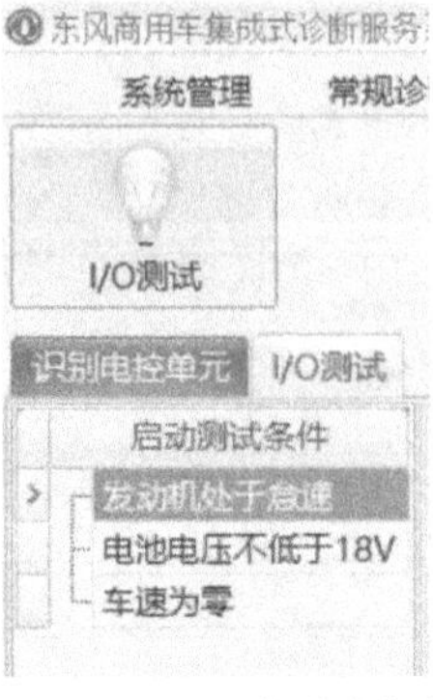 图 2-172 驱动测试条件	① 将汽车故障诊断仪与车辆故障诊断接口连接 ② 将点火开关转到"ON"档 ③ 选择进入后处理系统驱动测试界面，如图 2-171 所示 ④ 按照汽车故障诊断仪的界面操作提示，满足测试条件后进行测试，如图 2-172 所示

（续）

实施步骤	标准/图示	过程记录
检查测量	 图 2-173　尿素喷射情况 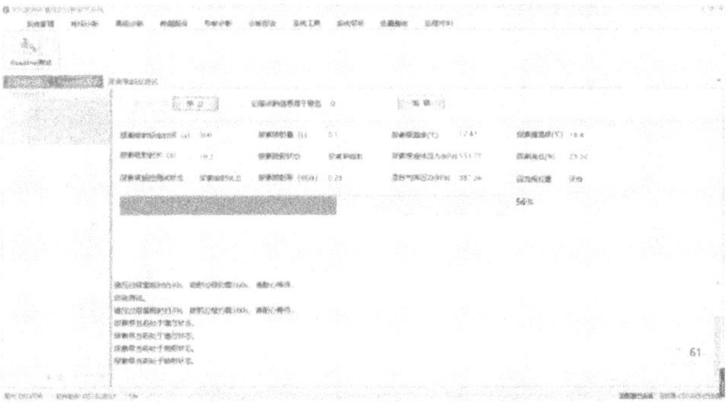 图 2-174　驱动测试数据	⑤ 观察尿素喷射情况（雾化、量），如图 2-173 所示，查看测试界面数据，如图 2-174 所示
恢复整理		① 将点火开关转至"OFF"档 ② 断开汽车故障诊断仪与车辆的连接 ③ 将尿素喷嘴按要求装复 ④ 清洁整理工量具和场地

子任务 2　氮氧化物传感器的检测

实施步骤	标准/图示	过程记录
前期准备	—	① 车辆停放在平坦地面，用三角木顶住车轮 ② 车辆处于熄火状态，点火开关处于"OFF"档 ③ 确认驻车制动状态 ④ 变速器处于"N"位 ⑤ 铺设五件套，如图 1-40 所示 ⑥ 准备汽车故障诊断仪和万用表

(续)

实施步骤	标准/图示	过程记录
检查测量	 图 2-175 氮氧化物传感器的供电电压  a) 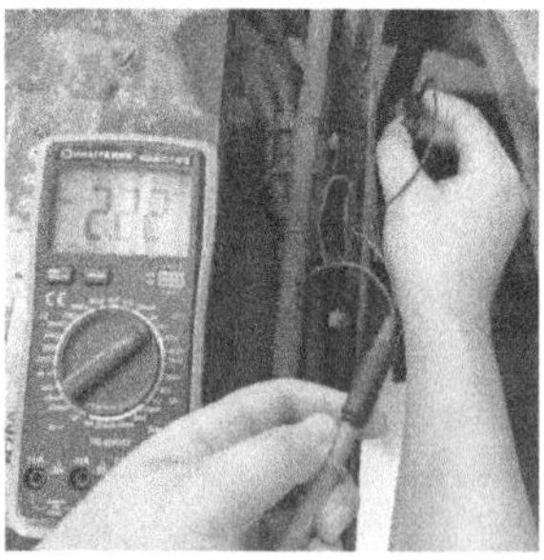 b) 图 2-176 氮氧化物传感器 CAN 线电压 a）CAN-H 电压值　b）CAN-L 电压值 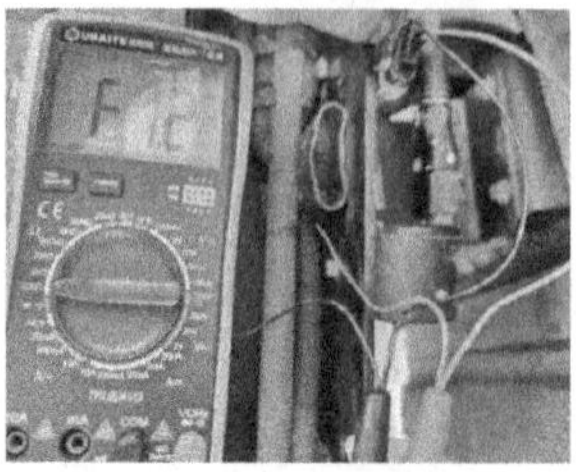 图 2-177 氮氧化物传感器 CAN 线电阻	① 对传感器外观进行检查 ② 断开氮氧化物传感器的电气插头，查看有无进水、断针等情况 ③ 将点火开关转到"ON"档 ④ 用万用表测量供电电压，如图 2-175 所示，查看 CAN 线的电压是否正常，如图 2-176 所示 ⑤ 将点火开关转到"OFF"档 ⑥ 连接氮氧化物传感器的电气插头 ⑦ 用万用表测量 CAN 线电阻是否为正常阻值，如图 2-177 所示
整理恢复		① 将车辆熄火 ② 清洁整理设备、工量具和场地

【工作小结与思考】

1. 本节重点学习了商用车后处理系统中的相关内容及注意事项。

2. 在工作任务实施前，要查阅相关资料，确认操作方法，同时重点对操作中的注意事项进行熟记，确保操作安全规范，达到工作要求。

3. 整个任务实施过程的步骤和注意事项，充分体现了工匠精神、安全和标准意识。

工作情境三 检修商用车底盘 3

任务 1　检修多档变速器

【任务导入】

作为一名商用车售后服务人员,能够快速、正确、规范地对商用车多档变速器这一重要总成,开展相应的维护维修作业,是专业基本技能的具体体现,因此加强对商用车多档变速器检修相关知识的了解和掌握变得尤为必要。为了更好地做到安全规范地开展商用车多档变速器检修作业,掌握商用车多档变速器维护维修作业时的注意事项,请你为新入职的同事介绍商用车多档变速器的检修知识。

【工作内容分析】

<认知目标>

1. 熟悉商用车多档变速器的结构,判断出档位布局。
2. 掌握多档变速器的动力传递路线。

<能力目标>

1. 能够正确选用工量具,规范地对多档变速器进行拆装并检修。
2. 能够正确分析判断变速器档位,确认故障点。
3. 能够对多档变速器常见故障进行诊断与排除。

<素养目标>

1. 养成严谨工作作风。
2. 树立标准操作意识。
3. 树立民族品牌自豪感。

<任务拆解>

子任务 1　法士特 16 档双中间轴变速器一轴的拆装
子任务 2　法士特 16 档双中间轴变速器二轴的拆装

【学习资料准备】

知识点 1：多档变速器介绍

(1) 多档变速器产品分类

1) 手动变速器（MT）：是机械式自动变速器和全自动变速器的基础,也是目前广泛采用的形式。

2）机械式自动变速器（AMT）：在手动变速器的基础上加装电控、气控单元，实现自动换档。

3）全自动变速器（AT）：在行星齿轮机构前加装液力变矩器，实现无冲击、无动力中断换档。采用电子控制系统实现自动换档。

（2）常见变速器的编号规则

变速器的产品型号通常由国家规定代号（即系列型号）和企业自定代号两部分组成，不同生产厂家的产品编号存在一定差异，具体如图3-1所示。

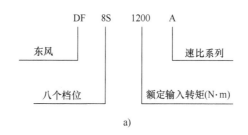

a)

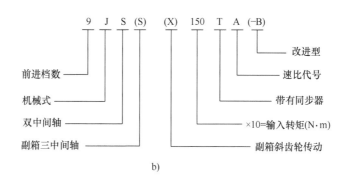

b)

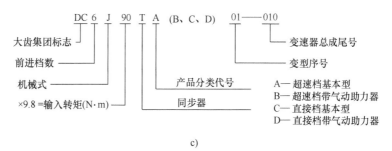

c)

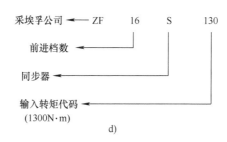

d)

图3-1 常见变速器的编号规则

a）东风变速器产品型号规则　b）陕齿变速器产品型号规则　c）大齿变速器型号规则　d）ZF变速器型号规则

（3）多档位变速器的典型结构

1）主箱单中间轴，副箱行星齿轮结构，如图3-2a所示。代表产品有德国采埃孚（ZF）、瑞典沃尔沃（Volvo）、德国奔驰（Benz）、中国东风（DFCV）。

副箱行星齿轮机构高低档中，太阳轮动力输入、输出状态有以下两种。

① 低档：高低档副箱同步器与低档支撑板接合，将齿圈固定，此时行星轮既随行星架一起绕太阳轮公转，同时也进行自转，动力仅通过行星架输出，如图3-3所示。

② 高档：高低档副箱同步器与行星架接合，将齿圈与行星架连接为一个整体，此时行星轮与行星架、齿圈一起绕太阳轮进行公转而不自转，动力通过行星架与齿圈一同输出。

2）主箱双中间轴，副箱双中间轴结构，如图3-2b所示。代表产品有美国伊顿（EATON）、中国法士特（Fast）。

3）主箱单中间轴，副箱单中间轴结构，如图3-2c所示。代表产品有日本日产柴（UD）。

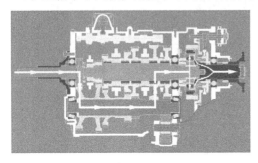
a)

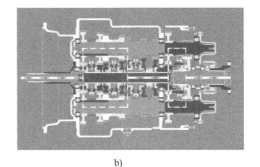
b)

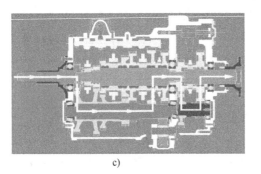
c)

图3-2　多档变速器的典型结构形式（见彩插）

a）主箱单中间轴，副箱行星齿轮机构　b）主箱双中间轴，副箱双中间轴　c）主箱单中间轴，副箱单中间轴

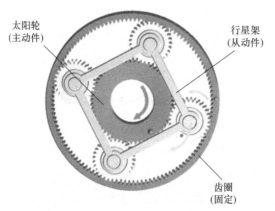

图3-3　行星齿轮机构工作原理（低档）

（4）变速器的保养

1）油量检查及润滑油路的保养：按照厂家规定定期检查壳体表面及各密封面处是否有油渗出痕迹，若有需要补充适量润滑油，与更换变速器齿轮油有关的"孔"如图3-4所示。定期更换变速器齿轮油，以免因齿轮油的变质、稀释而造成齿面磨损或因油的结胶堵塞各处的润滑油孔，使旋转件因缺油而失效；同时油结胶还会填满同步器锥环外缘的齿纹，使摩擦系数下降，导致同步器失效。更换变速器齿轮油后要确保油面位置的正确，油面位置的确认根据变速器结构不同分为加油孔确认和观察孔确认两种。

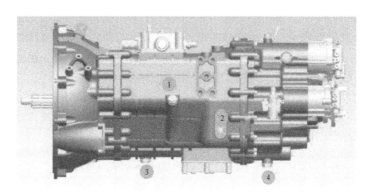

图3-4　与更换变速器齿轮油有关的"孔"

1—加油孔　2—油面观察孔　3—主箱放油孔　4—副箱放油孔

① 加油孔确认如图3-5所示，要确保油面与注油口下沿平齐。油面高度由壳体侧面的锥形注油孔检查，齿轮油加注至孔口处出现溢出即可。最低不得低于油面观察孔下沿5mm。

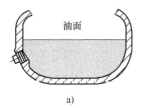 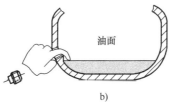 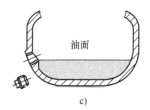

a)　　　　　　　　　b)　　　　　　　　　c)

图3-5　商用车变速器油面检查

a）不正确　b）不正确　c）正确

② 商用车变速器加油量观察孔如图3-6所示，通过观察孔观察油面高度时，油面高度在中心线和最大油面高度之间时为合适状态。

变速器齿轮油更换时的注意事项包括：

① 使用厂家推荐牌号的润滑油，更换润滑油前，必须将变速器内原有的润滑油排放干净。

② 为延长变速器各部件的使用寿命，保证变速器在清洁的环境中运行，在进行换油保养时，需更换滤清器中的滤芯，清理过滤网中的杂质。

③ 车辆换油时必须停置于水平路面上并熄火，为避免换油过程中油温过高带来的风险，同时由于热油的体积膨胀造成测量不准，行驶后的车辆不能

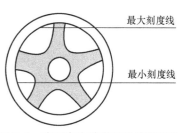

图3-6　商用车变速器加油量观察孔

立刻检查，只有在油面稳定和稍冷一些时才可以进行。

④ 如果变速器安装了取力器或缓速器，使用时间超过 50% 的驾驶时间，换油里程和滤芯更换的时间需要根据工况调整确定。

⑤ 如果变速器总成需要修理，开箱检查后，如修理取力器或冷却器，需要在 4 周内额外的更换润滑油和滤芯，确保变速器清洗干净。

⑥ 加油量过多会导致变速器温度升高和漏油；加油量过少会导致变速器零部件润滑不良，严重者将会发生烧箱事故。应按规定的加油量进行加油。

2）通气塞检查：发现有污泥堵塞情况，应随时清理，通气塞堵塞会使变速器内压升高，造成油封及接合面漏油。

3）润滑脂加注：润滑脂用于润滑变速器一轴的前支撑轴承（曲轴后中心孔内），润滑脂嘴装在发动机飞轮上，将离合器壳底盖卸下，转动曲轴使润滑脂嘴向下就可加注；注入润滑脂不能过多，只注四五下即可，以免沾污离合器摩擦片。

4）气路检查：冷凝块、锈渣和其他杂质经过气管停留在气路中，会损坏气路零件，造成变速器无法正常选、换档操作。应将储气筒定期排空，同时对变速器上的减压阀、气路控制阀、前后气缸及集成在气缸盖总成上的换档控制阀进行相应清理。

知识点 2：多档变速器结构简图和动力传递路线图

以法士特 12JS160T 为例，该变速器有一个后副箱。发动机的动力通过离合器传给变速器的一轴，一轴齿轮通过内花键和一轴连接在一起，和中间轴最前端齿轮常啮合，从而实现一轴上的齿轮与中间轴传动齿轮啮合，进而驱动中间轴及其上的各档齿轮转动。中间轴上各档齿轮与二轴上各档齿轮常啮合，故二轴上各档齿轮同时转动。二轴上各档齿轮空套在二轴上，所以在空挡时（即同步器处在中间位置时）二轴并不转动。当二轴上的同步器移向某一档位并将二轴齿轮同二轴连为一体时，二轴则开始转动。当后副箱位于高档区时（即同步器齿套移向变速器前方时），二轴的动力通过副箱驱动齿轮和同步器齿套传递给副箱主轴直接输出。当副箱位于低档区时（即同步器齿套移向变速器后方时），二轴输出的动力通过副箱驱动齿轮传递给副箱中间轴，再通过副箱主轴减速齿轮、同步器齿套传递给副箱主轴输出。该变速器内部结构和动力传递路线如图 3-7 所示。变速器内部结构简图及动力传递路线如图 3-8 所示。变速器内部各档位齿轮定义如图 3-9 所示。

图 3-7 法士特 12JS160T 变速器内部结构及动力传递路线

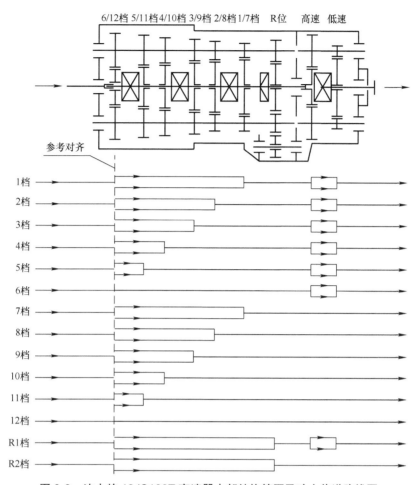

图 3-8 法士特 12JS160T 变速器内部结构简图及动力传递路线图

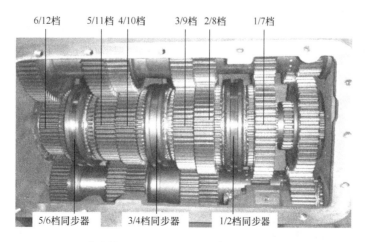

图 3-9 法士特 12JS160T 变速器内部各档位齿轮定义

知识点 3：变速器的操纵机构

（1）变速器常见的操纵机构形式

变速器常见的操纵机构形式如图 3-10 所示，国内大多数车辆都采用的是远距离操纵机构。

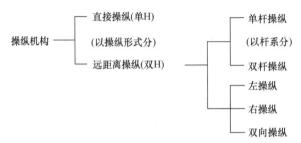

图 3-10　变速器常见的操纵机构形式

（2）商用车多档变速器操纵机构

1）操纵手球及其档位置图。

① 手动变速器。

a. 以 9 档变速器为例，双中间轴变速器操纵机构分为直接操纵（单 H）（图 3-11）和远距离操纵（双 H）（图 3-12）两种形式。双 H 换档机构有两个空档，一个在低档区的 3/4 档，一个在高档区的 5/6 档。

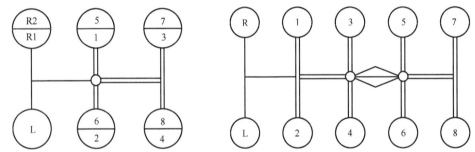

图 3-11　单 H 换档机构操纵手球及其档位置图　　图 3-12　双 H 换档机构操纵手球及其档位置图

b. 以 12 档变速器为例，12 档全同步器系列变速器基本操纵机构为单 H 远距离操纵机构，结构紧凑，档位清晰，手感好，R1、1、2、3、4、5、6 档在低档区，R2、7、8、9、10、11、12 档在高档区，低档区空档位置在 3、4 档，高档区空档位置在 9、10 档，如图 3-13 所示。

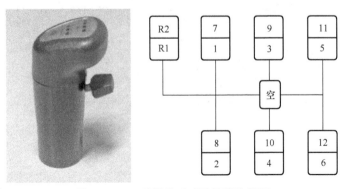

图 3-13　12 档操纵手球及其档位置图

c. 以 14 档变速器为例，如图 3-14 所示。

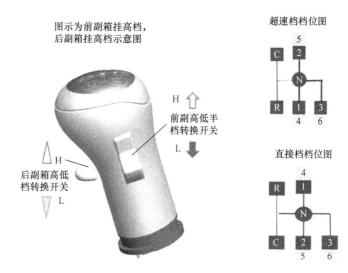

图 3-14　14 档操纵手球及其档位置图

② AMT，如图 3-15 所示。

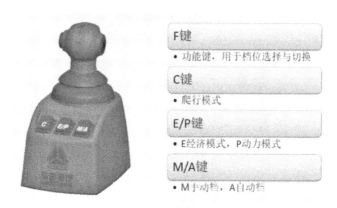

图 3-15　AMT 换挡操纵机构

2）变速器换挡机构。变速器换挡机构由变速杆、拨块、拨叉、拨叉轴及安全装置等组成。

① 变速器换挡机构有直齿滑动齿轮换档、接合套换档和同步器换档三种形式。

a. 直齿滑动齿轮换档：该结构形式制造容易，结构简单。缺点是汽车行驶时各档齿轮有不同的角速度，因此用轴向滑动直齿齿轮的方式换档，会在轮齿端面产生冲击，造成磨损加剧并过早损坏，且伴随有噪声。这种形式除一档、倒档外已很少使用。

b. 接合套换档：该结构形式制造成本低，还可减小变速器长度。缺点是不能消除换档冲击，对汽车的行驶安全性和乘坐舒适性仍有影响，此外，因增设了啮合套和常啮合齿轮，使变速器旋转部分的总惯性矩增大。因此，目前这种换档方法只在某些要求不高的档位及重型车变速器上应用。

c. 同步器换档：使用同步器能保证迅速、无冲击、无噪声换档，而与操作技术的熟练程度无关，从而提高汽车的加速性、经济性和行驶安全性等一系列性能，故现代汽车大多数采用这种换档形式。缺点是结构复杂，制造精度要求高，轴向尺寸大等。

② 安全装置又称为锁止装置。为了保证变速器的可靠工作，变速器操纵机构应能满足以下要求：

a. 挂档后应保证接合套与接合齿圈的全部套合（或滑动齿轮换档时，全齿长都进入啮合）。在振动等条件影响下，操纵机构应保证变速器不自行挂档或自行跳档。为此在操纵机构中设有自锁装置，如图 3-16 所示。

b. 为了防止同时挂上两个档而使变速器卡死或损坏，在操纵机构中设有互锁装置，如图 3-17 所示。

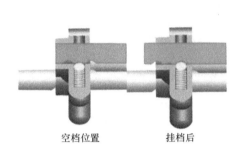

图 3-16　自锁装置

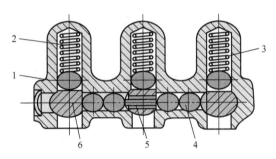

图 3-17　自锁和互锁装置

1—自锁钢球　2—自锁弹簧　3—变速器盖
4—互锁钢球　5—互锁销　6—拨叉轴

c. 为了防止在汽车前进时误挂倒档，导致零件损坏，在操纵机构中设有倒档锁装置，如图 3-18 所示。

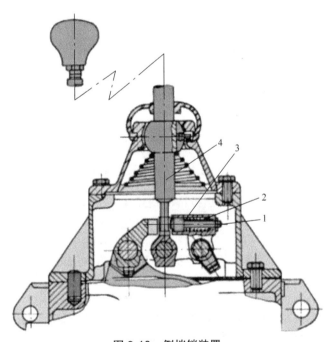

图 3-18　倒档锁装置

1—倒档锁销　2—倒档锁弹簧　3—倒档拨块　4—变速杆

③ 变速器换档机构中的气路控制。以法士特 12JSD200T[A] 变速器为例，如图 3-19 所示。该变速器换档机构气路控制工作原理为：来自整车 0.7~0.8MPa 的压缩空气，经空气滤清调节器调压为 0.67~0.71MPa 后，进入主气管和控制气管；当主箱处于空档位置时，气

路控制阀开通，压缩空气进入气路换向阀；预选开关手柄选低档，手柄的拨头处于低位，控制出气管有气，推动气路换向阀打开低档气路。压缩空气通过低档气管进入换档气缸的低档进气口，换档气缸活塞通过推杆和拨叉带动副箱同步器滑动齿套和副箱减速齿轮的接合齿接合，此时变速器全部呈现出低档，分别为R1、1、2、3、4、5、6档；预选开关手柄选高档，手柄的位置处于高位，控制出气管无气，则压缩空气通过气路换向阀的高档出气口进入高档气管至副箱换档气缸的高档进气口，换档气缸活塞通过推杆和拨叉带动副箱同步器滑动齿套和副箱驱动齿轮的接合齿接合，此时变速器全部呈现出高档，分别为R2、7、8、9、10、11、12档。预选阀工作原理如图3-20所示。

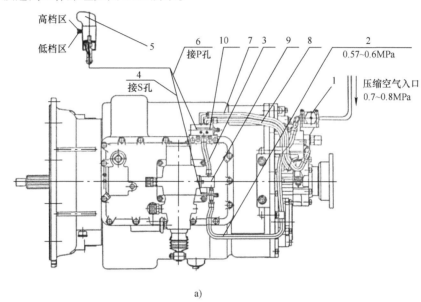

a)

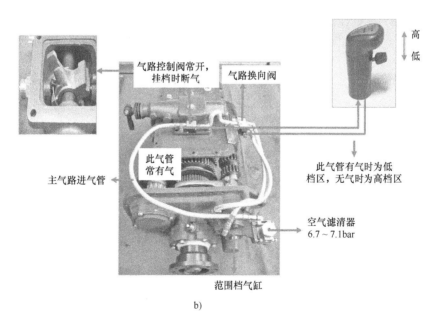

b)

图 3-19　换档机构中的气路控制

a) 结构简图　b) 实物图

1—空气滤清调节器　2—主气管　3—过渡气管　4—控制进气管　5—换档手柄（预选阀）
6—控制出气管　7—高档气管　8—低档气管　9—气路控制阀　10—气路换向阀

3）同步器。汽车变速器内的同步器使变速器换档轻便、迅速、无冲击、无噪声，且可延长齿轮寿命、提高汽车的加速性能并节油，故变速器除倒档外，其他档位多装用。要求其转矩容量大、性能稳定、耐用。惯性同步器能确保同步器啮合换档，性能稳定、可靠。它分为惯性锁止式和惯性增力式两种，使用最广泛的是锁环式、锁销式等惯性锁止式同步器。

① 双锥面锁环式同步器。锁环式同步器由于结构紧凑、性能良好、使用可靠、成本低，目前得到广泛应用。其不足之处在于同步器摩擦力矩偏小。双锥面锁环式同步器是在工作原理和结构布置与锁环式同步器基本类似的基础上，开发设计的一种新型同步器装置，它既继承了锁环式同步器的优点，又在提高同步器摩擦力矩上弥补了其不足，主要用于主箱，如图3-21所示。

② 锁销式同步器。锁销式同步器要比锁环式同步器耐冲击力。后副箱速比级差大（4.55），需要的同步容量大，因而在转换高低档时气缸的推力大，这样就造成了挂档时的冲击力相应增大，因此后副箱通常选用锁销式同步器，如图3-22所示。因为是气操纵，该同步器为单向式，摩擦面材料选用碳纤维。

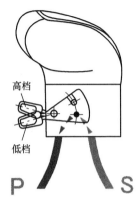

图3-20 预选阀工作原理

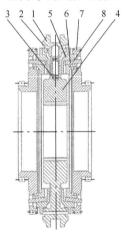
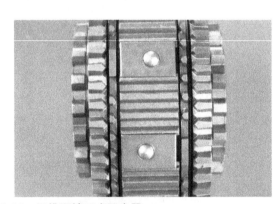

图3-21 双锥面锁环式同步器

1—同步器齿套　2—定位块　3—弹簧　4—同步器齿毂　5—同步器外锥环
6—同步器双锥环　7—同步器接合齿　8—同步器内锥套

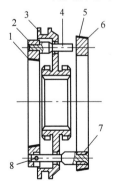

图3-22 锁销式同步器

1—高档摩擦带　2—高档同步环　3—滑动齿套　4—高档锁止销
5—低档摩擦带　6—低档锥环　7—低档锁止销　8—弹簧

知识点4:多档变速器的拆装注意事项

1)拆卸注意事项。

① 拆卸时,应使用专用工具,不要野蛮操作,避免损坏零件。

② 在拆卸各种总成时,要把所有零件按拆卸时的顺序放在干净的工作台上。这样会方便后期装配,还可减少丢失、漏装零件的可能性。

③ 一轴可以不用拆卸中间轴、二轴和一轴齿轮而被拆下来。

④ 维修过程应在一个干净的场地进行,不要让灰尘或其他杂物进入变速器内部。在开始拆卸之前应该仔细地清理变速器外部。

⑤ 对一些装配标记进行确认,或自行制作装配标记。

⑥ 在拆卸同步器总成之前,必须标记同步器齿毂和同步器齿套的安装方向。

⑦ 拆卸输出轴凸缘螺母时,应使主箱内两个同步器分别与齿轮啮合,如图3-23所示。(实际操作中如果接合套或同步器滑动齿套不容易拨动,可以用铜棒卡住齿轮不让其转动)

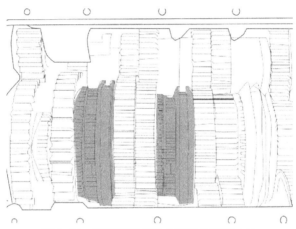

图3-23 变速器输出轴凸缘螺母拆卸方法

2)装配过程中应遵守下列注意事项。

① 重新装配变速器时,要全部使用新的衬垫。

② 在安装上盖总成之前,应使各档同步器滑动齿套、各档拨叉置于空挡位置,以便容易安装到位。

③ 为了防止漏油,所有的螺栓都要使用螺纹密封胶;所有的O形圈在安装前都应用硅脂润滑剂润滑。

④ 初始润滑装配过程中,所有的止推垫圈都要涂上润滑脂作初始润滑之用,可以防止划伤或磨损。

⑤ 为防止轴无法转动应检查确保对齿标记正确,如图3-24所示。

对齿是非常重要的一环。只有把齿轮按照标记安装好,才能保证齿轮正确啮合,动力正常传递,否则会造成中间轴挤压壳体,导致事故发生。对齿方法为:

a. 先在输入轴齿轮的任意两个相邻齿上标注标记,然后在与其对称的另一侧标注标记(两组记号间齿数应相等)。

b. 在每个中间轴传动齿轮与齿轮键槽正对的那个齿上标注标记。

c. 装配时,使两个中间轴传动齿轮上有标记的齿分别啮入输入轴齿轮左右两侧标有记号的两齿之中。

d. 装配副变速器时，选用减速齿轮与副箱中间轴小齿轮进行对齿（方法同前）。

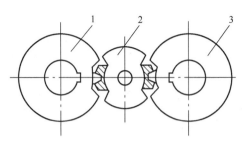

图 3-24　变速器总成对齿示意图
1—左中间轴齿轮　2——轴齿轮　3—右中间轴齿轮

⑥ 按规定力矩拧紧各螺栓和螺母，如输出轴法兰盘螺母。下面以法士特 12JSD200T[A] 为例列出各处的拧紧力矩值，见表 3-1。

表 3-1　法士特 12JSD200T[A] 拧紧力矩值

使用部位	螺栓/螺母	推荐拧紧力矩值/N·m
离合器壳体	6-M16×1.5	244~271
离合器壳体	4-M12	108~135
一轴轴承盖	6-M10	47.5~61
一轴齿轮	M54×1.5	338~406
双 H 操纵装置	8-M10×1	47.5~61
上盖	16-M10	47.5~61
拨叉锁止螺钉	5-M12×1.25	67.5~88
副箱拨叉	2-M12×1.5	67.5~88
空滤器托架	2-M6	13.5~20.3
输出轴	M50×1.5	609~677
副箱后盖	19-M10	47.5~61
放油孔	Z3/4"	61~74.5
加油孔	21	81~101.5
副箱驱动齿轮定位盘	6-M10	47.5~61
倒档介轮轴	2-M16×1.5	67.5~81
副箱中间轴后盖	8-M10	47.5~61
底取力器盖	8-M12	67.5~88
中间轴制动器	8-M10	47.5~61
变速器侧窗口盖	6-M10	24.5~31
主轴后轴承盖	6-M10	47.5~61
换档气缸壳体	4-M10	47.5~61
气缸盖	4-M10	47.5~61
离合器壳底盖	4-M8	20~27
中间轴前端	2-M16×1.5	122~162

知识点 5：变速器常见故障排除

变速器常见的故障部位、故障现象及原因如下。
（1）常见故障部位
同步器、自锁装置、互锁装置、轴承和气路等。

（2）常见故障现象及原因

1）变速器异响。变速器异响可能是变速器本身引起的，也可能是由车辆其他部位的噪声传到变速器并被它放大产生的。变速器自身常见的异响通常有敲击声、尖叫声、轰鸣声和咔嚓声等。造成这些异响的原因如下：

① 敲击声：变速器内齿轮齿面的磕碰；轴承的滚珠或滚子损坏；齿轮出现裂纹。

② 尖叫声：齿轮正常磨损（含长期使用后出现的麻点）造成；齿轮啮合不当造成；轴承预紧后轴向与径向间隙过小造成。

③ 轰鸣声："对齿"误差造成。

④ 咔嚓声：副轴及主轴的轴向间隙过大；副轴轴承的径向间隙过大。

2）变速器过热。变速器的长期工作温度应不超过120℃，正常工作温度约比环境温度高38℃。变速器过热可能原因有车辆长期低速（通常在32km/h以下）、超速或超载行驶，润滑油牌号或液位不合格，轴承损坏，装配间隙不当等。

3）变速器脱档。变速器因设计装配问题、内部磨损或受外力作用等特殊情况，在工作时可能会出现脱档现象。由于多档变速器常由主副变速器组成，故可分以下两种情况。

① 主变速器脱档。可能原因有：

a.变速器输入轴与发动机飞轮内的导向轴承不同心（轴承损坏、发动机与变速器不对中、发动机支撑损坏、变速器或飞轮壳螺栓松动）。

b.换档撞击和长期使用后的正常磨损或松动（换档时齿轮之间猛烈碰撞，引起接合齿端面磨损成锥状，拨叉磨损、拨叉轴定位槽过度磨损、同步器滑动齿套插槽磨损。选换档拨块、选换档轴或拨叉轴松动），尤其考虑同步器的损坏或过度磨损。

c.由于锁止弹簧变弱或损坏造成拨叉轴定位钢球上的压力不够。

d.远距离换档操纵机构的连杆调整不当，引起齿轮接合齿与同步器滑动齿套不能全长啮合。

e.当车辆以全功率牵引或在有负荷推动的情况下，减速时常会发生跳档。

f.当车辆行驶在不平路面上时，太长太重的变速杆会产生像钟摆一样的摆动。变速杆的摆动会克服锁止弹簧的压力，引起掉档。

g.中间轴的轴向间隙过大。

② 副变速器脱档。可能原因有：

a.换档撞击和长期使用后的正常磨损，副箱驱动齿轮和同步器滑动齿套接合齿磨损，有锥度或非全长啮合（齿轮受轴扭曲影响离开"对齿"位置、接合齿有锥度等）。

b.由于传动轴安装不当所产生的振动。

c.气路系统压力不够高（调压阀有缺陷、气管或接头松动、气管或接头被夹扁）也会引起跳档。

4）变速器换档困难或不能换档。变速器换档时，换入各档所需的力是不同的，但是如果换档力过大，就不正常了。换档困难，大多数发生在平头车所用的远距离操纵装置上，所以在检查变速器换档困难的原因时，必须首先检查远距离操纵装置的连接杆件。而连接杆件中的问题又是由于连接叉或衬套的磨损、咬合、调整不当和关节润滑不良或机械障碍限制了杠杆的自由运动等原因而造成的。为了确定换档困难是否是变速器本身所引起的，就需要把变速杆或连接杆从变速器上边拆掉，然后用撬杠或旋具移动换档导块，使其啮合入各个档位。如果拨叉轴能轻松地滑动，说明故障存在于变速器外部，反之故障存在于变速器内部。在挂倒档时出现此问题，也要注意是否为倒档开关故障。

① 主变速器换档困难或不能换档。可能原因有离合器工作异常、飞轮导向轴承磨损或损坏、换档机构壳体或内部损坏、整车操纵杆装配异常、拨叉轴异常、中间轴齿轮异常、一轴与中间轴"对齿"异常、二轴及齿轮异常、同步器损坏、变速器油不当或油位低等。

② 高低档滞缓或不能换档。可能原因有调压阀异常、气管异常、双 H 阀异常、气缸活塞异常、同步器异常等。

5）变速器漏油。

① 变速器输入端漏油。可能原因有一轴油封异常、一轴盖板密封性异常、一轴后轴承异常、通气塞异常等。

② 变速器输出端漏油。可能原因有输出轴油封和端面 O 形密封圈异常、输出轴轴承座端面密封异常、输出轴法兰损坏、输出轴轴承故障、通气塞堵塞、后壳体与主箱体间密封不良、后壳体或输出轴轴承盖变形有裂纹等。

③ 变速器壳体漏油。可能原因有变速器壳体状况异常，变速器加、放油口问题。

6）气路系统故障。对气路系统的检查应在发动机熄火，车辆气压为最大名义值时进行。

① 气路检修。

a. 检查各气管安装是否正确，有无交叉。

b. 检查所有气管的接头处有无泄漏。

c. 检查所有气管有无裂缝，是否被别的构件夹扁而影响气流的通过。

② 气路系统零部件检查。

a. 检查空气滤清器有无缺陷、泄漏：车辆气压达到 0.7～0.8MPa 时，在出口处装一气压表，观察是否气压调节为 0.41～0.44MPa，如果读数不符合要求，应更换。

b. 检查双 H 气阀有无缺陷：柱销是否往复自如或磨损过大。柱销在原始位置时，压缩空气通入后，是否仅从出气口 4 流出；柱销受力退到最低位置时，通入压缩空气后，是否仅从出气口 2 流出。如果如此，则双 H 气阀可用，否则应更换。

c. 副箱换档气缸的检查：在检查完空气滤清器和双 H 气阀后仍有换档问题，则检查气缸活塞上的 O 形圈或其他密封件是否有缺陷。

（3）变速器在检修作业中的检查测量项目

变速器进行再装配之前应当对各个零件进行仔细的检查，避免将损坏件装入箱内，造成不必要的损失。需检查测量的项目通常按照传动机构和操纵机构分列如下。

1）传动机构检查测量项目。

① 轴承。

a. 把所有的轴承放在干净的溶液中清洗。检查钢球、滚柱和轴承滚道是否有麻坑或剥落。

b. 将未损坏的轴承清洁处理，检查轴向和径向间隙（极限 0.2mm），如图 3-25 所示。更换间隙过大的轴承。

c. 检验轴承与壳体孔的配合。如果外环能在孔内自由地转动，壳体就应当予以更换。

② 齿轮。

a. 检查轮齿的齿面是否有点蚀，应当更换产生齿面点蚀的齿轮。

b. 检查所有的啮合齿轮。齿轮磨损成锥形或因换档撞击而减少了啮合长度的齿轮都应予以更换。

图 3-25 轴承径向圆跳动检查

c. 检查齿轮的轴向间隙。发现间隙过大应检查齿轮的开口环、垫圈、调整垫和齿轮的凸缘是否有过量的磨损。二轴前进档齿轮要保持 0.13～0.30mm 的轴向间隙，倒档齿轮为 0.30～0.90mm。

d. 检查齿轮的内孔，磨损极限为 0.2mm，如图 3-26 所示。

③ 轴。轴的径向圆跳动应小于 0.1mm，如图 3-27 所示。

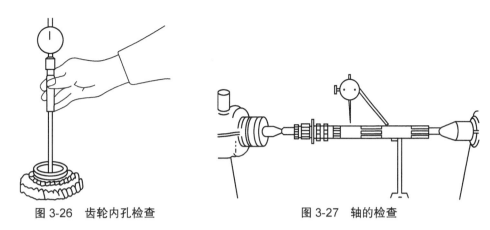

图 3-26 齿轮内孔检查　　　　　　　　图 3-27 轴的检查

④ 花键。检查所有轴上花键的磨损程度。如果滑动齿套、输出法兰盘由于磨损偏向花键的一侧，就应更换了。

⑤ 止推垫圈。检查所有止推垫圈的表面情况。有划伤或者厚度减薄的垫圈应予更换。

⑥ 灰铸铁零件。检查所有的灰铸铁零件，是否有裂纹或者损坏。大型铸件可以进行熔焊或者铜焊，但所产生的热裂纹不得延展到轴承孔或螺栓连接表面。

⑦ 轴承盖。

a. 检查止口的磨损情况。

b. 检查一轴轴承盖内的油封和里程表壳体内的油封，如果唇部的密封作用失效，要更换密封件。

⑧ O 形圈。检查所有 O 形圈的破裂和变形情况。如果磨损或破损要予以更换。

2）操纵机构检查测量项目。

① 同步器。

a. 检查高低档同步器是否有毛刺、不平整处，以及接触面是否有过度磨损情况。

b. 检查锁止销是否过度磨损。

c. 检查高低档齿轮与同步器的接触面是否过度磨损。烧伤的同步器或者接触面烧伤的高低档齿轮应当予以更换。

d. 同步器后备行程的检查　　以双锥面锁环式同步器为例。装配双锥面同步器前，应使用塞尺在图 3-28 图示位置进行间隙测量，即同步器后备行程检查。前副箱高、低半档同步器后备行程最小为 1.6mm；主箱两套双锥面同步器后备行程最小为 2.0mm；后置副箱高、低档同步器后备行程最小为 2.2mm。间隙过大会影响同步器的效果和寿命；间隙过小会造成锥面的润滑不好，严重者会造成锥面烧伤。

注意：如果测量值小于规定的间隙，需分别检查同步器锥环和同步环的磨损情况，确定是单独更换还是全部更换它们。

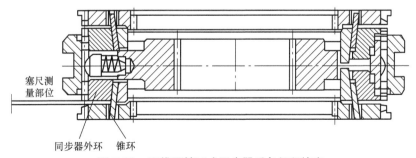

图 3-28 双锥面锁环式同步器后备行程检查

e. 同步器齿毂和滑块的间隙检查，如图3-29所示。

f. 接合套。检查所有的拨叉和接合套的拨叉槽是否过度磨损或者由于过热而变色；检查接合套的花键齿，看其接触区是否偏斜。

g. 限位弹簧自由长度检查，如图3-30所示。

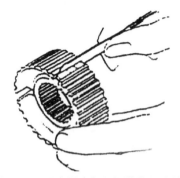 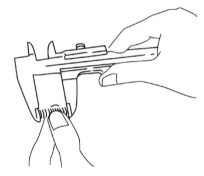

图3-29 同步器齿毂和滑块的间隙检查　　图3-30 限位弹簧的检查

② 换档拨叉与同步器接合套拨叉槽的配合间隙，拨叉磨损极限<1mm，如图3-31、图3-32所示。

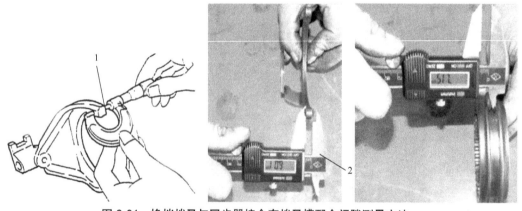

图3-31 换档拨叉与同步器接合套拨叉槽配合间隙测量方法一

1—测量拨叉端部厚度　2—测量接合套拨叉槽宽度

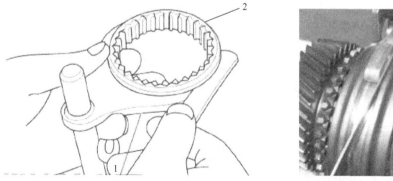

图3-32 换档拨叉与同步器接合套拨叉槽配合间隙测量方法二

1—拨叉　2—接合套

3）变速器换档机构检修注意事项。

①拆卸检修后装配时不要漏掉零部件。

②拆卸完双 H 总成后，用铜棒敲击上盖，使其与衬垫分离时，应用手堵住自锁弹簧防止掉入变速器壳体内，如图 3-33 所示。

图 3-33　拆卸变速器上盖时的注意事项

③上盖分解检修时，应注意拨叉轴孔内自锁弹簧粗细设计上存在不一致的情况，维修完成后应按照原状进行装配，如图 3-34 所示，切勿混装。

 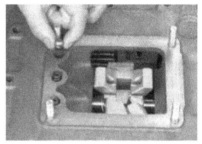

图 3-34　变速器自锁弹簧粗细设计上可能存在不一致

【工作任务实施】

<任务准备>

1. 任务计划

1）工具设备清单见表 3-2

表 3-2　工具设备清单

名称	数量	单位
多档变速器总成（台架）	4	台
工具车	4	辆
工具	4	套
变速器维修使用手册	4	本

2）实操预演。

法士特 16 档双中间轴变速器一轴的拆卸　　　法士特 16 档双中间轴变速器一轴的安装

法士特 16 档双中间轴变速器二轴的拆卸

 法士特 16 档双中间轴变速器二轴的安装

2. 任务决策

根据变速器拆装检修的具体任务内容，制订小组任务计划，简要说明任务实施过程的步骤及注意事项，并将项目计划内容填入表 3-3 中，落实子任务的学习目标。（注意：流程步骤小组自行设计表格可以酌情添加或删减）

表 3-3　任务计划表

任务步骤	子任务 1　法士特 16 档双中间轴变速器一轴的拆装	子任务 2　法士特 16 档双中间轴变速器二轴的拆装
前期准备	（着装、查看总成、查资料和准备工量具等）	（着装、查看总成、查资料和准备工量具等）
步骤 1		
步骤 2		
步骤 3		
步骤 4		
步骤 5		
步骤 6		

<任务实施>

子任务 1　法士特 16 档双中间轴变速器一轴的拆装

实施步骤	标准/图示	过程记录
前期准备		① 准备拆装用工具 ② 将变速器一轴总成妥善放置
拆卸安装	 图 3-35　拆卸一轴齿轮内孔里的卡环  图 3-36　取下一轴齿轮及其两侧的花键垫	拆卸： ① 拆卸一轴齿轮内孔里的卡环，如图 3-35 所示 ② 取下一轴齿轮及其两侧的花键垫，如图 3-36 所示

（续）

实施步骤	标准/图示	过程记录
拆卸安装	 图 3-37 拆卸同步器常啮合齿轮前面的卡环  图 3-38 拆卸奇偶档同步器一侧的卡环	③ 拆卸同步器常啮合齿轮前面的卡环，如图 3-37 所示 ④ 取下奇偶档同步器的一侧组件，拆卸同步器一侧的卡环，如图 3-38 所示 ⑤ 拆卸同步器。 装配：装配过程与拆卸过程相反，注意同步器上的滑块和锥环的方向
整理恢复		① 检查变速器一轴的装配情况 ② 清洁整理设备、工量具和场地

子任务 2　法士特 16 档双中间轴变速器二轴的拆装

实施步骤	标准/图示	过程记录
前期准备	 图 3-39 二轴竖直放置于工作台上	① 将二轴竖直放置于工作台上，如图 3-39 所示 ② 准备拆装用工具
拆卸安装	 图 3-40 拆卸 3/4 档同步器  图 3-41 拆卸弹性销和长键	拆卸： ① 拆卸 3/4 档同步器，如图 3-40 所示 ② 拆卸弹性销和长键，如图 3-41 所示

(续)

实施步骤	标准/图示	过程记录
拆卸安装	 图 3-42 拆卸三档齿轮接合齿  图 3-43 拆卸二档齿轮接合齿  图 3-44 拆卸 1/2 档同步器  图 3-45 拆卸一档齿轮接合齿  图 3-46 拆卸二轴齿轮隔垫	③拆卸三档齿轮接合齿，如图 3-42 所示 ④拆卸二档齿轮接合齿，如图 3-43 所示 ⑤拆卸 1/2 档同步器，如图 3-44 所示 ⑥拆卸一档齿轮接合齿，如图 3-45 所示 ⑦拆卸二轴齿轮隔垫，如图 3-46 所示

（续）

实施步骤	标准/图示	过程记录
拆卸安装	 图3-47 拆卸倒档齿轮接合齿	⑧拆卸倒档齿轮接合齿，如图3-47所示 装配：装配过程与拆卸过程相反，注意每装一个齿轮、同步器齿毂或齿轮隔垫时均需要向上推长键
整理恢复		①检查变速器二轴的装配情况 ②清洁整理设备、工量具和场地

【工作小结与思考】

1. 本节重点学习了商用车多档变速器检修的相关内容及注意事项。
2. 在工作任务实施前，要查阅相关资料，确认操作方法，同时重点对操作中的注意事项进行熟记，确保操作安全规范，达到工作要求。
3. 整个任务实施过程的步骤和注意事项，充分体现了工匠精神、安全和标准意识。

任务2　检修驱动桥

【任务导入】

随着商用车向大功率、多轴化方向发展，其驱动桥也与之前相比有了一定的变化，作为一名商用车售后服务人员，能够快速、准确、规范地对驱动桥开展相应的检修作业，是必须掌握的专业技能，因此加强驱动桥相关知识的了解和掌握非常必要。为了更好地做到安全规范准确地开展驱动桥检修作业，掌握驱动桥检修的注意事项，请你为新入职的同事介绍驱动桥常见的故障和原因，以及检修的相关知识。

【工作内容分析】

<认知目标>

1. 掌握驱动桥的相关知识。
2. 掌握驱动桥检修的相关操作方法及注意事项。

<能力目标>

1. 能够掌握双联驱动桥内部的结构及动力传递路径。
2. 能够正确选用工量具，规范地对驱动桥进行拆装并检修。
3. 能够对驱动桥常见故障进行诊断与排除。

< 素养目标 >
1. 形成安全意识和学习意识。
2. 树立标准操作意识。

< 任务拆解 >
子任务 1　差速器轴承的更换
子任务 2　主减速器齿轮啮合间隙的调整

【学习资料准备】

知识点 1：商用车车桥

（1）商用车车桥的总体构造

车桥是汽车底盘行驶系统的重要组成部分，它通过悬架和车架（或承载式车身）相连，两端安装汽车车轮。无动力输出的车桥也称之为车轴。车桥的功用是动力输入后通过加速或减速机构将动力输出。按照国家规定，驱动桥应该使用主减速器盆齿的分度圆直径来命名，数值单位为毫米。车桥编号由四部分组成，如图 3-48 所示。车桥总成类型中后驱动桥编号为 7131、转向前桥编号为 7140、驱动前桥编号为 7141；车桥形式中前桥编号为 1001、双后桥编号为 4001、单后桥编号为 5001、单级单后桥编号为 6001、单级双后桥编号为 7001。例如车桥编号 DH7131400152，意为陕重汽双后桥中的后驱动桥，变型号为 52。

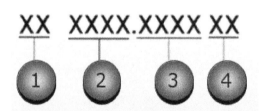

图 3-48　车桥编号
1—企业编号　2—车桥总成类型　3—车桥形式　4—车桥总成变型号

根据悬架结构不同，车桥分整体式和断开式两种，商用车主要采用整体式车桥；根据车桥上车轮的作用不同，车桥分为转向桥、驱动桥、转向驱动桥和支持桥四种，其中转向桥和支持桥都属于从动桥；根据车桥在整车上的相对位置分为前桥、中桥和后桥，中桥和后桥通常为串连式驱动桥，也叫双联驱动桥，它具有承载能力强、通过性好的特点。双联驱动桥按照减速形式不同通常分为单级减速双联桥和双级轮边减速双联桥，如图 3-49 所示。双联驱动桥的后桥和单桥驱动的车辆后桥一致，相比之下中桥结构较为复杂，中桥减速机构俗称过渡箱，里面有过渡齿轮组、主减速器、贯通轴和轴间差速器（也叫桥间差速器）。双联驱动桥的传动原理如图 3-50 所示。

（2）中桥

中桥一般为贯通式，它和后桥一起通过悬架和车架相连，两端安装汽车车轮，和后桥一起承受汽车重量及各种作用力和反力力矩，使左、右驱动车轮的轴向相对位置固定。和后桥不同的是，贯通式中桥不仅有一个输入端，而且有一个输出端贯通轴总成。贯通式中桥的结构组成如图 3-51 所示。贯通式中桥主减速器是两级传动，一般是一对圆柱齿轮和一对锥齿轮，它们的结构及传动如图 3-52 所示，动力传输到传动轴凸缘后，通过输入轴传递给桥间差速器，由桥间差速器再将动力分为两路，一路传递给中桥主动锥齿轮，作为中桥的动力源，一路传递给贯通轴，输入后桥，具体传动路线如图 3-53 所示。

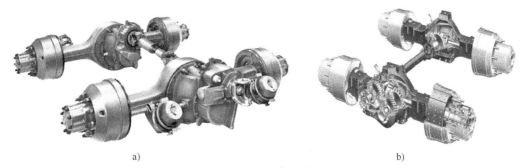

图 3-49 双联驱动桥

a）单级减速 b）双级减速（带轮边减速）

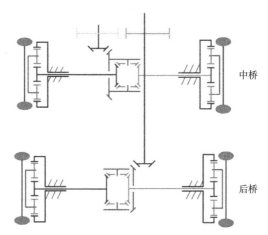

图 3-50 双联驱动桥传动原理图

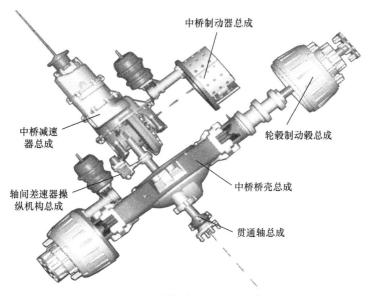

图 3-51 中桥（贯通桥）组成

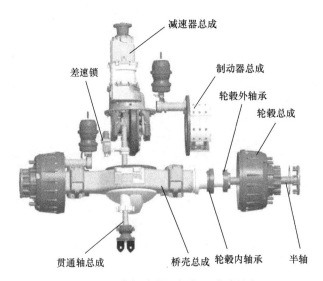

图 3-51 中桥（贯通桥）组成（续）

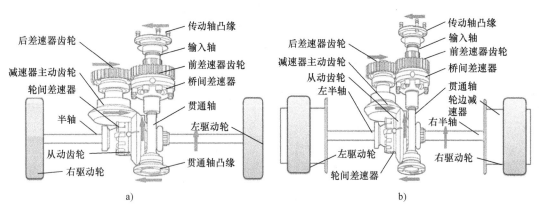

图 3-52 贯通式中桥结构及传动
a）单级减速 b）双级减速

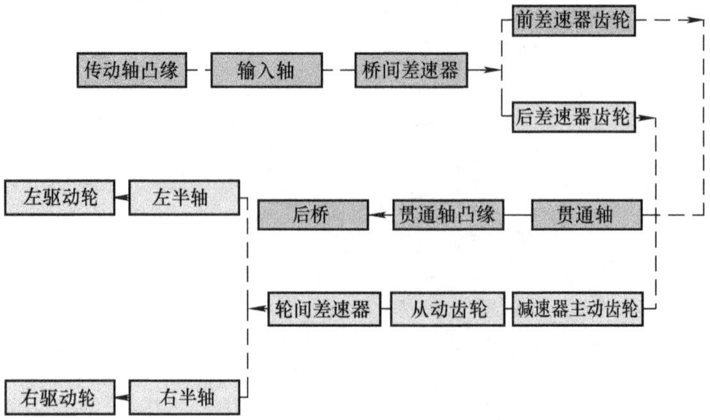

图 3-53 贯通式中桥动力传动路线
a）单级减速

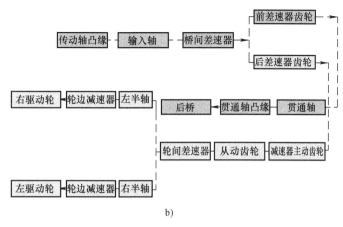

图 3-53 贯通式中桥动力传动路线（续）
b）双级减速

（3）后桥

后桥的组成如图 3-54 所示，内部结构如图 3-55 所示，动力传动路线如图 3-56 所示。

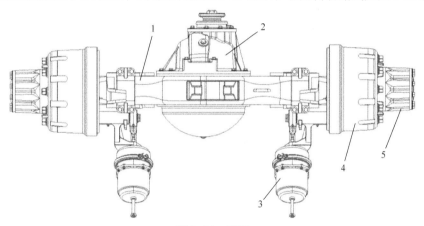

图 3-54 后桥
1—后桥桥壳总成 2—后桥主减速器总成 3—制动器总成 4—制动鼓 5—轮毂总成

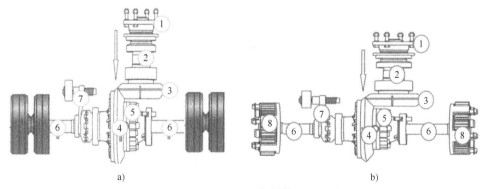

图 3-55 后桥结构
a）单级减速 b）双级减速
1—传动轴凸缘 2—输入轴 3—减速器主动齿轮 4—从动齿轮 5—轮间差速器
6—半轴 7—差速锁 8—轮边减速器

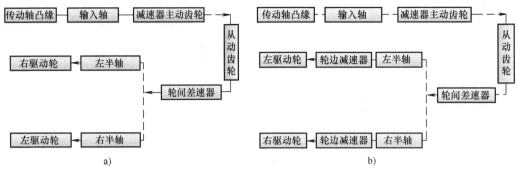

图 3-56 后桥动力传动路线

a) 单级减速　b) 双级减速

（4）车桥的保养

车桥的保养通常分为首次保养、日常保养和定期保养三大类。车桥的首次保养指新出厂车桥在初驶里程 10000km 或 6 个月，必须强制进行以更换主减速器齿轮油、更换轮端齿轮油或润滑脂、拆检轮毂制动鼓总成、检查是否有异常磨损和检查各部位紧固件为主要内容的保养。日常保养主要内容包括车辆运行前检查车轮螺母、油堵是否松动，并加以紧固；车辆运行前检查车桥有无漏油现象；检查车辆制动性能及制动回位情况；检查调整臂、凸轮轴是否卡滞受阻，出现此类情况应及时加注润滑脂，保证转动灵活；每周对调整臂、凸轮轴支座、制动底板润滑脂嘴加注润滑脂（若润滑脂加注不进去，应及时检查，不能继续使用）。定期保养的主要内容包括清除通气塞上的泥土和灰尘；更换主减速器齿轮油、更换轮端齿轮油或润滑脂，检查注油螺塞和放油螺塞，并清洁螺塞吸附的金属屑，将新齿轮油加注至规定液面，各放油孔如图 3-57 所示（注：车桥因轮端旋转的位置不同，1 孔和 4 孔既是放油孔又是加油孔，有的桥还可作为观察孔用；中桥有 2 孔，后桥没有）；给各处润滑脂嘴添加润滑脂；重要螺母防松；调整轮毂轴承预紧力、检查调整制动间隙，要求制动间隙 0.7～1.2mm，检查摩擦片的磨损情况，如图 3-58 所示。

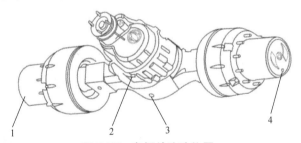

图 3-57 车桥放油孔位置

1、4—轮端放油孔　2—主减速器放油孔　3—桥壳放油孔

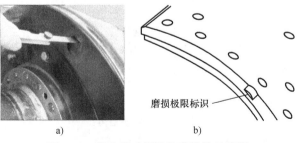

图 3-58 检查制动间隙和摩擦片的磨损

a) 检查制动蹄和制动鼓间隙　b) 检查摩擦片的磨损情况

知识点 2：轮边减速器的检修

轮边减速器是汽车传动系统中最后一级减速增矩装置，采用轮边减速器可满足在总传动比相同的条件下，使变速器、传动轴、主减速器、差速器、半轴等部件具有载荷减少、尺寸变小以及使驱动桥获得较大的离地间隙等优点，因此被广泛应用于载重货车、大型客车、越野汽车及其他一些大型工矿用车。轮边减速器通常采用行星齿轮机构，如图 3-59 所示。太阳轮通过花键与半轴连接，并随半轴转动，齿圈支架与桥壳轴头通过花键啮合，在桥壳上不能转动。行星轮在太阳轮和内齿圈之间，通过滚针轴承和行星轮轴支撑在轮边减速器壳上，轮边减速器壳通过螺栓与轮毂相连，主减速器内差速器的动力从半轴经太阳轮、行星轮、行星轮架传递给轮边减速器壳和轮毂，从而驱动车轮旋转。

图 3-59 轮边减速器

轮边减速器的常见故障通常为轮边漏油和轮边发热（温度 > 90°），造成这些问题的原因和排除方法，见表 3-4。

表 3-4 轮边减速器常见故障的原因及排除方法

常见故障现象	故障原因	故障排除方法
轮边漏油	端盖和轮边减速器壳接合面密封胶失效	重新涂抹密封胶
	端盖和轮边减速器壳接合面螺栓松退或断裂	紧固或更换连接螺栓
	轮毂油封老化或变形	更换合格的油封
	车桥维修作业后，轮毂油封左右装反	调整左右油封
	隔圈严重磨损	更换合格的隔圈
	零件焊缝开裂	补焊或更换桥壳
轮边发热	轮边减速齿轮油的油量加多	按照车桥保养标准，减少齿轮油
	轮边减速齿轮油的油量加少	按照车桥保养标准，增加齿轮油
	轮毂轴承预紧力不当	重新调整轮毂轴承预紧力
	轮毂轴承异常磨损	更换轮毂轴承

知识点 3：主减速器的检修

（1）主减速器的调整

为了确保主减速器的性能，延长车桥的使用寿命，主减速器在检修时和拆装后，均需要对其进行调整作业，具体调整方法如下。

1）调整主、从动锥齿轮的齿侧间隙。首先，拧松主减速器从动齿轮齿顶侧调整螺母，拧紧主减速器从动齿轮齿根侧调整螺母，使从动锥齿轮接近主动锥齿轮，直至齿侧间隙为零，如图 3-60 所示；然后拧松主减速器从动齿轮齿根侧调整螺母，拧紧主减速器从动齿轮齿顶侧调整螺母，使从动锥齿轮远离主动锥齿轮，注意两侧调整螺母的进退角度必须相同。此时借助百分表，在从动锥齿轮大致三等分的位置上测量齿侧间隙，如图 3-61 所示，将主、从动锥齿轮的齿侧间隙调整至维修标准值 0.3～0.4mm。

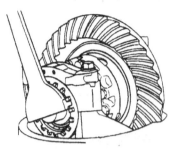

图 3-60　拧动调整螺母

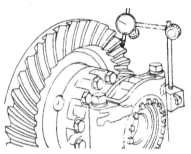

图 3-61　调整齿侧间隙

2）调整预紧负荷。在齿侧间隙调整好后，均匀地拧紧左、右调整螺母来调整预紧负荷，直到预紧负荷满足维修标准要求，一般为 13～15N，如图 3-62 所示。

3）调整主、从动锥齿轮接触印痕。在从动锥齿轮大致三等分的位置上，每处选取连续的两个或三个啮合齿面作为检测齿，均匀地涂抹红丹粉，然后驱动主动锥齿轮，使从动锥齿轮上的每处检测齿均往复转动充分啮合，观察啮合印痕，以此检查齿轮的啮合接触区。如果接触区不合适，需要增减主

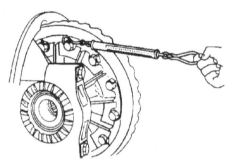

图 3-62　调整预紧负荷

减速器主动锥齿轮轴承座与主减速器壳体之间的调整垫片（初调选装垫片厚度 1.2mm），直到接触区的印痕合适为止，即凸面啮合印痕位于齿长中部偏小端，在齿高方向居中，稍偏齿顶，长度大于齿长的 50%，宽度大于齿高的 55%。如果齿轮啮合印痕不能符合此要求，则按表 3-5 所示的方法重新调整，直至接触区的印痕符合要求为止。注意调整时不能改变轴承的预紧负荷，在检查和调整齿轮接触区后，需要再次确认检查齿侧间隙，但当齿轮啮合印痕与齿侧间隙发生矛盾时，以齿轮啮合印痕为主。若接触区在从动锥齿轮相邻两点有很大的不同，需要更换主、从动锥齿轮直到相同为止。

表 3-5　不同接触区的印痕调整方法

序号	齿轮接触区		调整方法
1		接触区合适	不必调整
2		主、从动锥齿轮太近	侧隙小（松主减速器从动齿轮齿根侧，紧主减速器从动齿轮齿顶侧调整螺母）
3		主、从动锥齿轮太远	侧隙大（松主减速器从动齿轮齿顶侧，紧主减速器从动齿轮齿根侧调整螺母）

（续）

序号	齿轮接触区		调整方法
4		从动锥齿轮接触区太高	主、从动锥齿轮相距太远（减小垫片厚度）
5		从动锥齿轮接触区太低	主、从动锥齿轮相距太近（增加垫片厚度）

（2）主减速器的典型故障

主减速器的常见典型故障通常为主减速器总成漏油、主减速器总成发热（温度 > 120°）和主减速器总成异响，造成这些问题的原因和排除方法，见表3-6。

表3-6 主减速器常见故障的原因及排除方法

常见故障现象	故障原因	故障排除方法
主减速器总成漏油	主减速器与桥壳接合面密封胶失效	重新涂抹密封胶
	主减速器与桥壳接合面螺栓松退	拧紧螺栓，并涂抹密封胶
	主减速器油封损坏	更换主减速器油封
	主减速器凸缘损坏	更换主减速器凸缘
	桥壳裂纹、气孔等	补焊或更换桥壳
主减速器总成发热	主减速器齿轮油加油量过多，热量难以散出	按照车桥标准，减少齿轮油
	主减速器齿轮油加注少，润滑不好	按照车桥标准，增加齿轮油
	主从动锥齿轮轴承预紧力调整不当	重新调整轴承预紧力
主减速器总成异响	车辆拐弯时异响：差速器故障	更换差速器总成
	车辆行驶中持续异响，且响声随车速增大而加大：轴承点蚀、齿轮损伤	更换轴承、齿轮
	车辆加速时，"当当"响：齿轮打齿	更换齿轮
	车辆加速时，"嗡嗡"响：齿轮啮合印记不当	调整啮合印记
	车辆减速、倒档时异响：齿轮背面损伤	更换齿轮
	齿轮质量问题	更换齿轮

知识点4：中桥常见故障及处理方法

（1）桥间差速器烧损

造成桥间差速器烧损的主要原因有两个：一是缺油；二是中桥与后桥速比不对。中桥主减速器与过渡传动箱是采用飞溅润滑，而桥间差速器的位置又最高，因此桥间差速器的润滑条件较差，稍一缺油就会对桥间差速器产生威胁。新车在加油或更换齿轮油时，新油必须由桥间差速器壳上的加油口加注，待油面到中桥过渡箱检查口为止。中桥与后桥速比不对，主要是车桥维修时，存在单独更换中桥或者后桥主、从动锥齿轮的操作，此时若维修人员没有注意原车速比，使中桥或后桥所更换的主、从动锥齿轮速比与原车的不同，就会导致该问题的出现。因此在更换主、从动锥齿轮时必须注意与原车旧的主、从动锥齿轮齿数相同。

（2）桥异响

在发现驱动桥异响时应首先判断是中桥异响还是后桥异响，然后再判断异响的部位。突然产生的明显异响，应特别注意，要立即进行检查。可以用千斤顶将中桥（或后桥）全部顶起，做好必要保险措施后（一般为加装安全凳），起动发动机并挂低速档，使被顶起的桥缓慢地转动，判断异响的部位。中桥异响主要有以下原因：

① 从动锥齿轮固定螺栓松动或脱落，这种异响往往是突然的、无规律的，而且响声较大。
② 齿轮损坏。
③ 轴承散架。
④ 差速锁啮合套窜动。
⑤ 差速器齿轮烧损。
⑥ 轴承点蚀、齿轮磨损拉伤、齿轮间隙过小或者过大、锥齿轮齿面接触部位偏差等。

（3）桥发热
桥发热可能有三个原因：润滑油过多或缺油、轴承预紧力过大。

（4）桥漏油
漏油的原因除了油封本身的问题之外，还有桥壳或过渡箱通气孔堵塞等其他因素。

【工作任务实施】

<任务准备>

1. 任务计划

1）工具设备清单见表 3-7。

表 3-7 工具设备清单

名称	数量	单位
驱动桥实训台架	2	台
工具车	2	辆
工具	2	套
三角木	4	块
五件套	2	套

2）实操预演。

主从动齿轮啮合印痕与啮合间隙检查调整

2. 任务决策

根据差速器轴承磨损松旷需及时更换这一具体任务内容，制订小组任务计划，简要说明任务实施过程的步骤及注意事项，并将项目计划内容填入表 3-8 中，落实子任务的学习目标。（注意：流程步骤小组自行设计表格可以酌情添加或删减）

表 3-8 任务计划表

任务步骤	子任务 1　差速器轴承的更换	子任务 2　主减速器齿轮啮合间隙的调整
前期准备	（着装、工具和设备等）	（资料获取渠道）
步骤 1		
步骤 2		
步骤 3		
步骤 4		
步骤 5		
步骤 6		

工作情境三 检修商用车底盘

<任务实施>

子任务1 差速器轴承的更换

实施步骤	标准/图示	过程记录
前期准备		① 准备工量具 ② 将主减速器总成从桥壳中分离出来，并妥善放置
拆卸安装	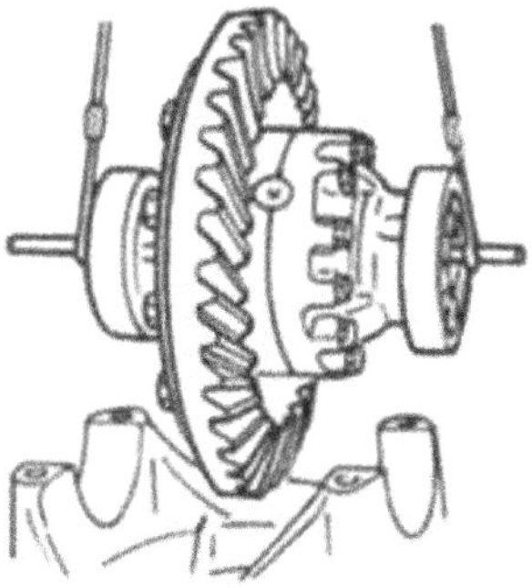 图3-63 拆卸差速器带从动锥齿轮总成 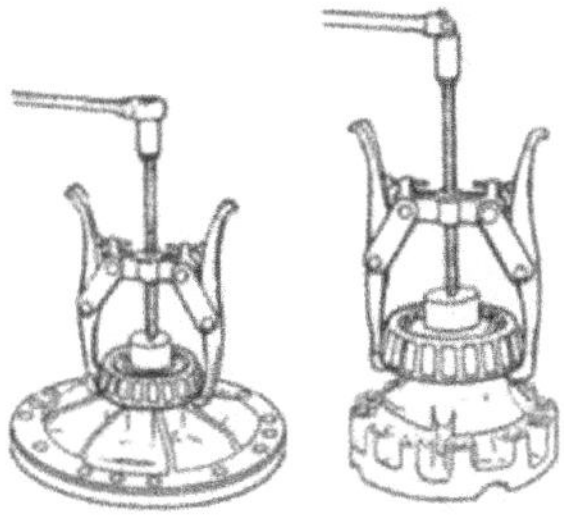 图3-64 拆下差速器轴承  图3-65 安装差速器轴承	① 测量主、从动锥齿轮的齿侧间隙并记录，如图3-61所示 ② 拆卸差速器带从动锥齿轮总成，如图3-63所示 ③ 将差速器固定在台虎钳上，用轴承拉码拆下差速器两侧的轴承，如图3-64所示 ④ 更换差速器轴承，将轴承内圈加热到100～120℃后，将其安装到位，如图3-65所示 ⑤ 按照装配记号，装复差速器带从动锥齿轮总成 ⑥ 按照装配记号，将差速器带从动锥齿轮总成安装到主减速器壳内 ⑦ 按照标准流程进行主减速器的调整
恢复整理		① 将主减速器总成安装到桥壳内，紧固连接螺栓 ② 加注后桥齿轮油 ③ 清洁整理

子任务 2　主减速器齿轮啮合间隙的调整

实施步骤	标准/图示	过程记录
前期准备		① 准备调整用工量具 ② 将主减速器总成从桥壳中分离出来,并安装固定到操作台上
检测调整	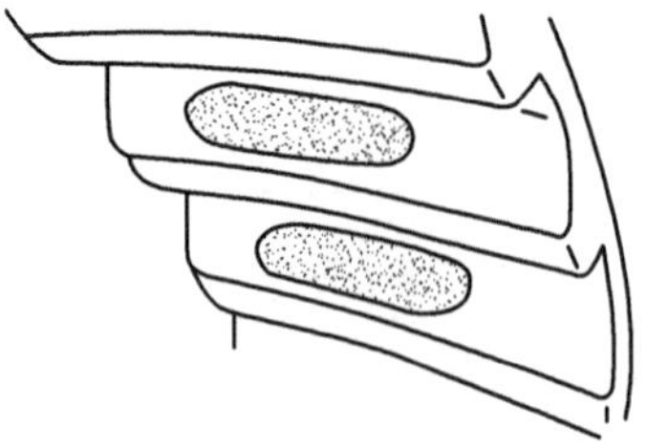 图3-66　从动锥齿轮正确啮合印痕	① 在从动锥齿轮大致三等分的位置上选取三处检测齿(每处为相邻的两个或三个齿),均匀地涂抹红丹粉 ② 驱动主动锥齿轮,使从动锥齿轮上的每处检测齿均往复转动充分啮合,观察啮合印痕 ③ 如果接触区不合适,需要增减轴承座与减速器壳之间的调整垫片,如果齿轮啮合印痕仍不符合要求,按表3-5所示的方法重新调整,直到接触区合适为止,如图3-66所示
恢复整理		清洁整理

【工作小结与思考】

1. 本节重点学习了驱动桥的结构及各部件功用。
2. 本节重点掌握驱动桥常见故障分析及处理方法。
3. 在工作任务实施前,需要将橡胶垫铺在工作区域的地面上;必须使用专用工具,不得使用非标准工具或用硬质锤直接敲击;严格按照技术要求及装配标记进行装合,防止破坏装配精度,如差速器及盖、调整垫片、传动轴等部位;行星轮止推垫片不得随意更换;驱动桥为大质量部件,需小心操作,必要时用吊装,切记勿站在吊装底下。
4. 整个任务实施过程的步骤和注意事项,充分体现了安全和标准意识。

任务3　检修气压制动系统

【任务导入】

作为一名商用车售后服务人员,能够快速、正确地对商用车气压制动系统开展相应的维护维修作业,是专业基本技能的具体体现,因此加强对商用车气压制动系统相关知识的了解和掌握变得尤为必要。为了更好地做到安全规范地开展商用车气压制动系统检修作业,掌握商用车气压制动系统维护维修作业时的注意事项,请你为新入职的同事介绍商用车气压制动系统的检修知识。

【工作内容分析】

<认知目标>

1. 熟悉气压制动系统的结构组成。
2. 了解气压制动系统的布置和工作原理。

工作情境三
检修商用车底盘

<能力目标>

1. 能够在实训车辆上指出气压制动系统各部件，并描述其作用。
2. 能够正确选用工量具，规范地对气压制动系统进行拆装与检修。
3. 能够对气压制动系统常见故障进行诊断与排除。

<素养目标>

1. 养成严谨的工作作风。
2. 树立标准操作意识和安全意识。
3. 具备分析问题、解决问题的能力。

<任务拆解>

子任务1　前制动气路连接
子任务2　后制动气路连接

【学习资料准备】

知识点1：商用车气压制动系统的组成及定义

汽车在遵守交通法规，保证行驶安全的前提下，应尽可能地提高行驶速度，以提高运输生产率，同时还应视需要减速和停车。因此，汽车上必须设有用来强制汽车减速和停车以及能确保车辆在坡道上停放的可靠装置，即汽车制动系统。对于商用车来说，其制动系统通常为气压制动系统，该系统又分为四个子系统，即：

（1）行车制动系统

行车制动系统用以使行驶中的汽车降低速度甚至停车。

（2）驻车制动系统

驻车制动系统用以使已停驶的汽车驻留原地不动。

（3）应急制动系统

应急制动系统应能在行车制动系统失效的情况下，保证汽车仍能实现减速或停车。

（4）辅助制动系统

在行车过程中，辅助制动系统应能辅助行车制动系统降低车速或保持车速稳定，但不能将车辆紧急制停。

知识点2：气压制动系统部件介绍

气压制动系统通常由空气压缩机、储气筒、调压阀、干燥器和多回路压力保护阀等供能装置，制动阀、快放阀、继动阀、手动阀、差动阀和挂车阀等控制装置，以及制动器和管路等组成。下面就相关部件做一介绍。

（1）储气筒

储气筒用来储存空气压缩机压缩的气体，是汽车制动系统中的储能装置，如图3-67所示。商用车储气筒常见容积为5L、10L、20L、30L、40L、50L、60L、70L和80L等不同规格。储气筒的数量通常为3个、4个或5个。

1）储气筒具体功用。

① 蓄能。商用车上用气的地方很多，小到气喇叭，大到制动器等，如果没有储气筒，单凭空气压缩机（空压机）泵出的气量，远远不够。这时就需要先将空压机泵出的空气存储在储气筒中，等待关键时刻使用。就如同山涧的小溪，不足以带动发电机组，而经过水库的积

攒之后，才能推动。

图 3-67 储气筒
1—出气口 2—堵头 3—进气口 4—储气筒罐体 5—排水阀

② 过滤。我们都知道，空气中含有大量的灰尘和水分子，还有因空压机故障泵入的机油，如果进入车辆的气路中，久而久之，容易损坏车辆零部件，给行车安全带来一定的隐患。经空压机泵入的空气会在储气筒做短暂的停留，由于空气中的水分子和灰尘、机油的密度要大于空气，所以会落到储气筒的下部，这时储气筒又起到了过滤的作用。

③ 稳压。空气经空压机泵入车辆气路中时，由于空压机活塞的上下运动，使得流入车辆气路中的压缩空气极不稳定。储气筒如同水库一般，先让流入的不稳定空气经过停留，再通过出口流出稳压后的压缩空气。

④ 降温。外界的空气被吸入空压机压缩，体积变小的同时温度也会升高。温度高了其密度会变小，使得存储的空气质量变少；空气中携带的水分因为温度的关系也不容易沉淀。所以必须对进入车辆气路中的空气先进行降温。而这个降温过程是在两个部分实现的，一个是螺旋管，另外一个就是储气筒。

2）储气筒的分类。

① 储气筒按照材质可分为铝合金储气筒和铁质储气筒。

② 储气筒按独立空间可分为一个储气筒有一个独立空间的整体式和一个储气筒有两个或多个独立空间的分开式，如图 3-68 所示。

图 3-68 储气筒按独立空间分
a）单腔储气筒 b）双腔储气筒

③ 储气筒按用途分，除了用作制动气源的储气筒，还有用于包括辅助变速器换档、离合器助力以及操控排气制动、空气悬浮座椅和气喇叭等功能的储气筒，以及用于使干燥器内的

干燥物质再生活化的"再生储气筒",如图 3-69 所示。

图 3-69 再生储气筒

(2)阀类部件

气压制动系统中有各种功用的阀来实现制动功能,这些阀类部件均有一个共同特征,即各管路连接口上均会有表示该管路接口功用的数字符号,数字符号的具体含义为:1 表示进气口(应有气);2 表示出气口(采取动作后应有气),若为双数则代表该功能的口有若干个,此为其中一个(如 21 为第一个出气口);4 表示控制口(采取动作后应有气),若为双数则代表该功能的口有若干个,此为其中一个(如 41 为第一个控制口);3 表示排气口(该数字通常不标)。下面介绍各阀类部件。

1)调压阀。调压阀也叫卸载阀,如图 3-70 所示。其作用是使储气筒保持在规定的气压范围内,并在超过规定气压后,实现空压机的卸荷空转,以减小发动机的功率消耗,延长空压机寿命。另可向外取气。调压阀通常与干燥器和四回路保护阀集成为一个总成,称为空气处理单元(APU),如图 3-71 所示。

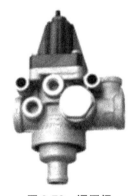

图 3-70 调压阀

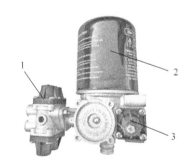

图 3-71 空气处理单元
1—四回路保护阀 2—空气干燥器 3—调压阀

调压阀工作原理如图 3-72 所示。

A 腔的压缩空气(高压)通过进气口 d 流入 B 腔并流向 2 口(低压)。同时,活塞 e 被施加压力,但仍因弹簧 f 的压力作用而保持在其初始的位置,即最高位置。当 B 腔的气压达到设定的限制值时,活塞 e 克服弹簧 f 的弹力向下运动。阀 a 和 c 关闭了进气口 b 和 d。当 B 腔的气压上升并超过设定值时,活塞 e 继续向下移动,打开出气口 h。压缩空气经活塞 e 上的中央孔和排气孔 3 排向大气。再次达到设定的气压值后,出气口 h 再次关闭。当低压一端出现漏气时,由于压力的下降,活塞 e 会升起阀 a。进气口 b 开启,相应的压缩空气会补偿进来。

2)空气干燥器。

空气干燥器的作用是过滤压缩空气中的水分、机油和杂质,减少管路腐蚀,提高制动系统安全性。在寒冷地区的冬季,存留在气路中的水分会进一步冻结成冰,破坏阀的正常工作，甚至使制动操纵失效，故空气干燥器通常设有防冻加热功能。空气干燥器利用分子筛作为干燥剂，采用与卸载阀一体的整体式结构，巧妙利用卸载阀排气的动作过程，使再生储气筒中的压缩空气反向通过干燥筒，将干燥剂表面吸收的水分和油污排入大气，实现了分子筛的再生活化，能长期有效地吸收空气中的水分。空气干燥器的工作原理如图3-73所示。

① 在充气过程中，来自空压机的压缩空气经1口进入A腔。因温度降低产生的冷凝水在这里聚集，经通道C聚集出口e处。经过安装在干燥筒中的精密滤网g、环道h，压缩空气到达干燥筒b上部，这个过程中，空气将进一步冷却，水蒸气进一步凝结。当通过颗粒状滤网时，水被吸附在粒状干燥剂表面及颗粒缝隙间。干燥后的空气经单向阀c和21口抵达储气筒。同时，干燥后的空气也经截流口和22口到达再生储气筒。同时压缩空气通过通孔I到达D腔，作用在膜片m上。

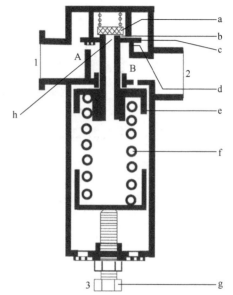

图3-72 调压阀工作原理

1—高压进气口 2—低压出气口 3—排气口
A—调压前气腔 B—调压前气腔
a、c—阀 b、d—进气口 e—活塞
f—弹簧 g—调整螺栓

② 当达到切断压力后，克服弹簧力，进气阀口n打开，活塞d受到压力的作用，打开排气阀口e，来自A腔的空气凝结物及杂质经排气口C和出口e排出。活塞d还有压力释放阀的作用，在任何压力过高的情况下，活塞d将自动打开排气阀口e。如果由于空气消耗，系统中的供气压力下降到它的关闭压力，进气阀口n关闭，B腔压力下降，排气阀口e关闭。干燥过程将再一次开始。为了保证在寒冷地区排气阀门的正常工作，可安装一个加热器，在温度低于6 ℃时，加热器就接通，温度达到大约30 ℃时，就断开。

3）四回路保护阀。四回路保护阀如图3-74所示。其作用是保证储气筒间的隔离，安装在储气筒后。在行驶过程中，该阀所连接的任一回路损坏漏气时，其他回路中的压力首先下降到安全压力之下，然后未失效的回路中的压力回到安全压力之上。最低安全压力为670kPa。

四回路保护阀工作原理如图3-75所示。

① 充气过程。来自调压阀的压缩空气通过端口1流入腔室a和b，由于阀s、g关闭，因此腔室a和b压力逐渐增加。

当压力增加到一定程度，弹簧e被压回，阀g打开，回路22中充气，同时压缩空气打开单向阀l，腔室c、d产生压力，直至达到23、24的

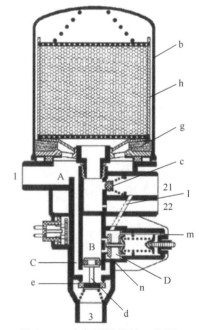

图3-73 空气干燥器的工作原理

1—进口 21、22—出气口 3、C—排气口
A、B、D—气体腔室 I—通孔 b—干燥筒
c—单向阀 d—活塞 e—排气阀口 g—滤网
h—环道 m—膜片 n—进气阀口

压力设定值。例如，阀 p 打开，就提高了回路 23 中的压力。而腔室 c 中的压力达到一定程度时，阀 k 打开，24 回路即达到设定压力。

图 3-74 四回路保护阀

当空压机过来的空气持续给 22、23、24 充气，阀 s 打开时，回路 21 同样被充气，单向阀 o 打开。这样，每条回路都被充气，直到达到最大压力，四条回路中的压差分别由 a、b、c、d 四个腔室的弹簧决定。23、24 回路的回流到 21、22 回路，分别被单向阀 l、o 阻止。

② 21 回路损坏时。如果回路 21 损坏，由于弹簧 u 的压力，阀 s 关闭，这样导致回路 22 降到它的开启压力。在这种情况下，23、24 回路由于单向阀 l、o 关闭而将不受影响。由于 21 回路的压力下降，空压机将持续工作，给回路 22 供气，压力大小为回路 21 的开启压力。如果端口 1 的压力超过 s 弹簧给的压力，高压空气将从 21 回路排到空气中去。这样就保证回路 22 持续接收到空压机的空气。

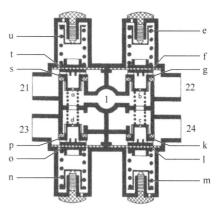

图 3-75 四回路保护阀工作原理
1—进气口　21、22、23、24—出气口
a、b、c、d—气体腔室　e、u、m、n—弹簧
s、g、p、k—阀　f、l、o、t—单向阀

当 23、24 回路的辅助用气被消耗时，腔室 c、d 中的压力下降，低于 23、24 回路的开启压力。当腔室 c、d 压力低与 1 口压力时，单向阀 l 打开，给辅助用气充气，直到达到 21 回路的开启压力。

若空压机停止充气，21 回路持续漏气，23 回路的高压空气则通过一节流孔缓慢回流至 21 回路，直至 23 回路压力与 21 回路相同。

4）串联制动阀。串联制动阀如图 3-76 所示。其作用是控制储气筒进入各车轮制动气室和挂车控制阀的压缩空气量。它能起随动作用并能保证有足够的踏板感。串联制动阀用于行车制动，在双管路制动系统的制动过程和释放过程中实现灵敏的随动控制。

串联制动阀工作原理如图 3-77 所示。

① 制动过程：踩制动踏板→橡胶弹簧 b→活塞 c→排气阀 d 关闭→输出阀 j 开，11 口→A 腔→21 口→B 腔→活塞 f 下行→输出阀 h 关→输入阀 g 开→12 口→C 腔→22 口。

② 平衡过程：A 腔中压力作用在活塞 c 的底面上，活塞克服橡胶弹簧 b 的力向上运动，直到活塞的上下表面达到力平衡为止，在此位置上，输入阀和输出阀同时关闭，达到一平衡位置。以相同方式，C 腔中上升的压力使活塞 f 重新向上运动，直到在此又达到新的平衡位置为止。此时输入输出阀门同时关闭。

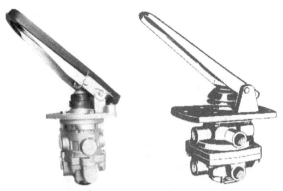

图 3-76 串联制动阀

串联制动阀常见故障及排除方法：

① 通气即漏。新阀出现该现象的主要原因是管路接错或接头漏气；旧阀出现该现象的主要原因是密封元件损坏。排除方法为：按管路图连接导气管；检查接头是否拧紧或损坏；更换密封元件。

② 制动太快或太慢。主要原因是上活塞中的橡胶弹簧损坏。排除方法为：更换橡胶弹簧。

③ 排气太慢。主要原因是密封元件与其配合元件摩擦力太大或排气口有杂物。排除方法为：在配合元件的表面涂抹润滑脂；选择合理的密封元件；检查排气口。

5）感载阀。感载阀也称作自动载荷感应阀，它是一种压力调节阀，如图 3-78 所示，通常安装在后驱动桥上。它可随着车轴负荷的变化，自动地调节后桥制动器的制动气压，使其制动力的大小尽量与轮胎和地面之间的附着情况相适应，以保障汽车在各种载荷、各种减速度情况下制动的稳定性。另外，它还具有继动阀的功能，即对制动气室进行快速的充排气。

感载阀安装在汽车车架上，通过摆杆 j 及弹性臂与车桥相连。感载阀工作原理如图 3-79 所示。

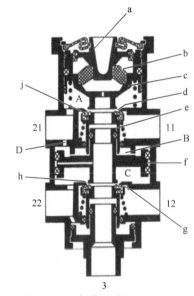

图 3-77 串联制动阀工作原理

11、12—进气口　21、22—出气口
A、B、C—空气腔室　D—孔
a—制动推杆顶位　b—橡胶弹簧　c、f—活塞
d—排气阀　e、g—输入阀　h、j—输出阀

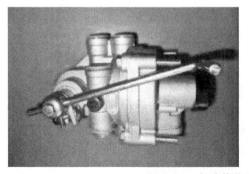 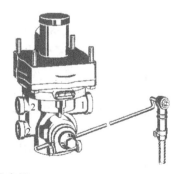

图 3-78 自动载荷感应阀

空载时，车桥与阀的距离最大，摆杆 j 处于最低位置。随着对应桥载荷的增加，此距离缩小，摆杆 j 从空载向满载位置方向移动，受摆杆 j 控制的凸轮 i，使挺杆 g 上升到相应的负载位置。若摆杆 j 或弹性臂断裂时，凸轮 i 自动回位，使挺杆 g 处于某个特定位置，从而决定了阀在汽车半载或满载位置的功能。

来自串联式双腔制动阀上腔的压缩空气从 4 口流入 A 腔，并作用于活塞 b 上使其下移，关闭排气阀 d，打开进气阀 c，压缩空气进入膜片 e 下方的 C 腔，加载于继动活塞 f 上。同时，A 腔的压缩空气经阀 a 由通道 E 进入 D 腔，并作用于膜片 e 的上面。正是由于这种预先调节，在低控制压力下的部分载荷范围内的感载比得以提高。当压力再增大时，活塞 n 将克服弹簧 o 的弹簧力向上运动，关闭阀 a。由于在 C 腔中建立了压力，继动活塞 f 向下运动，排气阀 h 关闭，进气阀 k 打开。1 口中的压缩空气经 B 腔到达 2 口，进入汽车的弹簧制动气室的膜片腔。同时 B 腔空气作用在继动活塞 f 上，当 B 腔压力大

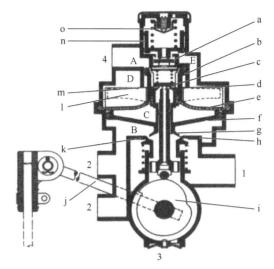

图 3-79 载荷阀工作原理
1—进气口　2—出气口　3—排气口　4—控制气口
A、B、C、D、E—空气腔室
a、m—阀门　b、f、l、n—活塞　c、k—进气阀
d、h—排气阀　e—膜片　g—挺杆
i—凸轮　j—摆杆　o—弹簧

于 C 腔压力时，继动活塞 f 向上移动，进、排气阀 k、h 都关闭，弹簧制动气室中得到一恒定的气压值。

2 口输出压力的调节，取决于挺杆 g 的位置，挺杆 g 直接由凸轮 i 及摆杆 j 所控制。在带扇形片的活塞 l 初始工作时，需运动一段与挺杆 g 的位置相应的行程。这个行程使膜片 e 的有效气压面积发生改变。满载时，挺杆 g 处于最高位置，4 口控制压力与 2 口输出压力之比为 1∶1；空载时，挺杆 g 处于最低位置，4 口控制压力与 2 口输出压力之比为 8∶1。

具体气路如下所示：

① 4 口→A 腔→b 上面→b 向下→d 关闭→m 打开→C 腔→加载于 f 的有效面积。

② A 腔→a→E 腔→D 腔→e 上面（80kPa 内感载比得以提高）。

③ C 腔压力→f 向下移动→h 关闭→k 开启→1 口→k→B 腔→f 底面→当 B 腔大于 C 腔时→f 向上→k 关闭。

④ 当活塞 b 向下运动时，膜片 e 靠在扇形活塞片上，当 C 腔中作用在膜片底面的力等于活塞上的作用力时，则活塞马上向上运动，进气阀关闭，达到一平衡位置。

⑤ 阀门挺杆 g 的位置决定制动力的大小，带扇形片 e 的活塞 l 在初始工作时，需运动一段与挺杆 g 的位置相应的行程。这个行程使膜片 e 的有效气压面积发生改变，满载时 4 口压力与 2 口压力之比为 1∶1，空载时为 8∶1。

6）快放阀。快放阀如图 3-80 所示。其作用是将制动气室中的压缩空气快速排入大气，以便迅速解除制动。

快放阀工作原理如图 3-81 所示。

图 3-80 快放阀

不工作时，气路中没有压力，阀片 a 在本身弹力的作用下，使进气口和排气口处于关闭状态。

制动时，气压从进气口 1 进入，将阀片 a 紧压在排气口上，同时打开进气口，经 A 腔从出气口 2 向制动气室供气。

解除制动时，1 口压力下降，阀片 a 在气室压力作用下，关闭进气口，打开排气口。气室气压从 2 口进入排气口 3 排入大气。

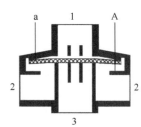

图 3-81 快放阀工作原理

1—进气口　2—出气口　3—排气口
A—空气腔室　a—阀片

7）继动阀。继动阀如图 3-82 所示。储气筒和制动气室二者一般是通过制动阀用管路连接的，这样，储气筒向制动气室充气以及制动气室内压缩空气排入大气，都必须迂回流经制动阀。在储气筒、制动气室和制动阀相距较远的情况下，这种迂回充气和排气将导致制动和解除制动的滞后时间过长，不利于汽车的及时制动和制动过后的及时加速。

图 3-82 继动阀

继动阀的工作原理如图 3-83 所示。

行车制动时：制动阀的气压经 4 口进入，推动活塞向下移动，关闭排气阀门，同时打开进气阀门。使来自 1 口的气压由 2 口到达制动气室。

解除制动时，4 口压力排空，在弹簧和气体压力的作用下，活塞上行。此时进气阀门关闭，同时排气阀门被打开，制动气室的气压从 3 口排出。

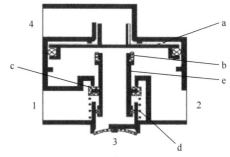

图 3-83 继动阀的工作原理

1—进气口　2—出气口　3—排气口　4—控制气口
a—活塞　b—输出阀　c—输入阀　d—弹簧　e—阀体

8）手制动阀。手制动阀是一个手操纵的制动阀，如图 3-84 所示。它用作停车制动和紧急制动的操纵。制动的动作可以通过排气的方式实现。手制动阀的内部结构如图 3-85 所示。

手制动阀的工作原理为：当手柄在行车位置（0°~10°）时，手柄上凸轮与柱塞处在最高点，使进气阀门全开，排气阀门关闭，气压从 1 口进入，从 21 口和 22 口输出，通向弹簧式制动气室的弹簧腔，完全解除制动。紧急制动操作：当手柄转到（10°~55°）范围内时，在阀内平衡弹簧和

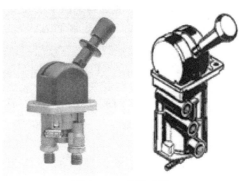

图 3-84 手制动阀

平衡活塞的作用下，进、排气阀门同时关闭，输出气压随手柄转角的增加而按比例下降，逐步到零，而弹簧制动气室里的制动力却逐步增加而达到最大，这就保证了一个可控制（调节）的制动作用。停车制动操纵：当手柄从紧急制动止推位置继续向右转动时，手柄可以被锁住，21口输出气压保持为零。当手柄达到检查位置时，附加阀门进气阀打开，22口输出全气压，此时，牵引车处于全制动状态，挂车处于完全解除制动状态。此时汽车列车只依靠牵引车进行停车制动。这时可检查汽车列车是否可以在牵引车的停车制动作用下具有停坡能力，放松手柄时，又自动回到停车制动锁止位置。

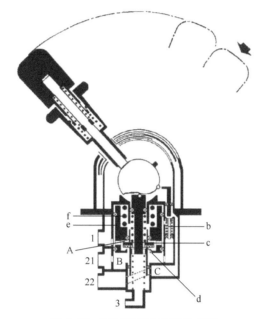

图 3-85　手制动阀内部结构简图

1—进气口　21、22—出气口　3—排气口　A、B、C—气体腔室
b—检测阀　c—阀　d—出气口　e—活塞　f—弹簧

9）双通单向阀。双通单向阀如图 3-86 所示。该总成装于制动管路中，其作用是两个气源交替向一个气源充气，或者两个不同的操纵元件，交替操纵一个气压元件。

双通单向阀的工作原理如图 3-87 所示。当气压从进气口 11 进入时，活塞 a 将进气口 12 关闭，气压从出气口 2 输出。当气压从 12 口进入时，活塞 a 被气压推向左面，将 11 口关闭，气压从 2 口输出。

图 3-86　双通单向阀

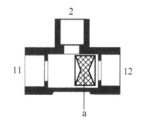

图 3-87　双通单向阀工作原理

11、12—进气口　2—出气口　a—活塞

10）差动式继动阀。差动式继动阀如图 3-88 所示。其作用是防止行车及停车制动系统同时操作时，组合式弹簧制动缸及制动室（弹簧制动气室）中力的重叠，从而避免机械传递元件超负荷，使弹簧制动缸迅速充、排气。

图 3-88　差动式继动阀

差动式继动阀工作原理如图 3-89 所示。

行车状态下：手制动阀经 42 口不断向 A 腔供气。活塞 a 及活塞 b 受压向下，关闭排气阀门 e，并推动阀杆 c 向下，打开进气阀门 d，从储气筒来的压缩空气通过 1 口经 2 口输出，从而为与 2 口相连的弹簧制动室提供压缩空气，弹簧制动得以解除。

手制动阀制动时：A 腔排空，活塞 b 受 C 腔的气压上移，同时阀杆 c 在弹簧作用下上升，从而使排气阀门 e 打开，进气阀门 d 关闭。此时，制动室后腔与排气口 3 相通，压缩气体从制动室后腔排出，从而实现制动。

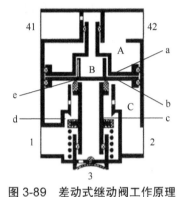

图 3-89　差动式继动阀工作原理
1—进气口　2—出气口　3—排气口
41、42—控制气口
A、B、C—气体腔室
a、b—活塞　c—阀杆　d—进气阀　e—排气阀

行车制动时：从行车制动阀来的气体经 41 口到达 B 腔，作用在活塞 a 和活塞 b 上，此时活塞 a 和活塞 b 在 A、B、C 腔气压作用和反作用下，基本上处于不动。因此 B 腔的气压对此阀工作无影响。压缩气体继续流向制动室后腔，因此后腔无制动作，而另外管路向制动室前腔提供压缩气体，从而使车辆制动。

行车制动和手制动阀制动同时进行时：和 2 口相连的 C 腔排空，A 腔排空，而 B 腔由于压缩气体的进入，使活塞 b 下移，推动阀杆 c 向下，关闭排气阀门 e，同时打开进气阀门 d，这样来自 1 口的压缩气体经 2 口输送到制动室中，从而解除制动室后腔制动。这样避免了两种制动的重叠作用。

11）挂车阀。挂车阀如图 3-90 所示。挂车阀装在牵引车上，用以操纵半挂车和主车同步制动。挂车阀（++-）符号表示阀上有三个控制口："+"是输出气压随输入气压的增加而增加，用于挂车主制动操纵；"-"是输出气压随输入气压的减少而增加，用于牵引车使用弹簧制动气室的挂车手制动（驻车制动或紧急制动）操纵。挂车阀的作用是使挂车和主车同步制动或制动略早于主车，按照工作原理不同可分为挂车断气制动和挂车充气制动两种类型。

图 3-90　挂车阀

挂车阀工作原理如图 3-91 所示。

前桥制动回路：41 口→A 腔→活塞 a →排气阀门 c 关闭→进气阀门 h 开→2 口输出。2 口气压与 41 口成正比例。

后桥制动回路：42 口→E 腔→膜片 e →排气阀门 c 关闭→进气阀门 h 开启→2 口输出。

当操纵手制动阀时，D 腔压力从 43 口经手制动阀排入大气，C 腔气压高于 D 腔，使活塞 g 上升，打开进气阀门 h，C 腔气压进入 B 腔，控制挂车制动。B 腔气压随 D 腔气压的下降成正比上升。

当解除制动时，41 口和 42 口气压下降，而 43 口气压上升→进气阀门 h 关闭→排气阀门 c 打开→2 口→B 腔→3 口→大气。

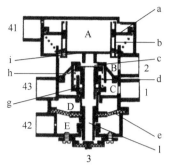

图 3-91 挂车阀工作原理
1—进气口 2—出气口 3—排气口
41、42、43—控制气口
A、B、C、D、E—气体腔室
a、g、i—活塞 b、d—阀套 c—排气阀
e—膜片 h—进气阀 l—阀杆

12）排气制动阀。排气制动阀如图 3-92 所示，作用是在汽车下坡需要辅助制动时，将该阀门打开，增大发动机排气阻力，以降低发动机转速，从而降低汽车运行速度，缓解制动蹄片的磨损，延长制动蹄片的使用寿命。有些车型的排气制动采用的是与行车制动同时起作用的连动装置，即驾驶人踩下制动踏板时，压缩空气通过行车制动阀传输到前、后桥制动气室，产生车轮制动力使车辆减速或停止。在踩下制动踏板的同时，排气制动电磁阀动作，压缩空气从辅助储气筒经过排气制动电磁阀到排气制动阀，关闭发动机排气管口，使车辆减速或停止。

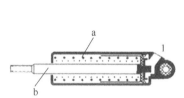 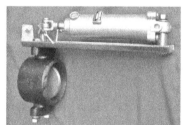

图 3-92 排气制动阀
1—进气口 a—弹簧 b—推杆

（3）制动气室

制动气室如图 3-93 所示。它将输入的压缩空气的压力转化为转动制动凸轮的机械推力，使车轮产生制动力矩。它是汽车气制动系统中的执行元件，也是汽车上的重要安保件。后制动气室为弹簧储能式，它可以实现行车制动和驻车制动两种功能，且在空气压缩机、管路、储气筒和制动阀等任何一个部件出现故障失灵时，起到制动作用。弹簧储能式制动气室的工作过程如图 3-94 所示。

图 3-93 制动气室
a）前制动气室 b）后制动气室（弹簧储能气室）

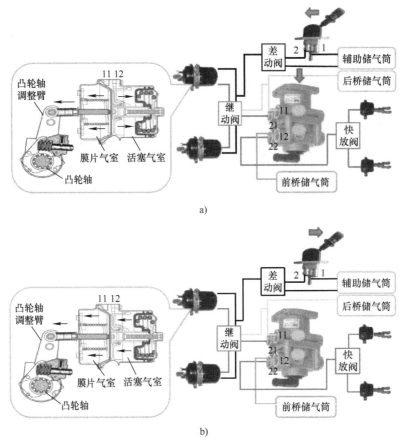

图 3-94 弹簧储能式制动气室工作过程
a）行车制动　b）驻车制动

行车制动状态：来自手控制阀回路的压缩空气进入活塞气室，推动活塞向后移动使弹簧被压缩，驻车制动解除。来自制动阀的压缩空气进入膜片气室，使膜片拱曲压缩弹簧使推杆前移，制动调整臂和制动凸轮转动，制动蹄张开实现制动。

驻车制动状态：压缩空气切断，活塞在储能弹簧推动下向前移动，膜片拱曲压缩弹簧推杆前移，调整臂和凸轮转动，制动蹄张开实现制动。

（4）管路

气压制动系统中连接各种控制阀的管路称作制动管路，如图3-95所示。根据国标要求，制动管路上须配有标识，从一个标识的尾端到另一个标识的首端的间隔应小于152mm，应以印刷体大写英文字母或数字表示标识内容，字体高度应大于3.2mm。标识中"PA11"表示管路材质为尼龙，"φ10×1.25"表示软管的公称直径和管路壁厚，"GB16897"为国标标准号，字母"A"表示指定用于气压制动系统，"20230421"表示制造日期。

图 3-95 制动管路

通常将商用车制动系统中各元器件之间的连接管路划分为供能管路、促动管路、操纵管路和辅助管路四类。供能管路指供能装置各组成件之间和供能装置与控制装置之间的连接管路，如空气压缩机至储气筒之间的连接管路、储气筒至制动阀的连接管路，一般选用 10～14mm 管路。促动管路指控制装置与制动器促动装置之间的连接管路，如继动阀至制动气室之间的连接管路，一般选用 10～14mm 管路。操纵管路指一个控制装置与另一个控制装置之间的连接管路，如手控阀至差动阀之间的连接管路，一般选用 10～12mm 管路。辅助管路指管组与车辆辅助元器件之间的连接管路，如管组至排气制动、气喇叭和空气悬架等元件的连接管路，一般选用 3～6mm 管路。

为了防止制动管路在装配过程中接错，可以对制动管路设置色标，如图 3-96 所示。目前各汽车生产厂家对色标的管理均采用内部规定。常见中重型商用车制动管路的色标见表 3-9 和表 3-10。

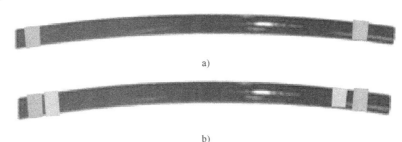

图 3-96 制动管路色标

a）单色色标　b）双色色标

表 3-9　中型商用车（两轴）制动管路色标

序号	制动管路（尼龙管）走向	色标
1	后储气筒接制动总阀 11 口	紫 + 红
2	制动总阀 21 口接继动阀	紫 + 蓝
3	前储气筒接制动总阀 12 口	黄 + 红
4	制动总阀 22 口接快放阀	黄 + 蓝
5	后储气筒接继动阀	紫 + 白
6	辅助储气筒接管组	蓝 + 红
7	管组接手控阀 11 口	蓝 + 红
8	手控阀 21 口接差动阀	蓝 + 蓝
9	管组接差动阀	蓝 + 白
10	管组接气喇叭	白 + 粉红
11	管组接电磁阀	白
12	管组接助力器	白 + 天蓝
13	干燥器接辅助储气筒	蓝 + 绿

表 3-10　重型商用车（四轴）制动管路色标

序号	制动管路（尼龙管）走向	色标
1	前继动阀接行车制动阀 12 口	黄 + 红
2	制动阀 22 口接前继动阀	黄 + 紫
3	二桥三通接前桥弯通	黄 + 蓝
4	干燥器接后储气筒三通	紫 + 紫
5	后储气筒三通接行车制动阀 11 口	紫 + 红

（续）

序号	制动管路（尼龙管）走向	色标
6	后储气筒三通接后继动阀	紫+白
7	制动阀21口接后继动阀	紫+蓝
8	后继动阀接差动阀	紫+橙
9	干燥器接辅助储气筒	蓝+绿
10	辅助储气筒接管组	黄+红
11	管组接手控阀1口	蓝+红
12	管组接差动阀	蓝+白
13	手控阀2口接差动阀	蓝+蓝
14	管组接排气制动电磁阀	白+绿
15	管组接气喇叭	白+粉红
16	管组接变速器	白+天蓝

目前商用车使用的气管接头均为快插式，如图3-97所示。管路在拆卸时需要专用拆卸工具即取管器，如图3-98所示，按照气管管径的不同，常见取管器规格有6mm、8mm、10mm、12mm、14mm和16mm等几种。取管器的使用方法因快插式气管接头的不同而不同，具体使用方法如图3-99所示。

图3-97 快插式气管接头

a）老款 b）新款

图3-98 快插式气管接头拆装专用工具——取管器

图 3-99 取管器的使用方法

a）老款快插接头管路拆装 b）新款快插接头管路拆装

知识点 3：现代商用车典型气压制动系统布置

尽管国内商用车品种繁多，但就气压制动系统布置而言，归纳起来主要有以轻型车为代表的二轴（一根转向桥、一根驱动桥）布置方式、以重型牵引车为代表的三轴（一根转向桥、两根驱动桥）布置方式、以重型公路运输车为代表的三轴（两根转向桥、一根驱动桥）布置方式和以重型工程车为代表的四轴（两根转向桥、两根驱动桥）布置方式四种典型布置方式。代表车型如图 3-100 所示。典型气压制动系统布置如图 3-101 所示。为了更好地对不同布置形式的气压制动系统进行学习，可以查看气压制动系统气路流程图，如图 3-102 所示。

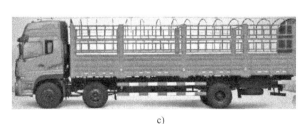 

图 3-100 典型气压制动布置方式代表车型

a）两轴轻型车 b）三轴重型牵引车 c）三轴重型公路运输车 d）四轴重型工程车

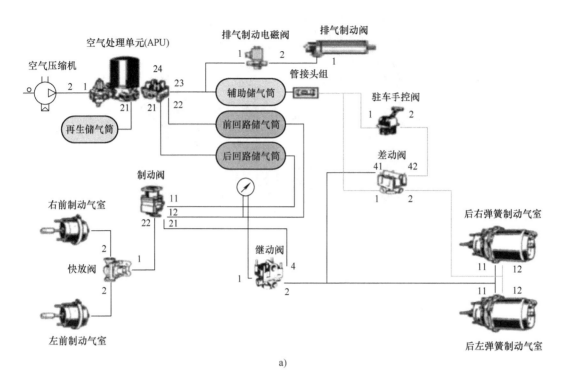

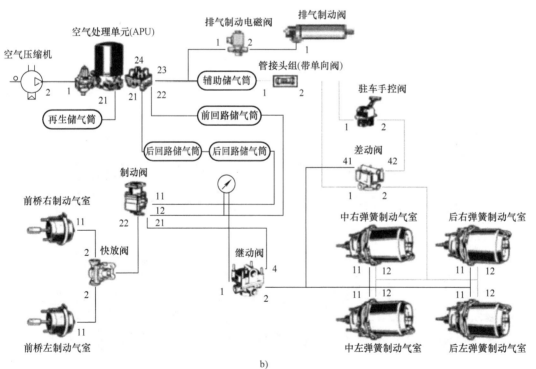

图 3-101 典型气压制动系统布置

a）二轴车气压制动系统布置　b）三轴车气压制动系统布置（一根转向桥、两根驱动桥）

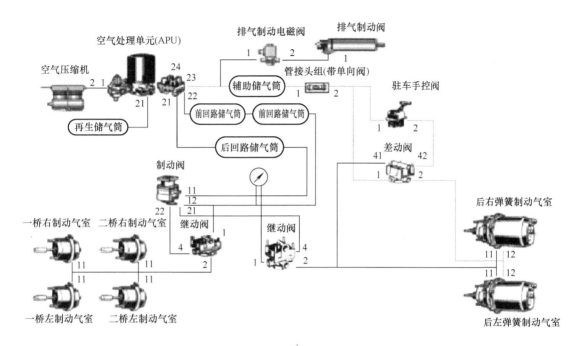

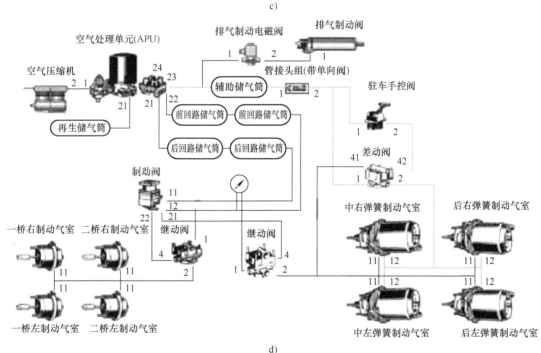

图 3-101 典型气压制动系统布置（续）

c）三轴车气压制动系统布置（两根转向桥、一根驱动桥） d）四轴车气压制动系统布置

可以根据气压制动系统布置图，学习气压制动系统的工作原理。

1）制动气体由空气压缩机提供，通过 5m 以上的金属管路到达空气干燥器。

2）压缩气体经空气干燥器处理后输出清洁气体到达四回路保护阀。

3）压缩气体经四回路保护阀从四个口向储气筒供气。压缩气体从四回路保护阀的 21 口出来到储气筒再到制动总阀上腔的行车制动第 I 回路；从 22 口出来到储气筒再到制动总阀下腔的行车制动第 II 回路；从 23 口出来到储气筒再到手控阀的驻车制动回路；从 24 口出来到辅助制动（排气制动阀）及辅助用气回路（离合器助力泵等）。

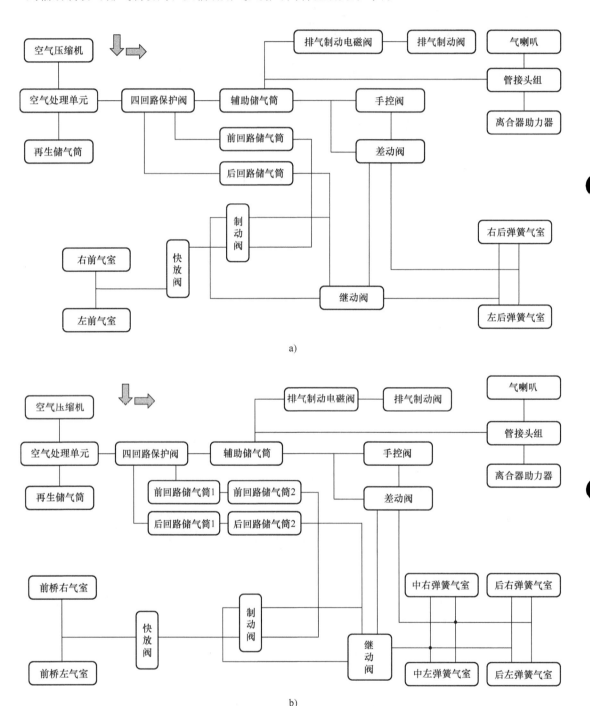

图 3-102　气压制动系统气路流程图
a）二轴车气压制动系统气路流程图
b）三轴车（一根转向桥、一根中桥和一根后桥）气压制动系统气路流程图

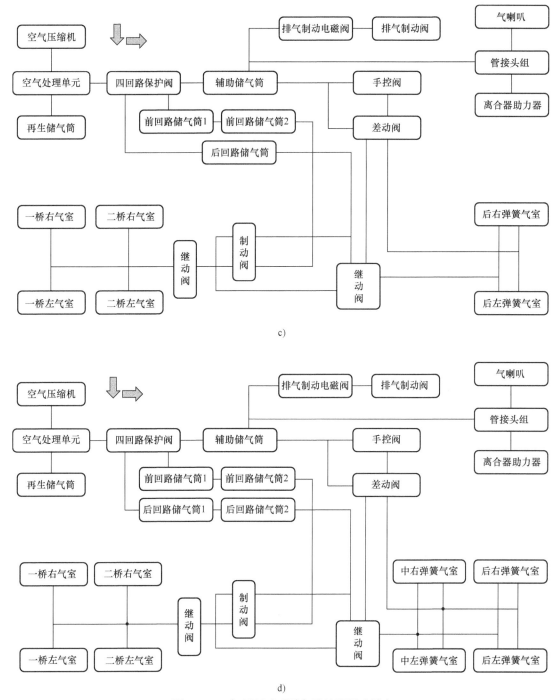

图 3-102 气压制动系统气路流程图（续）

c）三轴车（两根转向桥、一根后桥）气压制动系统气路流程图　d）四轴车气压制动系统气路流程图

4）从储气筒向各个阀供气。向制动总阀上下腔进气口供气，向继动阀进气口供气，向差动阀进气口供气，向手控阀进气口供气，向离合器、排气制动阀进气口供气。

5）行车制动时，先是制动总阀 21 口出气到继动阀控制口，继动阀口再出气到弹簧制动气室 11 口实行后桥制动；制动总阀 22 口出气到制动气室实行前桥制动；解除行车制动时继动阀控制口的气体经制动总阀排气口处排出，弹簧制动气室中的气体从继动阀的排气口处排出，后桥解除制动。同时，前制动气室的气体经制动总阀排气口处排出，前桥解除制动。

6）车辆起步，解除驻车制动时将手控阀的操纵手柄放置在行车位置；气体从手控阀的进气口1经出气口2到达差动阀的42口；从差动阀1口的气体到达弹簧制动气室的12口；在气体作用下，弹簧制动气室中的制动弹簧被压缩，推杆退回，驻车制动解除。

7）进行驻车制动时，将手控阀的操纵手柄放置在驻车位置；差动阀42口中的气体经手控阀的排气口处排出；弹簧制动气室中的气体从继动阀的排气口处排出；由于弹簧制动气室中的气体排空，制动弹簧回位，推杆在弹簧力作用下，实现驻车制动。

【工作任务实施】

<任务准备>

1. 任务计划

1）工具设备清单见表3-11。

表3-11 工具设备清单

名称	数量	单位
气压制动系统（台架）	4	台
工具车	4	辆
工具	4	套
车辆维修使用手册	4	本

2）实操预演。

前制动气路连接

后制动气路连接

辅助气路连接

四回路保护阀连接前后辅助储气筒

2. 任务决策

根据气压制动系统检修的具体任务内容，制订小组任务计划，简要说明任务实施过程的步骤及注意事项，并将项目计划内容填入表3-12中，落实子任务的学习目标。（注意：流程步骤小组自行设计表格可以酌情添加或删减）

表3-12 任务计划表

任务步骤	子任务1 前制动气路连接	子任务2 后制动气路连接
前期准备	（着装、查看设备总成、查资料和准备工具等）	（着装、查看设备总成、查资料和准备工具等）
步骤1		
步骤2		
步骤3		
步骤4		
步骤5		
步骤6		

工作情境三 检修商用车底盘

<任务实施>

子任务1 前制动气路连接

实施步骤	标准/图示	过程记录
前期准备		① 将车辆或实训台架停放在平坦地面,用三角木顶住车轮 ② 车辆处于熄火状态,点火开关处于"OFF"档 ③ 变速器处于"N"位 ④ 车辆处于驻车状态 ⑤ 准备管路连接用工具
气路连接		① 连接前储气筒上管接口至制动总阀12口 ② 连接制动总阀22口至快放阀1口 ③ 连接快放阀2至ABS电磁阀1口 ④ 连接ABS电磁阀2口至前制动气室管接口
整理测试		① 将实训车辆起动或给实训台架供气,使气压建立,确认管路连接情况 ② 踩踏制动踏板,查看前制动气室的动作情况 ③ 清洁整理工量具和场地

子任务2 后制动气路连接

实施步骤	标准/图示	过程记录
前期准备		① 将车辆或实训台架停放在平坦地面,用三角木顶住车轮 ② 车辆处于熄火状态,点火开关处于"OFF"档 ③ 变速器处于"N"位 ④ 车辆处于驻车状态 ⑤ 准备管路连接用工具
气路连接		① 连接后储气筒上管接口至管组 ② 连接管组接口至制动总阀11口 ③ 连接制动总阀21口至继动阀4口 ④ 连接管组接口至继动阀1口 ⑤ 连接继动阀2口至ABS电磁阀1口 ⑥ 连接ABS电磁阀2口至后弹簧制动气室管接口
整理测试		① 将实训车辆起动或给实训台架供气,使气压建立,确认管路连接情况 ② 踩踏制动踏板,查看后制动气室的动作情况 ③ 清洁整理工量具和场地

【工作小结与思考】

1. 本节重点学习了商用车气压制动系统检修中的相关内容及注意事项。

2. 在工作任务实施前,要查阅相关资料,确认操作方法,同时重点对操作中的注意事项进行熟记,确保操作安全规范,达到工作要求。

3. 整个任务实施过程的步骤和注意事项,充分体现了工匠精神、安全和标准意识。

工作情境四 检修商用车电气系统

任务 1 电气基础及部件认知

【任务导入】

随着汽车技术的发展,电气设备在车辆上越来越多,作为一名商用车售后服务人员,如何根据客户的描述,发现故障现象,正确查阅电路图,分析系统控制原理,形成诊断思路,最终排除故障是必须掌握的专业技能。而电路图的识读以及相关电器元件的检测是电气系统检修的基础,为了更好地完成电气系统的检修作业,请结合实车完成以下任务。

【工作内容分析】

<认知目标>
1. 掌握电路图的识读。
2. 掌握常见电器元件结构及工作原理。
3. 熟悉电气系统工作过程。

<能力目标>
1. 能够熟练识读电路图。
2. 能够熟练使用技术资料,在车辆上找出各电器元件。
3. 能够正确选用工量具,规范地对电器元件进行检测,并分析测量结果。

<素养目标>
1. 形成安全环保等标准意识。
2. 养成严谨认真的工匠精神。

<任务拆解>
子任务 1　从整车电路图中摘画出某一系统电路,并解读其控制过程
子任务 2　在实车中查找任务 1 所摘画的系统电路图中的所有元器件

知识点 1:电路组成及基本部件

基本汽车电路通常由电源、熔丝、继电器、开关、用电设备和线束等组成,如图 4-1 所示。

(1) 电源

电源为电路的正常工作提供电能,评价一个电源的好坏不单要测量电压的大小,还要测量供电能力,即带负载后的电压是否满足要求。目前生产的大多数车辆上布置有两个电源,一个是铅酸蓄电池,另一个是三相交流发电机。部分军用车辆为了满足极寒地区起动供电要求,还布置有"超级电容"。

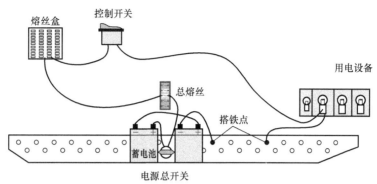

图 4-1 汽车电路组成

（2）熔丝

熔丝用于保护各负载支路用电安全，防止过载导致线路烧毁，通常安装于仪表台内、驾驶室前面和蓄电池盒内等位置。熔丝选用的方法和原则是根据瓦特定律计算出额定电流后增加 10%～20% 即可。插片式熔丝规格除了在熔丝片表面用数字标示外，还可以通过颜色区分，见表 4-1。

表 4-1 熔丝规格对应颜色

熔丝规格	对应颜色	熔丝规格	对应颜色
2A	灰色	10A	红色
3A	紫色	15A	蓝色
4A	粉色	20A	黄色
5A	橘黄色	25A	透明
7.5A	咖啡色	30A	绿色

（3）开关

开关是电路中最常见的控制装置，操作人员通过输入一个动作，开关会出现两种状态中的其中一种，即接通状态和断开状态。商用车仪表台上通常使用的是翘板开关，如图 4-2 所示。

在电路中，有些开关比较复杂，有多个动作位置，比如常见的点火锁开关，有四个档位。为了表达这种复杂的开关，通常采用表格法表示，表格的每一行表示开关的工作位置，每一列表示开关的接线柱，表格中用圆点和横线表示在某个开关位置时，通过开关内部的铜片将某两个或多个接线柱连接起来形成通路。

（4）用电设备

用电设备就是我们常说的负载，它的主要作用是完成电能向另外一种能量的转换。比如灯泡实现电能转化为光能，预热塞实现电能转化为热能，电动机和电磁阀实现电能转化为机械能等。

商用车上常见的用电设备有将电能转化为光能的灯泡（小灯、前照灯、制动灯等）、将电能转化为机械能的电动机（起动机、门窗电动机、鼓风电动机等）、将电能转化为磁能进而变为机械能的电磁线圈（各种继电器的线圈、电磁阀等）、将电能转化为热能的电热丝（进气预热格栅、尿素管路加热丝等）、将电能转化为化学能的蓄电池。

（5）导线和线束

车辆上的所有导线根据线路中的用电设备的功率确定，负载功率越大，则流过导线的电流也越大，就需要截面积越大的导线。对于长时间工作的电气设备可选用实际载流量 60% 的导线；对于短时间工作的电气设备可以选用实际载流量 60%～100% 之间的导线。导线截面积的选择见表 4-2。

名称	轮差开关	轴差开关	取力器开关	全轮驱动开关
外形图	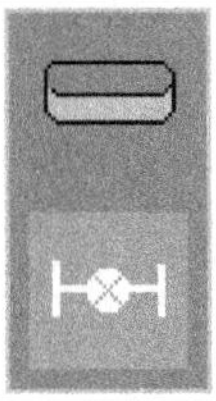	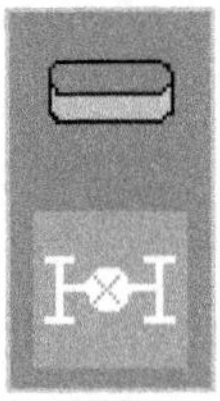	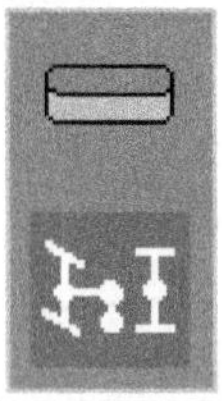	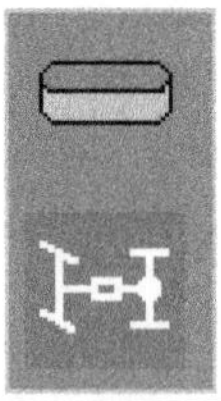
符号颜色	黄	黄	红	绿
名称	灯光开关	前雾灯开关	后雾灯开关	辅助远光开关
外形图	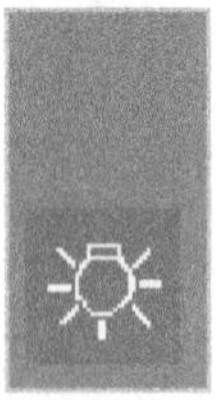			
符号颜色	绿	绿	黄	蓝
名称	工作灯开关	危急报警开关	驾驶室翻转电源开关	警告灯开关
外形图	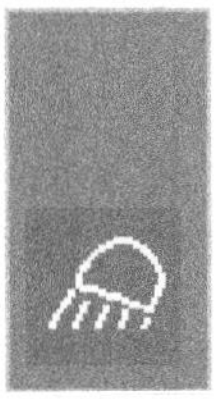			
符号颜色	绿	红	红	橙
名称	故障诊断开关	多态开关	空调(AC)请求开关	油门转换开关
外形图				
符号颜色	绿	/	绿	绿
名称	巡航(关断/恢复)开关	急速调整开关	电源/转速表转换开关	油压表/冷却液温度表转换开关
外形图				
符号颜色	绿	绿	绿	绿

图 4-2 翘板开关

表 4-2 导线选择

导线截面积 /mm²	0.5	0.75	1	1.5	2.5	4	6	10	16
载流量 60%	7	9.5	11.5	14.5	19	25	33	45	63
载流量 100%	12	16	19	24	32	42	55	75	105

(6) 插接件

由于汽车线路非常复杂，为了便于生产组织和检修，汽车上往往不是一套线束，而是根据汽车结构和总装流程，分为底盘线束、车身线束、发动机线束、顶篷线束、前围线束等。线束与线束之间，线束与各种开关、熔丝盒、继电器以及用电设备之间通过插接器连接。

插接器必须能保证各部件之间的可靠连接，应能在汽车的整体寿命内承受各种苛刻的工作环境，比如振动、高、低温、潮湿、灰尘和触头处微动引起的磨损等。

插接器常见的损坏形式是触头处的接触电阻增加并最终断路，有时也会出现由于水、油等导电物质或插接器触头间的绝缘塑料破损而导致的触头间短路现象。

在插拔插接器时必须注意以下几点：

1）绝对禁止通过拉拔线束来拆卸插接器。

2）应注意观察不同插接器采用的闭锁形式，解锁后再拆卸。

3）不建议使用万用表的表笔插入插接器簧片进行测量，特别是 ECU 上的插接器。如果必须这样做不要用力顶簧片，或者使用软铜丝等插入簧片内引出测量。

4）在安装插接器时需要注意公母头上的定位止口，严禁未对准定位止口野蛮插接。

5）如果发现插接器公头端的插针歪斜，可用尖口钳或镊子校正后再插接，要特别注意插接器内公母头插针的定位，经常会出现由于插针定位松脱引起推针而引发接触不良的故障。

(7) 搭铁点

线束中的搭铁点的布置是极其重要的，搭铁不良容易引发车辆电气系统种种故障，如仪表冷却液温度等指示偏高就是由于搭铁不良引起的。因为仪表很敏感，搭铁线接触不良增加了接地电阻，提高电位，导致仪表指示失真。

(8) 继电器

继电器主要用于小电流控制大电流。继电器主要由大电阻线圈、铁心、磁轭、触点、插脚和壳体等组成。

继电器的工作原理：控制开关控制流过大电阻线圈上电流的通断，当大电阻线圈上电流为零时，触点断开，从电源来的电流无法通过触点到负载上。当控制开关接通，电流流过大电阻线圈，线圈产生磁力，使触点闭合，电流可以通过触点到达负载。受控制开关控制流过大电阻线圈的电流一般是 1A 以内的小电流，而被控制的来自电源通过触点到达负载，从而使负载动作的电流一般是 1A 以上甚至上百安的大电流，这就是小电流控制大电流。

继电器的类型有常开型、常闭型、枢纽型，如图4-3所示。常开型是当线圈不通电时，触点断开，只有在线圈通电产生磁力时，触点才闭合；常闭型是当线圈不通电时，触点闭合，只有在线圈通电产生磁力时，触点才断开；枢纽式是继电器内有两个触点，一个为常开触点，一个为常闭触点，根据线圈上电流的通断情况在两个触点之间切换。

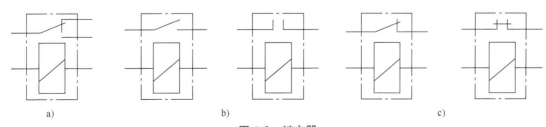

图 4-3 继电器

a) 枢纽继电器 b) 常开继电器 c) 常闭继电器

知识点 2：电路图的识读

汽车电路图是将汽车的电源及各种用电设备按照它们各自的电路连接关系，通过开关、导线、熔断丝等配电设备连接起来构成完整的电路，且用特定的符号形式表示出来的图形。它可以清楚地表示出汽车电气设备各系统和装置的工作原理及相互之间的内在联系。

随着汽车工业的迅速发展，汽车的性能逐渐提高，汽车电器种类和数量日益增多，结构日趋复杂。与此相应，汽车电路图的表达方法也在发生变革。汽车电路图趋于简化、规范化已是当今汽车电路图表达方法的总趋势。汽车电路图的基本表达方法有线路图、原理图和电器定位图。

（1）线路图

线路图如图 4-4 所示，是传统的汽车电路表达方法，它是把汽车电器在汽车上的实际位置用线从电源到开关至搭铁——连接起来所构成的电路图。这种图形的最大特点在于其相似性，具体表现为：图中电器布置与车上的布局大致相似；各电器以实物轮廓图表示；导线分布大体上与车上的实际走向相同。这种图形重在表达整车的电器及线路连接，对于反映各电气系统的工作原理、分析故障产生的原因帮助不大。随着汽车电路的日趋复杂，这类电路图已变得越来越不实用。

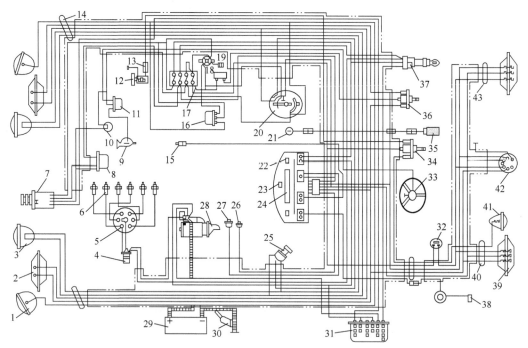

图 4-4 汽车线路图（例：东风 EQ1090）

（2）原理图

原理图如图 4-5 所示，是用简明的图形符号（图 4-6），按照电路原理将每个系统元器件合理地连接起来，再将各个系统进行排列而成。这类图以表达汽车电路的工作原理和相互连接控制关系为重点，不讲究电器设备的形状、位置和导线的实际走向等情况，对线路图作了高度的简化，使电路原理变得简明扼要、准确清晰，对于了解汽车电气设备的工作原理和迅速分析排除电气系统的故障十分有利。它是分析电气系统工作原理以及维修电气系统最基本、最实用的资料，我们通常说的"识读汽车电路图"主要就是针对此类电路图。

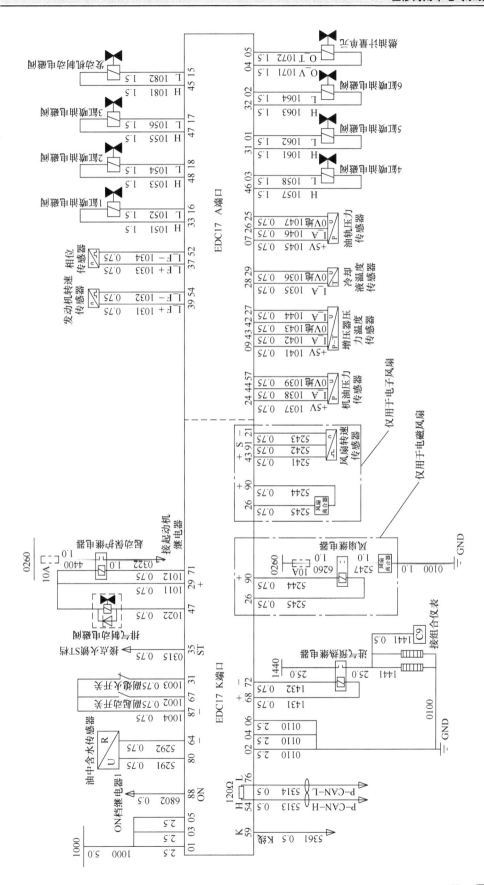

图 4-5 发动机控制原理图（例：东风天龙）

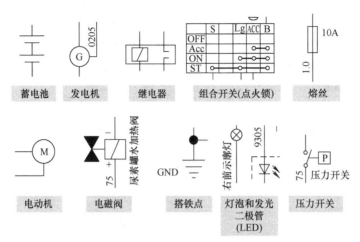

图 4-6 常见电器元件图形符号

（3）电器定位图

电器定位图用于指示各电器及导线的具体位置，如图 4-7 所示。它一般采用绘制的平面图、立体图或实物照片的形式，能直观清晰地反映电器在车上的实际位置，具有很高的实用价值。在某些车型中，定位图还可以进一步细化分类：汽车电器定位图（确定各电器元件、插接器、接线盒、搭铁点、铰接点及诊断座等的分布位置）；汽车线束图（确定电线束与各用电器的连接部位、接线柱的标记、线头、插接器的形状及位置），如图 4-8 所示；汽车插接

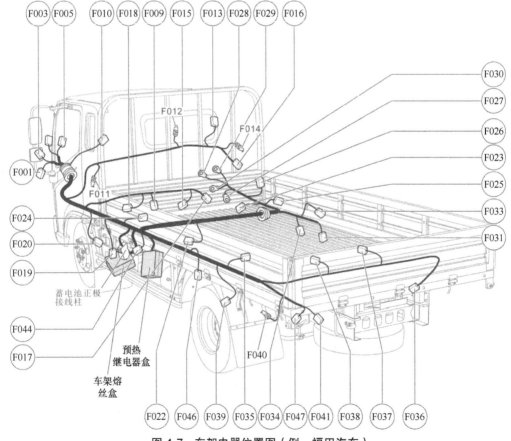

图 4-7 车架电器位置图（例：福田汽车）

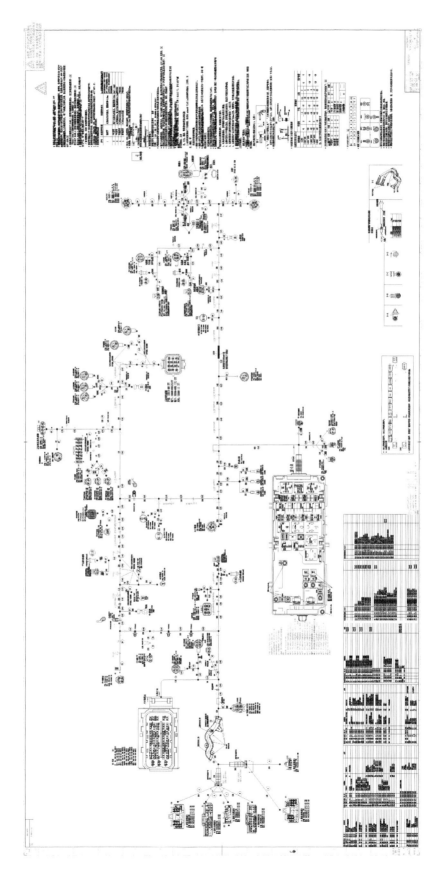

图 4-8 车架线束图（例：东风天龙）

器插脚图（用以确定插接器内各导线连接位置）；汽车接线盒（含熔丝盒、继电器盒）平面布置图（用于确定熔丝、继电器等的具体安装部位）。目前，大多数汽车制造公司都采用了电路原理图结合定位图的表达方式。

知识点 3：电线的标识

车辆线束电线的标识主要有两种方法：一种为编码表示法，所有的电线均为白色，主要靠其上不同的喷码表示不同的电气功能；另一种是颜色表示法。以下我们分别对这两种表示方法进行介绍。

（1）用编码区别功能的电线

陕汽德龙 F2000、F3000 车型的电线主要靠编码区别，编码一般由 5 位数字组成，编码代表了该电线的功能，见表 4-3。前 2 位代表该电线的电气性质，叫区域码，区域码的含义见表 4-4；后 3 位代表电线序号，叫顺序码；有些情况在顺序码后加 1 位区别码，用来表示相同线号的不同连线。例如：30010-2，30 为电源直接供电的区域码，010 为顺序码，2 表明为 30010 线的第 2 根。

表 4-3　常见电线功能

电线编码	功能描述
16000	仪表电源（点火开关打开后经 24 号熔丝有电）
30006	未经电源总开关的电源（蓄电池接上即有电）
30010	与蓄电池"+"极相连（受电源总开关控制）
31000（棕色）	搭铁线
50300	起动信号
58000	翘板开关照明电源（灯光开关打开时通电）
58300	亮度可调的仪表照明电源（灯光开关打开时通电）
59000	发电机工作信号输出端

表 4-4　电线区域码及含义（例：德龙车型）

区域码	含义
15	经点火开关的电源输出
16	仪表线路
17	火焰预热
20	刮水器及喷淋线路
23	空调线路
24	后视镜加热及摇窗机（电源）线路
25	暖风电路及高顶天窗电路
30	直接与蓄电池"+"极相连或经电源总开关与蓄电池"+"极相连
31	搭铁线
40	轮/轴差控制电路
43	制动及熄火电路
49	闪光系电路
50	起动信号
56	前照灯及辅助前照灯电路
58	驾驶室内辅助照明灯电路
59	发电机运转信号
75	收放机电路
91	电动摇窗机电路

（2）用颜色区别功能的电线

1）电线的标注形式。附加在电线绝缘层上的条状、点状的颜色，构成了电线的三位色符标识。第1位色符为基色，也就是绝缘层的底色；第2位色符为细条色；第3位色符为点色。在此基础上形成单色线、双色线、三色线。

① 单色线。单色线常见的颜色和各自所代表的功能及特征见表4-5，其中红色、黑色、白色、黄色、灰色线是熔丝的进线，本身不受保护，所以具体操作时要注意，防止其搭铁短路。

表 4-5　单色线（常见）

颜色	功能及特征
红色	整车电路的电源线，线径较粗，只受电源总开关控制且未经熔丝，用红色表示应特别注意
黑色	从点火开关出来的电源线为黑色线（注意：黑色线仍是电源线）
白色	前照灯远光灯的总电源线
黄色	前照灯近光灯的总电源线
灰色	位置灯（示高灯、示宽灯、开关仪表照明）的总电源线
棕色	搭铁线（注意：是棕色而不是黑色）

② 双色线。双色线是与其基色相同的单色线经熔丝后出来的线，由基色加细条色组成，有时细色条的宽度较宽，不易区分基色与细条色，应转动电线，当发现有1色条的两端被另1色包围，则此颜色即为细条色。例如：红黑、红白线均源自红色线；黑红、黑绿线均源自黑线；白红、白黄线均源自白线；黄绿、黄红线均源自黄线；灰红、灰绿、灰黑线均源自灰线。像前照灯、转向灯等左右对称的电器，其中双色线的细条色中，绿色代表左侧，红色代表右侧。例如：灰绿为左示高灯线，灰红为右示高灯线；紫绿为左转向灯线，紫红为右转向灯线；白绿为左远光灯线，白红为右远光灯线；黄绿为左近光灯线，黄红为右近光灯线。比较重要的双色线的电路功能见表4-6。

表 4-6　双色线（常见）

颜色	功能
红黑色	点烟器电源线
红白色	驾驶室内照明灯及收放机电源线
黑绿色	仪表、翘板开关及电磁阀电源线
黑红色	制动灯、充电指示及火焰预热电源线
黑棕色	暖风机电源线
黑白色	倒车灯电源线
黑蓝色	刮水控制器电源线
紫白色	闪光继电器输出

③ 三色线。三色线是双色线经多个功能开关的出线，其颜色的基色、细条色表示方法与双色线相同，第3色为色点（环）。常见重要的三色线见表4-7。

表 4-7　三色线（常见）

颜色	功能
黑绿红色	接轮差电磁阀
黑绿白色	接轴差电磁阀
黑绿黄色	接举升电磁阀
黑绿灰色	接全轮驱动电磁阀
黑绿紫色	接取力器电磁阀

（续）

颜色	功能
棕蓝红色	接轮差信号开关
棕蓝白色	接轴差信号开关
棕蓝黄色	接举升信号开关
棕蓝灰色	接全轮驱动信号开关
棕蓝紫色	接取力器信号开关

2）色符在电路中的变化规律。在实际电路中，凡经过配电盒、插接器、分线器连接的导线，其电气功能没有改变，色符也完全相同。

电线经过控制开关或熔丝后，其标识色符就会出现变化，一般是增加1位色符。电线的标识色符增加后，仍具有原来基型线的性质，如红白、红紫白与红色线一样都不受点火开关控制。但有时也会存在特例，如制动灯的黑红线、倒车灯的黑白线，按规律本应增加色符标识，但因其线路简单，不易与其他导线混淆，所以用的是双色线；灯泡是易损件，所以与灯泡连接的线一般都不增加色符标识，以达到醒目、容易辨识的目的。

【工作任务实施】

<任务准备>

1. 任务计划

工具设备清单见表4-8。

表4-8 工具设备清单

名称	数量	单位
实训车辆	2	台
工具车	2	辆
工具	2	套
三角木	4	块
五件套	2	套

2. 任务决策

根据实训车辆整车电路图，制订小组任务计划，简要说明任务实施过程的步骤及注意事项，并将项目计划内容填入表4-9中，落实子任务的学习目标。（注意：流程步骤小组自行设计，表格可以酌情添加或删减）

表4-9 任务计划表

任务步骤	子任务1 摘画电路	子任务2 实车查找电气元器件
前期准备	（整车电路图等技术资料）	（资料获取渠道）
步骤1		
步骤2		
步骤3		
步骤4		
步骤5		
步骤6		

< 任务实施 >

子任务 1　摘画电路

小组根据实训车辆整车电路图，从中摘画出指定系统电路，并讲解该系统控制过程。

要求：①系统电路图完整、全面、正确；②页面简洁、格式统一、图文并茂；③选出代表进行讲述。

子任务 2　实车查找电气元器件

小组根据子任务 1 摘画的系统电路图，在实车中指出各元器件。

要求：①实物和图完全对应；②查找要求到具体的针脚和导线。

【工作小结与思考】

1. 本节重点学习了电气系统常见元器件的结构及工作原理，以及电路图的识读。
2. 在实施任务时，要认真细致，按照电路识读的规律进行读图。在查找元器件时，一定要结合线束图和位置图进行确定。
3. 整个任务实施过程的步骤和注意事项，充分体现了安全和标准意识。

任务 2　检修照明与信号系统

【任务导入】

照明及信号系统是车辆的安全系统之一，关乎车辆驾驶安全。作为一名商用车售后人员，要求能够正确规范操作照明及信号系统，并能根据客户描述，发现故障现象，正确查阅电路图，分析系统控制原理，形成诊断思路，最终排除故障。故障车辆出现操作灯光开关时，近光灯无法点亮，打左转向时，左转向灯均无反应的现象。作为一名商用车售后服务人员，请对此故障开展作业，完成检修。

【工作内容分析】

< 认知目标 >

1. 掌握汽车照明与信号系统结构及类型。
2. 掌握汽车照明与信号装置相关法律规定。
3. 掌握汽车照明与信号系统控制原理。

< 能力目标 >

1. 能够对车辆照明系统常见故障进行诊断与排除。
2. 能够对车辆信号系统常见故障进行诊断与排除。

< 素养目标 >

1. 形成安全环保等标准意识。
2. 养成精益求精的工匠精神。

< 任务拆解 >

子任务 1　近光灯无法点亮故障检修

子任务 2　左转向灯不闪烁故障检修

知识点 1：汽车照明与信号的国家标准

汽车照明系统的作用是能让驾驶员在夜晚或特殊情况下看清楚外界。一般在车辆上装备有前照灯（小灯、近光灯、远光灯）、雾灯（前雾灯、后雾灯）、尾灯等。信号系统的作用是让其他车辆或人知道本车实时状况，一般包括转向灯、制动灯、倒车灯等。根据 GB 4785—2019《汽车及挂车外部照明和光信号装置的安装规定》，车辆照明及信号系统应满足以下要求：

（1）照明及信号系统光色的一般要求

一般要求见表 4-10。

表 4-10 照明及信号系统光色一般要求

灯具名称	光色
远光灯	白色
近光灯	白色
前雾灯	白色或选择性黄色
制动灯	红色
紧急制动信号	琥珀色或红色
牌照灯	白色
前位灯	白色
后位灯	红色
后雾灯	红色
倒车灯	白色
转向信号灯	琥珀色
危险警告信号	琥珀色
驻车灯	前面白色，后面红色。若与侧转向信号灯、侧标志灯混合则为琥珀色
侧标志灯	琥珀色。若与后位灯、后示廓灯、后雾灯、制动灯组合，或复合，或混合则最后面的侧标志灯可以为红色
示廓灯	前面白色，后面红色
牵引杆挂车标志灯	前面白色，后面红色

（2）特殊规定

1）远光灯。

① 配备。汽车应配备，挂车不应使用。

② 数量。两只或四只。对于 N_3 类车辆可以多安装两只远光灯。当车辆安装四只可藏式前照灯时，其中两只附加前照灯只允许用于昼间发出间歇光信号功能。

③ 布局。无特殊要求。

④ 位置。横向和高度均无特殊要求，纵向安装在车辆前面，要求发射光不直接或间接地通过后视镜（间接视野装置）或车辆其他反射面引起驾驶员的不舒适。

⑤ 方向。朝前。车辆单侧不得安装超过一只具有弯道照明功能而转动的远光灯。

⑥ 指示器。应配备接通指示器。

2）近光灯。

① 配备。汽车应配备，挂车不应使用。

② 数量。两只。

③ 布局。无特殊要求。

④ 位置。

横向：离车辆纵向对称平面最远的基准轴线方向上的视表面外缘到车辆外缘端面的距离应不大于 400mm。在基准轴线方向上，两视表面相邻边缘间的距离应不小于 600mm。然而，该规定不适用于 M_1 类和 N_1 类车辆。对于其他类车辆，若车辆宽度小于 1300mm，则上述间距可减至 400mm。

高度：离地高度不小于 500mm，不大于 1200mm。对于 N_3G 类（越野）车辆，最大高度可增加到 1500mm。

纵向：装在车前，若发射光不直接或间接地通过后视镜（间接视野装置）或车辆其他反射面引起驾驶员的不舒适，即满足要求。

⑤ 方向。

垂直方向：制造商应按 0.1% 的准确度规定，在驾驶座上有一名人员的空载车条件下，近光明暗截止线的初始下倾度，并以规定的符号将此数值标明在每辆车的制造商铭牌或前照灯附近。

水平方向：为了形成弯道照明，可以改变一只或两只近光灯的水平方向，但是当移动整个光束或明暗截止线弯曲肘部时，明暗截止线弯曲肘部不得与离车辆前方的距离为相应近光灯安装高度 100 倍距离外的车辆重心轨迹相交。

⑥ 指示器。选装。

3）前雾灯。

① 配备。汽车选装，挂车不应安装。

② 数量。两只。

③ 布局。无特殊要求。

④ 位置。

横向：在基准轴线方向上，离车辆纵向对称平面最远的视表面上的点到车辆外缘端面的距离应不大于 400mm。

高度：最小值：离地高度不小于 250mm。

最大值：对于 M_1 和 N_1 类车辆，离地高度不大于 800mm；对于除 N_3G（越野）的其他车辆，离地高度不大于 1200mm；对于 N_3G（车辆），离地高度不大于 1500mm。在基准轴线方向上，前雾灯整个视表面应在近光灯视表面最高点以下。

纵向：装在车前，要求该灯的发射光不直接或间接地通过后视镜（间接视野装置）或车辆其他反射面，而引起驾驶员的不舒适感。

⑤ 方向。朝前。在垂直方向，其明暗截止线的垂直向倾斜度，在车辆空载且驾驶座上有一个乘员的情况下应不大于 -1.5%。

⑥ 指示器。应配备接通指示器。采用独立的非闪烁信号。

4）倒车灯。

① 配备。汽车和 O_2、O_3 和 O_4 类挂车应配备，O_1 类挂车选装。

② 数量。对于 M_1 类和长度不大于 6000mm 的所有其他车辆，应配备一只，选装一只。除了 M_1 类车辆外，对于长度大于 6000mm 的所有车辆应配备两只，选装两只。

③ 布局。无特殊要求。

④ 位置。

横向：无特殊要求。

高度：离地高度不小于 250mm，不大于 1200mm。

纵向：安装在车辆尾部。然而，对于规定的两只选装倒车灯，可以允许安装在车辆侧面。

⑤ 方向。向后。

⑥ 指示器。选装。

5）转向信号灯。

① 配备。应配备。

② 数量。按布局。

③ 布局。转向信号灯可分为下列类别（1、1a、1b、2a、2b、5 和 6），通过在车辆上的安装可构成布局 A 和布局 B。布局 A 适用于各种汽车，布局 B 只适用于挂车，如图 4-9 所示。

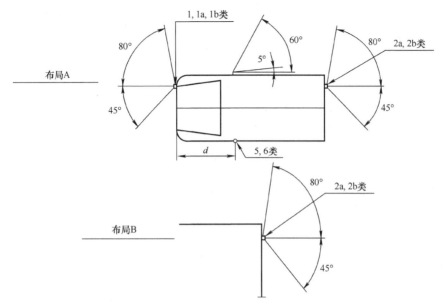

图 4-9 转向信号灯布局

布局 A：

两只下列种类的前转向灯。

1 或 1a 或 1b 类：若在基准轴线方向上，该转向信号灯的视表面边缘与相邻近光灯或前雾灯的视表面边缘间距离不小于 40mm。

1a 或 1b 类：若上述间距大于 20mm，小于 40mm。

1b 类：若上述间距不大于 20mm。

两只后转向灯（2a 或 2b 类）：对于 M_2、M_3、N_2 和 N_3 类车辆，可以选装两只 2a 或 2b 的后转向灯。

两只 5 类或 6 类侧转向灯（最低要求）：

5 类侧转向灯适用于 M_1 类车辆，以及长度不大于 6m 的 N_1、M_2 和 M_3 类车辆。

6 类侧转向灯适用于 N_2 和 N_3 类车辆，以及长度大于 6m 的 N_1、M_2 和 M_3 类车辆。

在所有情况下，允许使用第 6 类侧转向信号灯代替第 5 类。

布局 B：两只后转向灯（2a 或 2b 类）。

对于 O_2、O_3 和 O_4 类车辆，可选装两只后转向信号灯（2a 或 2b 类）。

长度大于 9m 的 O_2 类车辆，最多可选装三只 5 类侧转向灯或选装一只 6 类侧转向灯。

④ 位置。

横向：在基准轴线方向上，离车辆纵向对称平面最远的视表面边缘，到车辆外缘端面之间的距离应不大于 400mm。在基准线方向上，两相邻视表面内边缘之间的距离应不小于 600mm。若车辆宽度小于 1300mm，上述距离可减至 400mm。

纵向：侧转向灯（5 类和 6 类）透光面到标志车辆全长前边界的横向平面的距离应不大于 1800mm。然而，对于 M_1 类和 N_1 类，该距离可增至为不大于 2500mm。其他类车辆车型结构不能保证最小几何可见角度时，该距离也可增至为不大于 2500mm。选装的 5 类侧转向灯应沿车辆的长度方向上均匀间隔安装。选装的 6 类侧转向灯应在拖车长度方向上的第一个和最后一个四分位之间的区域内安装。

⑤ 方向。按制造商规定安装。

⑥ 电路连接。转向信号灯的开关应独立于其他灯具。在车辆同一侧的所有转向信号灯，应由一个开关控制同时打开或关闭，并同步闪烁。

⑦ 指示器。1、1a、1b、2a、2b 类转向信号灯应配备转向指示器，可以是指示灯或发声器，或者两者兼有。若是指示灯应是闪烁的，当前或后转向信号灯任一发生故障时，该指示灯或熄灭，或不再闪烁，或以另一种明显不同的频率闪烁。若是发声器应响声清晰，发生故障时至少声频应明显变化。对于牵有挂车的汽车，除非汽车上的指示器能够显示出车辆组合上每个转向信号灯的故障，否则应配备一种专用于显示挂车上转向信号灯工作状况的指示灯。汽车和挂车上的选装转向灯，不强制安装工作指示器。

⑧ 其他要求。闪光频率为（90±30）次/min。起动光信号开关后，在不大于 1s 时间内发光，在 1~1.5s 时间内首次熄灭。对于牵有挂车的汽车，牵引车上的转向信号灯控制开关，应能控制挂车上的转向信号灯。若某一转向信号灯发生故障（短路除外），其他转向信号灯应继续工作，但闪光频率可以不同于上述规定的频率。

6）危险警告信号。

危险警告信号应由符合法律规定的转向信号灯同时工作发出。其数量、布局、安装位置、方向均和转向信号灯规定一致。

危险警告信号应由单独配置的手动开关打开各转向信号灯，并同步闪烁。在车辆发生碰撞或规定的紧急制动信号关闭后，危险警告信号允许自动开启。在这种情况下，应能够手动关闭该信号。

应配备闪烁接通指示器。

7）制动灯。

① 配备。S_1 或 S_2 类制动灯，各类汽车应配备。

S_3 或 S_4 类制动灯，M_1、N_1 类车辆和多用途货车应配备，其他类车辆选装。

② 数量。对于各类车辆，S_1 或 S_2 类制动灯两只，S_3 或 S_4 类制动灯一只。

③ 布局。无特殊要求。

④ 位置。

横向：对于 M_1 和 N_1 类车辆，S_1 或 S_2 类制动灯，在基准轴线方向上离车辆纵向对称平面最远的视表面上的点，到车辆外缘端面之间的距离应不大于 400mm，对沿基准轴线方向上的视表面的各个内边缘之间的距离无特殊要求。

高度：对于 S_1 或 S_2 类制动灯，离地高度应不小于 350mm，不大于 1500mm。对于 S_3 或 S_4 类制动灯，与其视表面下边缘相切的水平面，应不低于与后窗下边缘相切的水平面 150mm，或其离地高度不小于 850mm。

纵向：对于 S_1 或 S_2 类、S_3 或 S_4 类制动灯，均在车辆尾部。

⑤ 方向。朝后。

⑥ 指示器。选装。若配备，则应是一种非闪烁的报警工作指示灯，当制动灯发生故障时，该指示灯点亮。

8）前位灯。

① 配备。汽车和宽度大于 1600mm 的挂车应配备，宽度不大于 1600mm 的挂车允许选装。

② 数量。两只。

③ 布局。无特殊要求。

④ 位置。

横向：在基准轴线方向上离车辆纵向对称平面最远的视表面上的点，到车辆外缘端面之间的距离应不大于 400mm。对于挂车应不大于 150mm。

高度：离地高度应不小于 250mm，不大于 1500mm。

纵向：无特殊要求。

⑤ 方向。朝前。

⑥ 指示器。应配备接通指示器。该指示器应是非闪烁的，若仪表灯只能与前位灯同时开关，则可省去。

9）后位灯。

① 配备。应配备。

② 数量。两只。M_2、M_3、N_2、N_3、O_2 和 O_3 类车辆可以安装两只选装的后位灯，已安装示廓灯的情况除外。

③ 布局。无特殊要求。

④ 位置。

横向：在基准轴线方向上离车辆纵向对称平面最远的视表面上的点，到车辆外缘端面之间的距离应不大于400mm。此规定不适用于选装的后位灯。

高度：离地高度应不小于350mm，不大于1500mm。

纵向：位于车辆尾部。

⑤ 方向。朝后。

⑥ 指示器。应配备接通指示器。并应由前位灯的指示器控制。

10）后雾灯。

① 配备。应配备。

② 数量。一只或两只。

③ 布局。无特殊要求。

④ 位置。

横向：若只配备一只后雾灯，则应安装在车辆前进方向的左侧，或其基准中心位于车辆纵向对称平面上。

高度：离地高度应不小于250mm，不大于1000mm。对于 N_3G（越野）车辆或后雾灯与任何车尾灯具组合的情况下，最大离地高度可增至1200mm。

纵向：无特殊要求。

⑤ 方向。朝后。

⑥ 电路连接。只有当远光灯、近光灯或前雾灯打开时，后雾灯才能打开。后雾灯可以独立于任何其他灯具而关闭。

应满足以下两个要求之一：

后雾灯可以连续工作，直至位置灯关闭时为止。之后，一直处于关闭状态，直至再次打开。

除了必须配备的指示器外，应至少配备一种声音报警装置，无论规定的灯具开着与否，当点火开关关闭或点火钥匙取出，其驾驶室门未关，且后雾灯开关在"开启"位置时，给出报警信号。

⑦ 指示器。应配备接通指示器。该指示器是一种独立的非闪烁警告指示灯。

11）驻车灯。

① 配备。长度不大于6m和宽度不大于2m的汽车选装，其他车辆不应安装。

② 数量。根据布局而定。

③ 布局。车前和车后各两只，或车辆两侧各一只。

④ 位置。

横向：在基准轴线方向上离车辆纵向对称平面最远的视表面上的点，到车辆外缘端面之间的距离应不大于400mm。对于安装两只驻车灯的情况，其应安装在车辆两侧。

高度：对于 M_1 和 N_1 类车辆，无特殊要求。

纵向：无特殊要求。

⑤方向。应满足向前和向后的可见度要求。

⑥指示器。选装。若选装，不应与前、后位灯的指示器混淆。驻车灯的功能可由同时打开车辆同一侧的前、后位灯来实现。在此情况下，若灯具满足前或后位灯的要求，则视为满足驻车灯的要求。

12）示廓灯。

①配备。宽度大于2.1m的车辆应配备。宽度介于1.8～2.1m的车辆选装。带驾驶室的底盘选装后示廓灯。

②数量。车前两只，车后两只。可以再选装两只前示廓灯和/或两只后示廓灯。

③布局。无特殊要求。

④位置。

横向：前和后应尽量靠近车辆的外缘端面。当在基准轴线方向上，离车辆纵向对称平面最远的视表面上的点到车辆外缘端面间的距离不大于400mm时，认为满足高要求。

高度：前示廓灯，对于汽车，在基准轴线方向上，与视表面上边缘相切的水平面，应不低于与风窗玻璃上边缘相切的水平面。对于挂车和半挂车，在考虑车宽、设计和操作要求，以及灯的对称性的情况下，尽可能达到最大高度。对于后示廓灯，在考虑车宽、设计和操作要求，以及灯的对称性的情况下，尽可能达到最大高度。

纵向：无特殊要求。

⑤方向。满足朝前和朝后可见度要求。

⑥指示器。选用。若选用，其功能应由前、后位灯指示器完成。

13）侧标志灯。

①配备。除了带驾驶室的底盘外，长度大于6m的车辆应配备。

②每侧的最少数量。满足纵向定位要求。

③布局。无特殊要求。

④位置。

横向：无特殊要求。

高度：离地高度应不小于250mm，不大于1500mm。若车型结构不能保证1500mm，则可增加至2100mm。

纵向：至少有一只侧标志灯应安装在车辆的中间三分之一范围内，最前面的侧标志灯离车辆前端不大于3m；两相邻侧标志灯的间距应不大于3m，若车型结构、设计或车辆操作使用不能保证在3m内，则可增至4m。

最后面的侧标志灯离车辆后端应不大于1m。

⑤方向。朝向侧面。

⑥指示器。选装。若安装，其功能应由前、后位灯指示器完成。

知识点2：商用车照明及信号系统控制原理

目前商用车照明系统通常由开关、控制单元、继电器和灯泡组成。驾驶人操作灯光开关，将信号通过导线发给控制单元，控制单元接收该信号后，控制相应的继电器吸合，进而控制灯泡点亮，或由控制单元直接控制灯泡点亮。图4-10所示为东风天龙照明系统，驾驶人操纵小灯开关，小灯开关闭合，9201线与7512线导通，将7512线的搭铁信号发送给BCM，BCM接收该信号后，给8202线供电，控制小灯继电器吸合，经熔丝过来的正电由8205线经继电器开关与8210线接通，从而给小灯以正电，小灯点亮。当打开后雾灯开关时，9202线将搭铁信号给BCM，BCM接收该信号后，直接通过9243线给后雾灯供电，后雾灯点亮。

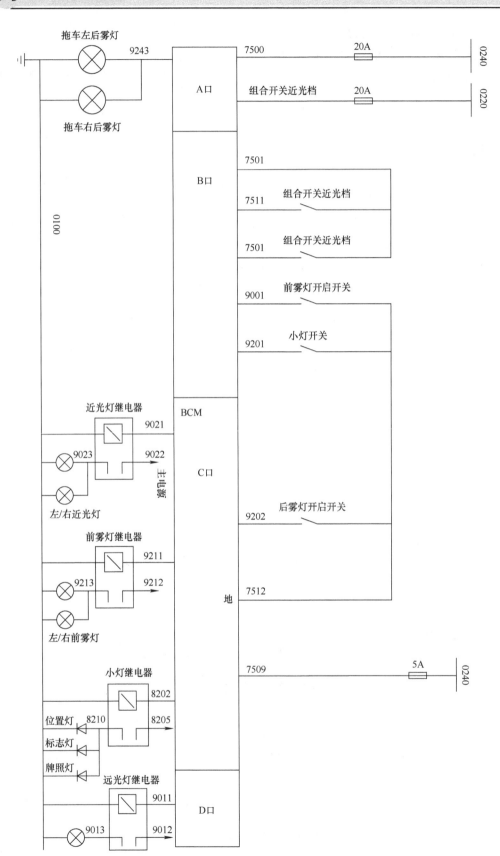

图 4-10 东风天龙照明系统原理图

目前商用车信号系统主要有两种形式：第一种如图4-11所示东风天龙信号系统，操作转向开关或危险警告灯开关，将搭铁信号给BCM，BCM接收该信号后直接控制所有转向灯闪

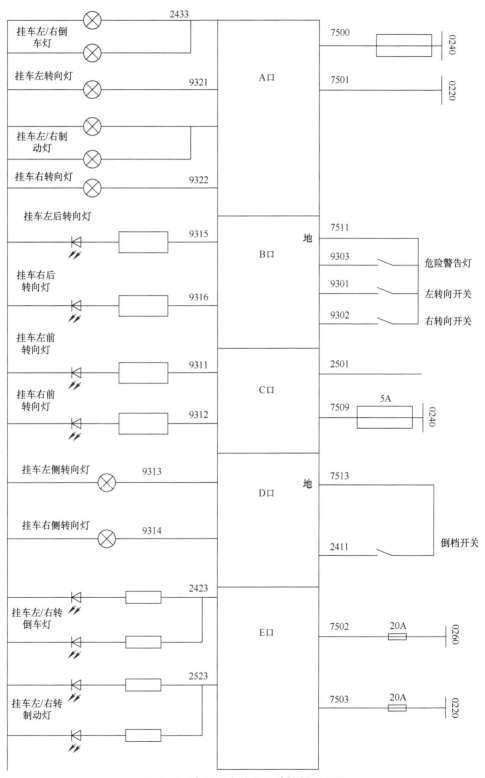

图4-11　东风天龙信号系统控制原理图

烁；第二种如图4-12所示陕汽信号系统，操作转向开关或危险警告灯开关，将+B信号给K110闪光单元，由闪光单元控制所有转向灯闪烁。

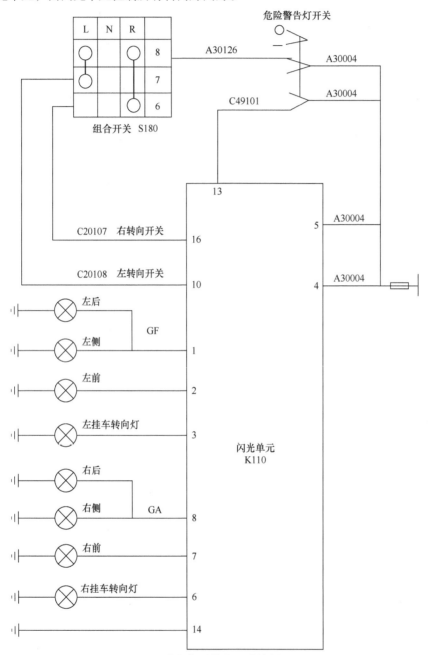

图4-12 陕汽车型信号系统控制原理图

【工作任务实施】

<任务准备>

1. 任务计划

1）工具设备清单见表4-11。

表 4-11 工具设备清单

名称	数量	单位
实训车辆	2	台
工具车	2	辆
工具	2	套
三角木	4	块
五件套	2	套

2）实操预演。

2. 任务决策

根据实训车辆电路图，制订小组任务计划，简要说明任务实施过程的步骤及注意事项，并将项目计划内容填入表 4-12 中，落实子任务的学习目标。（注意：流程步骤小组自行设计表格可以酌情添加或删减）

表 4-12 任务计划表

任务步骤	子任务 1 近光灯无法点亮故障检修	子任务 2 左转向灯不闪烁故障检修
前期准备	（着装、工具和设备等）	（资料获取渠道）
步骤 1		
步骤 2		
步骤 3		
步骤 4		
步骤 5		
步骤 6		

< 任务实施 >

子任务 1　近光灯无法点亮故障检修

小组根据故障现象，结合实训车辆电路图，制订诊断计划，并按计划实施，排除故障。然后制作案例 PPT，做班级分享汇报。

子任务 2　左转向灯不闪烁故障检修

小组根据故障现象，结合实训车辆电路图，制订诊断计划，并按计划实施，排除故障。然后制作案例 PPT，做班级分享汇报。

【工作小结与思考】

1. 本节重点学习了汽车照明及信号系统结构、法律规定及控制原理。

2. 在进行故障检测时，务必确定检测条件，如测量电压，务必在工作状态；测量电阻，务必在断开状态。

3. 整个任务实施过程的步骤和注意事项，充分体现了安全和标准意识。

任务 3　检修起动系统

【任务导入】

发动机无法起动是汽车常见的故障现象之一，该故障的检修要求维修人员对车辆发动机起动控制过程有清晰的认知，并能根据故障现象形成合理的诊断思路，进行诊断，排除故障。作为一名商用车售后服务人员，请完成发动机无法起动故障诊断与排除。

【工作内容分析】

<认知目标>
1. 掌握发动机起动控制系统的结构及原理。
2. 掌握发动机无法起动常见故障类型及现象。
3. 掌握发动机无法起动故障诊断与排除。

<能力目标>
1. 能够正确选用工量具,规范地对发动机起动系统进行检测,并分析测量结果。
2. 能够对车辆发动机起动系统常见故障进行诊断与排除。

<素养目标>
1. 形成安全规范的操作意识。
2. 形成质量意识。

<任务拆解>
子任务 1　画出实训车辆发动机起动控制原理简图
子任务 2　发动机无法起动故障检修

知识点 1：发动机起动控制原理

发动机的起动操作主要有以下两个场景:第一,正常起动。驾驶人将点火开关拧至 ON 档,踩下离合器踏板或者将变速杆置于空档位置,拧点火开关至 ST 档,起动机运转,发动机起动。第二,车下起动。驾驶人将点火开关拧至 ON 档,将变速杆置于空档位置,举升驾驶室,在车下按下副起动开关,起动机运转,发动机起动。不管是哪种场景,都是在满足发动机起动控制原理的条件下进行的,下面将发动机起动控制过程归纳如下:

（1）发动机控制单元及相关控制单元上电

该过程主要是在点火开关拧至 ON 档时完成。目前车辆控制单元的上电主要有以下两种形式:第一种,点火开关将 ON 档信号发送给控制单元后,控制单元控制内部电源模块工作,控制单元上电,如图 4-13 所示东风天龙 EDC17。第二种,点火开关将 ON 档信号发送给控制单元后,控制单元控制电源继电器工作,将电源供给控制单元,完成控制单元的上电,如图 4-13 所示东风天龙 VECU。

当点火开关拧至 ON 档时,0250 线将电通过点火开关 15A 熔丝经开关至 0203 线,给 ON1 继电器线圈供电,而 ON1 继电器线圈另一端常搭铁,ON1 继电器得电工作,开关闭合。0260 线的电经开关至 0208 线,经 5A 熔丝将点火开关 ON 档信号（+B 电压）分别发送给 EDC17 K 口的 88 号脚和 VECU SL4 口的 4 号脚。EDC17 控制单元接收到该信号后,控制单元内部电源模块工作,将 K 口 2、4、6 号脚的常电输送给内部模块,EDC17 上电工作。而 VECU 控制单元接收到该信号后,控制 VECU SL3 口 10 号脚搭铁,进而控制 VECU 电源继电器线圈通电,电源继电器工作,开关吸合。将 0260 线常电通过开关经 5A 熔丝至 0047 线,给 VECU SL3 口 9 号脚供电,VECU 上电工作。

（2）起动信号

车辆的起动信号由两种情形给出,第一种是点火开关的 ST 信号,第二种是副起动开关信号。

点火开关的 ST 信号通常由点火开关直接给出,当点火开关拧至 ST 档时,将常电经开关直接发送给发动机控制单元,图 4-14 所示东风天龙 EDC17 起动信号就是由点火开关直接将 +B 信号经 0202 线发送给 EDC17 K 口的 35 号脚。

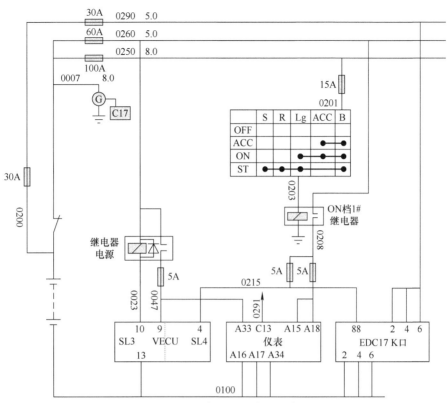

图 4-13 东风天龙电源系统

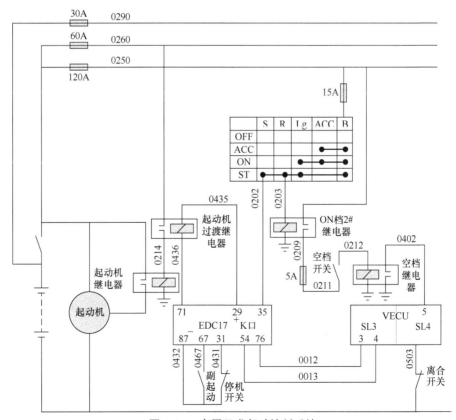

图 4-14 东风天龙起动控制系统

副起动开关的信号输出主要有两种形式，第一种如图 4-14 所示东风天龙 EDC17，当按下副起动开关，开关闭合，将开关连接的 EDC17 K 口的 67 和 87 号脚相连，而 EDC17 K 口的 87 号脚内部搭铁，当开关闭合时，67 号脚接收到搭铁信号，进而 EDC17 获取副起动信号。

第二种如图 4-15 所示东风天锦 4H 发动机，当按下副起动开关，开关闭合，将 ON 档继电器工作后的常电经 5A 熔丝发送给发动机控制单元的 A37 脚，而 A37 脚同样是起动 ST 信号的输入。

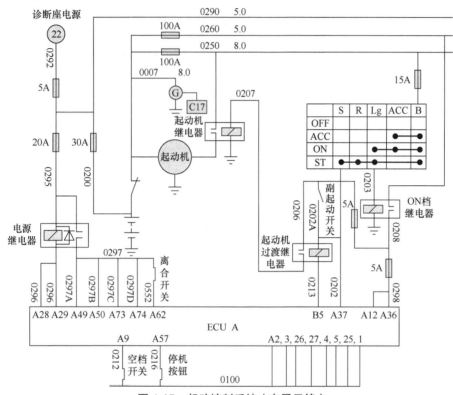

图 4-15 起动控制系统（东风天锦）

综上，不管是哪种起动信号，都要求点火开关置于 ON 档，发动机正常上电。

（3）起动条件判断

当发动机接收到起动信号后，就开始进行起动条件判断，只有满足起动条件，发动机控制单元才会控制起动机运转。通常发动机的起动条件包括：

① 发动机及相关控制单元上电。
② 空档或离合器分离信号加载。
③ 发动机处于停止运转状态。
④ 无停机信号。
⑤ 有起动或副起动信号加载。

目前车辆中，离合器分离信号主要由离合开关获取，大多数车辆该开关为常闭开关，当未踩下离合器踏板时，该开关闭合；当踩下离合器踏板时，该开关分离。通过离合开关的分离将信号发送给控制单元。

大多数车辆通过空档离合器来实现空档信号的传递。如图 4-14 所示东风天龙，当变速器变速杆置于空档时，空档开关闭合，将 ON1 继电器工作后的电经 5A 熔丝通过空档开关至空档继电器线圈端，而空档继电器线圈常搭铁，空档继电器得电工作，开关闭合，将搭铁信号发送给 VECU SL4 口 5 脚，VECU 获得空档信号，然后通过驱动 CAN 总线，将该信号发送给 EDC17 控制单元。

无停机信号指的是带有停机开关（或副熄火开关）的车辆，此时不能有停机开关信号发送给控制单元。

（4）起动机运转

在该阶段，发动机控制单元控制起动机过渡继电器工作，进而控制起动继电器工作，实现控制起动机运转。如图 4-14 所示东风天龙 EDC17 系统，发动机控制单元通过控制 K 口 29 号脚供电、71 号脚搭铁，控制起动机过渡继电器线圈通电，起动机过渡继电器工作，开关吸合，将 +B 常电供给起动机继电器线圈端，起动机继电器线圈另一端常搭铁，起动机继电器线圈得电工作，继电器工作、起动机运转。

（5）发动机运转

起动机运转后，发动机转速传感器和相位传感器将信号发送给发动机控制单元，发动机控制单元据此控制喷油，形成可燃混合气，燃烧，进而发动机运转。

知识点 2：发动机起动系统常见故障诊断

（1）起动机不工作，发动机无法起动故障诊断

故障模式	起动机不工作
故障描述	起动发动机时，起动机无任何反应；或者起动机继电器、电磁开关有吸合声音，但起动机不旋转
故障分析	常见导致起动机不工作故障原因如下： 1. 线路断路或熔丝烧坏 2. 点火开关无 ST（起动）信号输出 3. 空档开关或空档继电器故障导致起动保护继电器不接通。起动机接收不到起动信号 4. 起动保护继电器故障导致起动机接收不到起动信号 5. 起动机自身（包括起动继电器，电磁开关）故障，导致不工作
诊断流程	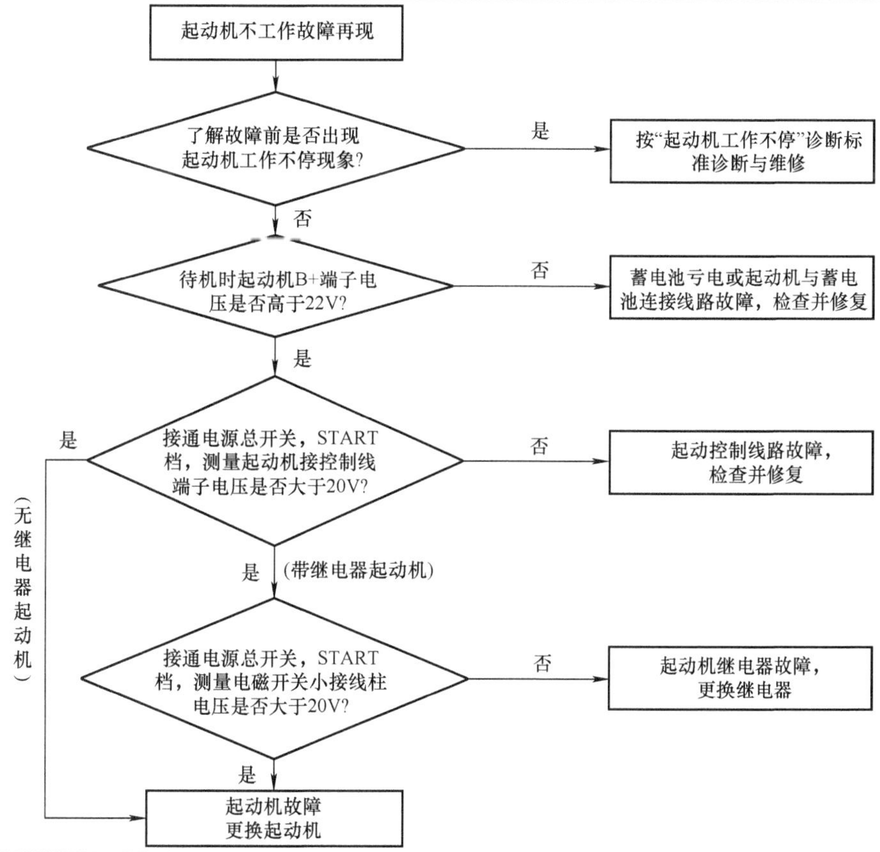 起动机不工作故障再现 ↓ 了解故障前是否出现起动机工作不停现象？——是→按"起动机工作不停"诊断标准诊断与维修 ↓否 待机时起动机B+端子电压是否高于22V？——否→蓄电池亏电或起动机与蓄电池连接线路故障，检查并修复 ↓是 接通电源总开关，START档，测量起动机接控制线端子电压是否大于20V？——否→起动控制线路故障，检查并修复 ↓是（带继电器起动机） 接通电源总开关，START档，测量电磁开关小接线柱电压是否大于20V？——否→起动机继电器故障，更换继电器 ↓是 起动机故障 更换起动机 （无继电器起动机）

（续）

诊断标准	第一步：咨询驾驶人是否曾经出现起动机工作不停现象 如果因工作不停故障导致起动机烧毁，则按"起动机工作不停"故障诊断维修标准检查与排除 第二步：待机时（整车电源接通，ON档）检测起动机接蓄电池端子（B+）电压是否高于22V 若电压小于22V，则为起动机与蓄电池连接线路故障或蓄电池亏电 若电压大于22V，线路正常，进行下一步检查 第三步：接通电源总开关，START档时，测量起动机接控制线端子电压 若电压小于20V（或无电），则为起动机控制线路存在故障，参考起动控制原理图逐步排查以下部件故障： ① 相关熔丝及连接线 ② 起动频繁、起动时间超过30s，触发起动保护 ③ 起动保护继电器 ④ ECM或EECU接起动保护继电器针脚输出 ⑤ 空档继电器、空档开关 ⑥ 点火开关 若电压大于20V，则为起动机故障，进行第四步检查 第四步：接通电源总开关，START档时，用万用表检测起动机电磁开关小接线柱（S端子）电压，如图4-16所示 若电压小于20V，则为起动机继电器故障，更换继电器 若电压大于20V，则为起动机内部故障，更换起动机 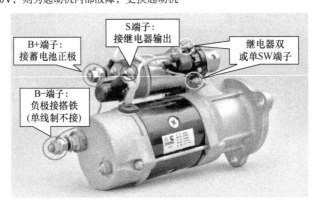 图4-16 起动机接线示意图
维修标准	1. 蓄电池亏电或老化，充电或更换 2. 起动机控制线路连电导致起动机烧毁，应先排除线路故障 3. 起动机控制线路故障：更换或修复 4. 起动机继电器故障，优先更换继电器，不同起动机继电器功能通用 5. 起动机其他部位故障，更换起动机 应急措施：起动机不工作时，可依次轻敲起动保护继电器、起动机继电器、起动机电磁开关等部位，再尝试是否能起动车辆

（2）起动机工作，发动机无法起动故障诊断

故障模式	起动机工作，发动机不能起动
故障描述	起动机能转动，或者能带动发动机转动，但发动机不能起动
故障分析	常见起动机转动发动机不能起动原因如下： 1. 蓄电池容量不足（如亏电）或老化 2. 起动线连接松动或接头处有影响导电的漆层、腐蚀、烧蚀、锈蚀等情况 3. 起动机安装螺栓松动 4. 飞轮壳变形或开裂 5. 飞轮齿环松动或损坏

（续）

故障分析	6. 发动机带大负载起动或内部有卡滞 7. 低温环境下，未使用对应标号的机油，发动机起动时阻力过大 8. 油路故障（如油管堵塞、进气或不供油） 9. 起动机电磁开关线圈烧坏 10. 电磁开关进水锈蚀导致卡滞 11. 起动机内部进水生锈导致功率不足 12. 频繁起动或线路连电导致起动机烧坏或内部接触不良导致功率不足 13. 起动机单向器打滑
诊断流程	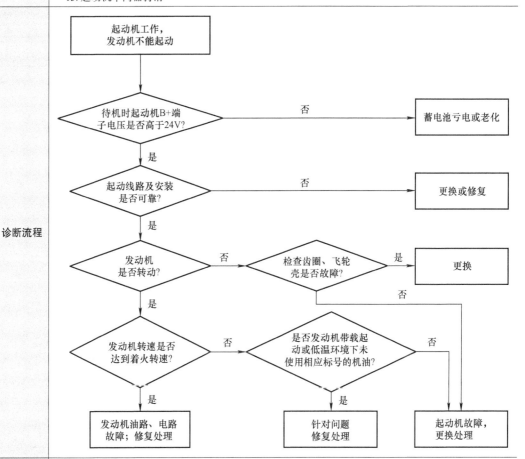
诊断标准	第一步：待机时（ON档，整车电源接通）测量起动机接蓄电池端子（B+）电压 若B+电压低于24V，则检查蓄电池是否亏电或老化，是应充电或更换 若B+电压高于24V，则执行第二步检查 第二步：检查起动机主回路 蓄电池、电源总开关、起动机、发动机、车架线路连接是否紧固，各接头处是否有影响导电的漆层、腐蚀、烧蚀、锈蚀等情况，否则应进行修复或更换；起动机安装螺栓是否紧固 第三步：检查起动时发动机是否转动 若发动机不能转动，则盘动齿圈（从转速传感器安装孔撬动齿圈或用弯杆或棘轮等工具扳动发动机带轮），若能起动发动机，则为齿圈故障。若不能起动发动机，360°检查齿圈，如有断齿、松动或变形应更换。若上述检查未发现故障，则属起动机故障，更换处理 若发动机能转动，则通过发动机转速表观察发动机转速是否达到着火转速。若能达到着火转速（起动有力，转速高于100r/min），则为发动机故障，如油路或电路问题。若达不到着火转速（起动无力，转速低于100r/min），则检查是否存在低温天气机油选用不当或发动机带载起动等因素，以上因素都排除，则为起动机故障

(续)

维修标准	1. 蓄电池亏电（低于24V）或老化，充电或更换 2. 起动机线路连接部位、搭铁部位、无松动、腐蚀、锈蚀、烧蚀、漆层等影响导电性故障 3. 起动机安装螺栓松动需紧固，确保起动机与飞轮壳贴合紧密 4. 齿圈缺陷或损坏：更换齿圈（或飞轮） 5. 飞轮壳缺陷或损坏（如变形或开裂）：更换飞轮壳 6. 低温环境下严格按照规定使用对应标号的机油 7. 排除发动机油路、电路故障 8. 起动机故障：更换起动机 应急措施：疑似起动机打滑或空转时，建议先尝试盘动发动机曲轴或飞轮旋转适当角度，如果能起动发动机，应立即前往服务站接受检查

（3）起动机工作不停故障诊断

故障模式	起动机工作不停
故障描述	松开点火开关（或副起动开关）起动机仍然工作不停，严重时造成起动机烧毁
故障分析	常见导致起动机工作不停原因如下： 1. 起动保护继电器连电 2. 接起动保护继电器的ECM（或EECU）针脚不断电 3. 起动机自身（包括起动继电器、电磁开关）故障
诊断流程	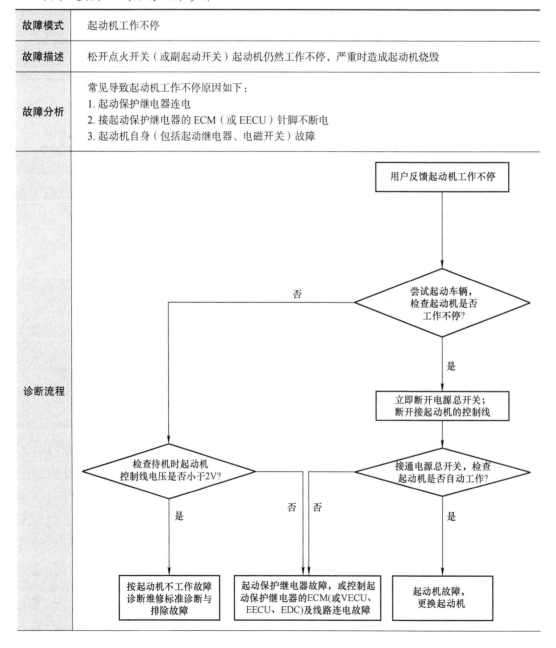

（续）

诊断标准	第一步：尝试起动车辆，检查起动机是否工作不停 若起动机不能工作，执行第三步检查 若继续工作不停，立即断开整车电源，执行第二步检查 第二步：断开起动机起动控制线，然后接通整车电源，检查起动机是否工作 若起动机不工作，则为起动保护继电器连电或控制起动保护继电器的ECM（或VECU、EECU、EDC）及线路连电故障，进一步检查并排除连电故障 若起动机自动工作，则为起动机本身故障导致连电，更换起动机 第三步：检查待机（接通电源、ON档）时起动机起动控制线电压是否小于2V 若大于2V，则为起动保护继电器触点粘连或连电（如进水、受潮、串线等），造成起动机继电器工作后不能断开，使起动机工作不停，甚至烧毁（说明：24V起动继电器吸合电压要求大于12V，但释放电压一般在1~8V之间，如果起动保护继电器因漏电电压大于1V时，就有可能造成处于吸合状态的起动继电器不能及时断开）。进一步检查并排除连电故障或更换起动保护继电器 若小于2V。按起动机不工作故障诊断维修标准诊断与排除故障
维修标准	1. 起动保护继电器连电：更换起动保护继电器 2. ECM（或VECU）接起动保护继电器针脚不断电，更换ECM（或VECU） 3. 线路连电：修复线路 4. 更换故障起动机 应急措施：若外部原因导致起动机工作不停，可在发动机起动前，断开起动机控制线，采取临时搭接起动控制线，起动发动机后立即断开起动机控制线，使起动机停止工作，然后前往服务站诊断与排除故障

【工作任务实施】

<任务准备>

1. 任务计划

工具设备清单见表4-13。

表4-13 工具设备清单

名称	数量	单位
实训车辆	2	台
工具车	2	辆
工具	2	套
三角木	4	块
五件套	2	套

2. 任务决策

根据实训车辆电路图，制订小组任务计划，简要说明任务实施过程的步骤及注意事项，并将项目计划内容填入表4-14中，落实子任务的学习目标。（注意：流程步骤小组自行设计表格可以酌情添加或删减）

表4-14 任务计划表

任务步骤	子任务1 画出实训车辆发动机起动控制原理简图	子任务2 发动机无法起动故障检修
前期准备	（车辆技术资料等）	（车辆技术资料等）
步骤1		
步骤2		
步骤3		
步骤4		
步骤5		
步骤6		

< 任务实施 >

子任务1　画出实训车辆发动机起动控制原理简图

小组根据实训车辆电路图，从中摘画出发动机起动控制原理简图，并讲解该系统控制过程。要求：①系统电路图完整、全面、正确；②页面简洁、格式统一、图文并茂；③选出代表进行讲述。

子任务2　发动机无法起动故障检修

小组根据故障现象，结合实训车辆电路图，制订诊断计划，并按计划实施排除故障。然后制作案例PPT，做班级分享汇报。

【工作小结与思考】

1. 本节重点学习了发动机起动控制原理。
2. 在执行任务时要求学生对实车具有一定的使用操作基础。
3. 整个任务实施过程的步骤和注意事项，充分体现了安全和标准意识。

工作情境五 检修新能源商用车 5

任务 1　新能源商用车维修安全操作

【任务导入】

作为一名商用车维修人员，面对新能源商用车保有量快速增长的态势，需要更好地做到安全规范地开展维修作业，因此加强对新能源商用车高压电安全操作和现场救护相关知识的了解和掌握变得尤为必要。为了更好地做到安全规范准确地开展纯电动商用车检修作业，掌握纯电动商用车检修的注意事项，请你为新入职的同事介绍纯电动商用车检修需要做的防护措施和救护方面的相关知识。

【工作内容分析】

<认知目标>

1. 了解电对人体的危害。
2. 掌握基本的触电急救措施。
3. 了解电动商用车高压保护措施。
4. 掌握电动商用车的高压部件。

<能力目标>

1. 能够按照电动商用车高压安全操作规程对车辆进行操作。
2. 能够正确使用测量工具进行相关的检测。
3. 能够正确进行电动商用车绝缘性检测。

<素养目标>

1. 形成安全环保等标准意识。
2. 培养团队协作沟通能力。

<任务拆解>

子任务 1　制作电气危害及救助的 PPT
子任务 2　对车辆高电压部件进行绝缘检测

【学习资料准备】

电可对人体构成多种伤害。例如，电流通过人体，人体直接接受电流能量会遭到电击；电能转换为热能作用于人体，致使人体受到烧伤或灼伤；人在电磁场的辐射下，吸收电磁场的能量也会受到伤害。与其他伤害不同，电流对人体的伤害事先没有任何预兆。伤害往往发生在瞬息之间，而且人体一旦遭受电击，防护能力迅速降低。这两个特点都增加了电流伤害的危险性。

知识点1：电流对人体的危害

人碰到带电的导线，电流通过人体就叫触电。触电后，会对人体和内部组织造成不同程度的损伤。触电时，让人体受伤的是电流而不是电压。电流对人体的伤害有三种：电击、电伤和电磁场伤害。电击指电流通过人体，破坏人体心脏、肺及神经系统的正常功能。电伤指电流的热效应、化学效应和机械效应对人体的伤害，主要是指电弧烧伤、熔化金属溅出烫伤等。电磁场伤害指在高频磁场的作用下，人会出现头晕、乏力、记忆力减退、失眠、多梦等症状。

（1）电击电流的大小及危害

电击是由于电流流过人体而造成的。电流流过人体时，对人体造成的伤害程度，和很多因素都有关，比如个体的体质、心情状况，电流的大小、持续时间等。当人体通过大约0.6mA的电流时就会引起麻刺的感觉；通过50mA的电流时就会有生命危险。一般人体流过不同的电流后，身体的反应情况见表5-1。

表5-1 人体对不同电流的反应

流过人体的电流	人体的反应
0.6～1.5mA	手指开始感觉发麻
2～3mA	手指感觉强烈发麻
5～7mA	手指肌肉感觉痉挛，手指感觉灼热和刺痛
8～10mA	手指关节与手掌感觉痛，手已难以脱离电源
20～25mA	手指感觉剧痛，迅速麻痹，不能脱离电源，呼吸困难
50～80mA	呼吸麻痹，心房开始震颤，强烈灼痛，呼吸困难
90～100mA	呼吸麻痹，持续3s或更长时间后，心脏麻痹或心房停止跳动

（2）电流流过人体的路径

电流通过头部可使人昏迷；通过脊髓可能导致瘫痪；通过心脏会造成心跳停止，血液循环中断；通过呼吸系统会造成窒息。因此，从左手到胸部是最危险的电流路径；从手到手、从手到脚也是很危险的电流路径；从脚到脚是危险性较小的电流路径。电流由一手进入，另一手或一足流出，电流通过心脏，即可立即引起室颤；通过左手触电比通过右手触电严重，因为这时心脏、肺部、脊髓等重要器官都处于电路内。人体各部位阻值如图5-1所示。

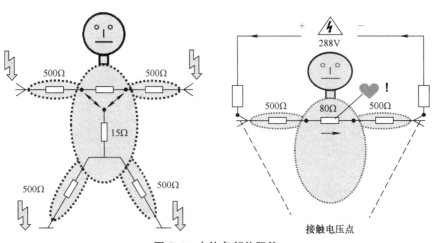

图5-1 人体各部位阻值

（3）摆脱电流

人在触电后能够自行摆脱带电体的最大电流叫摆脱电流。成年男性平均摆脱电流约为16mA；成年女性平均摆脱电流约为10.5mA；儿童的摆脱电流较成人要小。摆脱电流是人体可以忍受而一般不会造成危险的电流。若通过人体的电流超过摆脱电流且时间过长，会造成昏迷、窒息，甚至死亡。

（4）致命电流

在短时间内危及生命的最小电流为致命电流，其值即致命阈值。致命电流与电流持续时间关系密切。当电流持续时间超过心脏周期时，致命电流仅为50mA左右，当电流持续时间短于心脏周期时，致命电流为数百毫安。

（5）交流电对人体的危害

工频交流电的危害性大于直流电，因为交流电主要是麻痹破坏神经系统，往往难以自主摆脱。一般认为40~60Hz的交流电对人最危险。随着频率的增加，危险性将降低。当电源频率大于2000Hz时，所产生的损害明显减小，但高压高频电流对人体仍然是十分危险的。对于交流电，如果电流在心脏的滞留时间达到10~15ms，就会致命（心室纤维化颤动）。电流的类型不同，对人体的损伤也不同。直流电一般引起电伤，而交流电则电伤与电击同时发生。

（6）安全电压

虽然电流是让人受伤的罪魁祸首，但人体可等效成一个电阻，根据欧姆定律（$I = U/R$）可知，流经人体电流的大小与外加电压和人体的电阻有关。影响人体电阻的因素很多，通常流经人体电流的大小无法事先计算出来。因此，为确定安全，往往不采用安全电流，而是采用安全电压来进行估算。根据GB 4943—2011规定：在干燥的条件下，相当于人的一只手的接触面积上，峰值电压高达交流42.4V或直流电压高达60V的稳态电压视为不具危险的电压，即安全电压。

1）危险电压：> AC 42.4V 或 DC 60V。

2）安全电压：< AC 42.4V 或 DC 60V。

（7）人体的电阻

人体的电阻是不确定的，皮肤干燥时一般为几千欧姆左右，而一旦潮湿可降到1kΩ（冬季及皮肤干燥时，人体电阻可达1.5~7kΩ；皮肤裂开或破损时，电阻可降至300~500Ω）。人体不同，对电流的敏感程度也不一样，一般来说，儿童较成年人敏感，女性较男性敏感。患有心脏病者，触电后的死亡可能性就更大。身体越强健，受电流伤害的程度越轻。因此，触电时女性比男性受伤害更重，儿童比成人更危险，患病的人比健康的人遭受电击的危险性更大。

（8）电击及事故后果

1）电击效应：电流低于导通限值时，会有相应的电击效应，从而容易因肢体不受控制和失去平衡而导致受伤。

2）热效应：电流导入导出点处会发生烧伤和焦化，也会发生内部烧伤。结果是导致肾脏负荷过大，甚至造成致命的伤害。

3）化学效应：血液和细胞液成为电解液并被电解。结果是发生严重的中毒，中毒情况在几天后才能被发现，因此伤害极大。

4）肌肉刺激效应：所有的身体功能和人体肌肉运动都是由大脑通过神经系统的电刺激来控制的。如果通过人体的电流过高，肌肉开始抽搐，大脑无法控制肌肉组织。例如，握紧的拳头再也无法打开或者移动。如果电流经过了胸腔，肺会产生痉挛（呼吸停止），心脏的跳动节奏会被中断（心室纤维化颤动，无法进行心脏的收缩扩张运动）。

知识点2：电气事故及原因

电会对人体造成多种伤害。电动汽车出现绝缘故障时，会对电动汽车动力电池组、驱动电机、电机控制器、车载充电机等内部设备造成损伤。例如，当电机某相绕组对地绝缘电阻过小时会造成电机控制器过电流，可能造成IGBT模块击穿或烧损。

由于电气原因而造成的人身伤亡和设备损坏事故叫作电气事故。它包括人身事故和设备事故。人身事故包括电流伤害、电磁伤害、雷电伤害、电气设备故障造成人身伤害等。设备事故包括短路、漏电和操作事故等。发生人身事故和设备事故，大多数是由于违反安全操作规程或安全技术规程造成的，具体原因如下。

（1）缺乏电气安全知识

缺乏基本的安全知识和技能：一些人对电气安全的基本知识和技能不了解，如如何正确使用电气设备、如何处理电线以及如何预防电气火灾等。这种知识缺乏可能会导致错误操作，从而引发电气事故。有些人可能会使用不合适的设备或线路，如使用低于安全标准的电线或插座，或者将高功率的设备连接到小功率的插座上。这些不合适的设备或线路可能会导致电气事故。

（2）违反操作规程

违章操作规程是引起电气事故的原因之一，如违反停电检修安全工作制度，因误合闸造成维修人员触电；违反带电检修安全操作规程，使操作人员触及电器的带电部分；在带电情况下移动电器设备导致触电；用水冲洗或用湿布擦拭电气设备；违章救护他人触电，造成救护者一起触电；对有高压电容的线路检修时未进行放电处理导致触电。

（3）设备不合格

使用了不合格的电气产品，也能导致电气事故。电气设备缺少保护设施造成电器在正常情况下损坏和触电；当带电作业时，使用不合理的工具或绝缘设施造成维修人员触电；产品使用劣质材料，使绝缘等级、抗老化能力降低，容易造成触电；电热器具使用塑料电源线造成触电。

（4）设备失修等

1）缺乏定期维护和检修：设备没有定期进行维护和检修，导致设备老化或损坏，从而引发电气事故。

2）设备过载或超负荷运行：设备长时间过载或超负荷运行，加速了设备的老化或损坏，从而引发电气事故。

3）设备安装或配置不当：设备在安装或配置时没有按照规定的要求进行，如没有正确安装电线或插座，或者将设备连接到不合适的电源上，这些不当的安装或配置可能会导致电气事故。

4）缺乏检查和监控：设备没有得到充分的检查和监控，导致设备出现故障或异常情况时无法及时发现和处理，从而引发电气事故。

（5）绝缘故障

绝缘故障通常有高压部位直接对车身的绝缘失效、高压部位对设备外壳的绝缘失效等。

1）高压部位直接对车身的绝缘失效。下面以高压母线正极对车身绝缘失效为例进行分析，如图5-2所示。如果母线正极对车身的绝缘电阻值变小（可能由于高压母线本身或者某一设备发生了正极对车身地绝缘故障而造成），则当人体接触到负极母线时，通过人体的电流值可能较大。如果绝缘电阻值减小到使通过人体的电流超过安全电流限值的时候，就会发生电击事故。

2）高压部位对设备外壳的绝缘失效。如图5-3所示，假设某一高压电气设备正极出现对外壳的碰壳或漏电故障，那么当人体一端接触到带电外壳，另一端与高压母线负极直接接触时，即使人体与车身是绝缘的，人体仍旧相当于接触到高压母线正、负两极，因此仍然会有危险的漏电流（图5-3中虚线所示的途径）流过人体，从而造成对人员的间接电击。

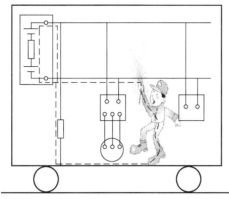
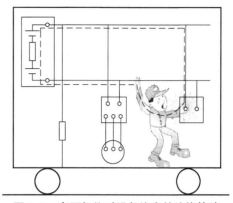

图 5-2 高压母线正极对车身的绝缘故障　　图 5-3 高压部位对设备外壳的绝缘故障

知识点 3：人体触电的方式

人体触电有直接触电（单线触电、两线触电）和间接触电（跨步电压触电、其他触电形式）两种方式。直接触电指人体直接接触或过分靠近电气设备及线路的带电导体而发生的触电现象。间接触电指人体触及了在正常运行时不带电，而在意外情况下带电的金属部分。其他触电形式包括感应电压触电、剩余电荷触电、静电触电、雷电电击等。

（1）单相触电

单相（线）触电是人体某一部分触及一相电源或接触到漏电的电气设备，电流通过人体流入大地造成触电。分为电源中性点接地的单相触电（占多数）和电源中性点不接地的单相触电，如图 5-4 所示。

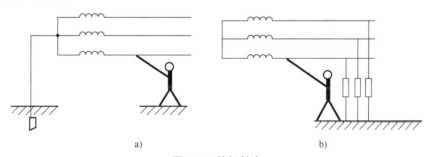

图 5-4 单相触电

a）中性点接地系统的单相触电　b）中性点不接地系统的单相触电

人体与大地互不绝缘单相触电情况下，人体的某一部位触及三相电源线中的任意一根导线，电流从带电导线经过人体流入大地而造成的触电伤害，如图 5-5a 所示。

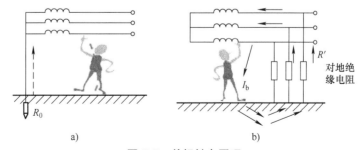

图 5-5 单相触电原理

a）人体与大地互不绝缘单相触电　b）人体与大地互不绝缘单相触电电流回路

人体接触某一相时，通过人体的电流取决于人体电阻 R_b 与输电线对地绝缘电阻 R' 的大小。若输电线绝缘良好，绝缘电阻 R' 较大，对人体的危害性就减小。但导线与地面间的绝缘可能不良（R' 较小），甚至有一相接地，这时人体中就有电流通过，如图 5-5b 所示。

（2）双相触电

双相触电也叫相间触电，是指在人体与大地绝缘的情况下，同时接触到两根不同的相线，或者人体同时触及电气设备的两个不同相的带电部位时，电流由一根相线经过人体到另一根相线，形成闭合回路，如图 5-6 所示。此时人体承受的线电压将比单相触电时高，危险性更大。

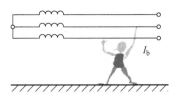

图 5-6　双相触电

（3）接触正常不带电的金属体

当电气设备内部绝缘损坏而与外壳接触，将使其外壳带电。当人触及带电设备的外壳时，相当于单相触电。大多数触电事故属于这一种。

（4）跨步电压触电

跨步电压触电是指高压电网接地点或防雷接地点及高压相线断落或绝缘损坏处，有电流流入地下时，强大的电流在接地点周围的土壤中产生电压降。如果误入接地点附近，应双脚并拢或单脚跳出危险区，如图 5-7 所示。从安全防护的角度而言，在查找接地故障点时，应穿绝缘靴，以防跨步电压电击。

图 5-7　跨步电压触电

知识点 4：电击预防

预防直接接触电击主要分为绝缘、屏护和间距三类（最常见的安全措施）。绝缘是用绝缘物把带电体封闭起来。屏护是采用遮栏、护罩、护盖、箱闸等将带电体同外界隔绝开来。间距是将可能触及的带电体置于可能触及的范围之外。

（1）绝缘

绝缘是为防止人体触及而用绝缘物把带电体封闭起来。瓷、玻璃、云母、橡胶、木材、胶木、塑料、布、纸和矿物油等都是常用的绝缘材料。

注意：很多绝缘材料受潮后会丧失绝缘性能，或在强电场作用下遭到破坏，丧失绝缘性能。

电动汽车中涉及 4 种绝缘，包括基本绝缘、附加绝缘、双重绝缘、加强绝缘。

1）基本绝缘：带电部件上对防触电（在没有故障的状态下）起基本保护作用的绝缘。

2）附加绝缘：为了在基本绝缘故障情况下防止触电，而在基本绝缘之外使用的独立绝缘。

3）双重绝缘（double insulation）。同时具有基本绝缘和附加绝缘的绝缘。双重绝缘使用的例子如具有两层护套的电线等。举例说明：一根电源线有基本绝缘，如果再套一层纤维管或热缩管，那么增加的这一层绝缘叫作附加绝缘，附加绝缘从形式上看是一层绝缘，但本质上相当于双重绝缘的功能。

4）加强绝缘（reinforced insulation）。带电部件上提供相当于双重绝缘保护程度的绝缘结构。一种绝缘结构并不意味着绝缘材料必须是同类材料，它可以由几种不同于基本绝缘或附加绝缘的绝缘层组成。加强绝缘使用的例子很多，如一般电器产品的塑胶外壳、电动汽车交流充电插座等。

对于电动汽车高压系统来说，高压系统中所有零部件（如车载充电器，驱动电机，电机控制器，高压分线盒，DC/DC变换器等），均与高压蓄电池是并联关系，所以这些零部件（包括高压蓄电池）中任何一个零部件发生绝缘故障，均可以通过测量高压蓄电池正、负极的对地绝缘电阻来检测出。

在实际电动汽车中，整个系统的绝缘电阻是所有高压部件绝缘电阻的并联值。依据GB/T 18384.3的要求，高压系统绝缘值应大于$100\Omega/V$，而SAE J1766和ECE R100标准规定绝缘值应大于$500\Omega/V$。这要求高压母线上的设备本身的绝缘电阻值要远大于上述要求值。

因此，对于电动汽车高压系统而言，其等效绝缘电阻与整个系统的工作状态密切相关，这对整个高压系统的绝缘状态监测提出了很高的要求。电动汽车发生绝缘故障之后会对操作者和设备带来不同程度的伤害，设备通常采用各级别保护措施，对于操作者来说即使在绝缘故障工况下，只要按照一定的规则操作就不会发生危险。

（2）电击防护用具

电击防护用具主要包括绝缘手套、绝缘靴、绝缘工具、护目镜。绝缘工具的选用要根据操作的高压范围确定。

1）绝缘手套。绝缘手套如图5-8所示。常用绝缘手套绝缘等级一般为1000V/300A以上，拆除及安装高压部件时使用。

2）绝缘靴。绝缘靴如图5-9所示，拆除及安装高压部件时使用。

图5-8 绝缘手套　　　　　　　图5-9 绝缘靴

3）绝缘工具。绝缘工具如图5-10所示，拆除及安装高压部件时使用。

4）护目镜。护目镜如图5-11所示，拆除及安装高压部件时使用。

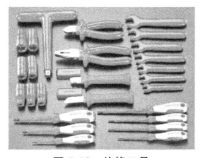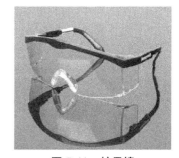

图5-10 绝缘工具　　　　　　　图5-11 护目镜

知识点5：电击的急救

（1）急救措施

援救电气事故中受伤人员时，应谨记：你自身的安全是第一位的！绝对不要去触碰仍然与电压有接触的人员！如果可能，马上将电气系统断电（关闭点火开关或者马上拔出维修接头)！用不导电的物体（木板、扫帚把等）把事故受害者或者导电体与电压分离。

（2）急救流程

急救流程如图5-12所示。

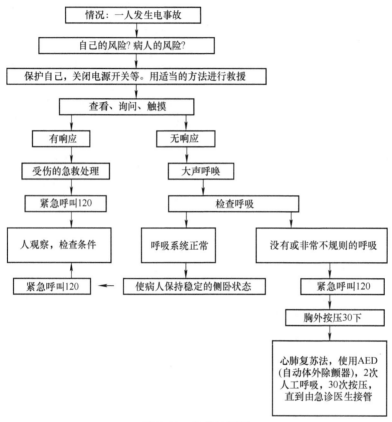

图5-12 急救流程图

知识点6：车辆的电气防护

在电动汽车上由于存在高压电，为了保证驾驶和维修安全，必须进行必要的电气防护，主要有高压正极和高压负极使用各自单独的高压线、IT系统带有等电位线用于引开接触电压、插头和连接均有接触保护、蓄电池上有可控的高压正极触点和高压负极触点、高压蓄电池上的保养插头在拔下断电或电压下降、功率电子装置内有电绝缘式DC/DC变换器、功率电子装置内的中间电容器会进行放电、高压元件上有互锁安全线、高压元件有绝缘监控、在识别出碰撞时蓄电池上的高压触点就会断开等相应措施。

（1）高压电气防护

对于电动汽车的高压部分，电气网络结构决定了从供电器（比如高压蓄电池）到用电器（比如电机）的电能传输路径，如图5-13所示。电气网络结构中的第1个字母表示供电器与车身的连接，T代表已连接，I代表绝缘；第2个字母表示用电器的壳体与车身的连接，N代表未连接，但与起保护作用的不带电地线连接了，T代表以电位补偿方式（等电位）连接。

1）TN系统+TT系统。如果从正极到壳体的导线出现故障，那么无论当前行驶状态是什么，高压系统都会立即被切断（断电），如图5-14所示。

2）IT-系统。由于高压电有单独的回路，与壳体绝缘，所以就不会有电流经车身或者地流向蓄电池。优点：如果从正极到壳体的导线出现故障，IT系统不会被断电，如图5-15所示。

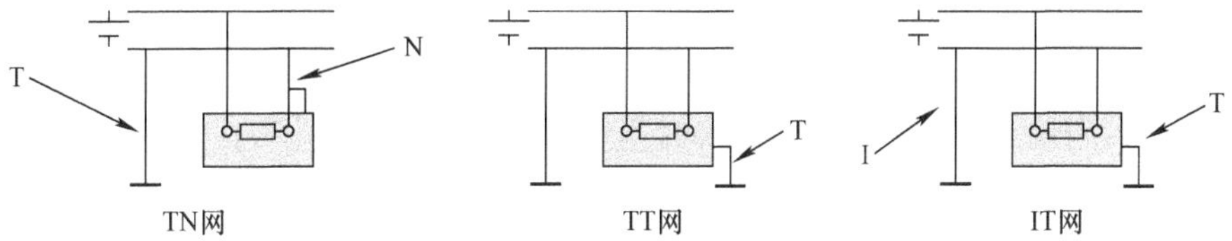

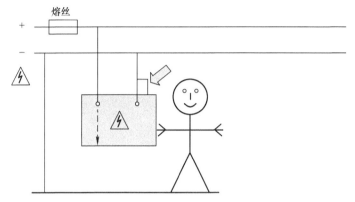

图 5-13 电气网络结构

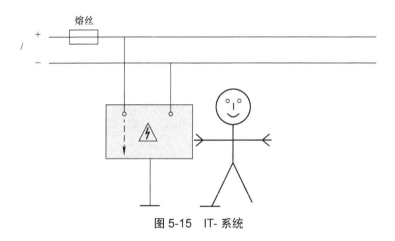

图 5-14 TN 系统 +TT 系统

图 5-15 IT- 系统

3) T- 系统出现等电位连接故障,如图 5-16 所示。

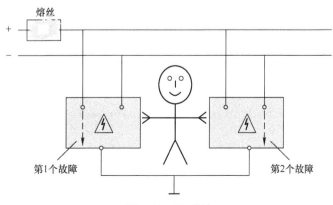

图 5-16 T- 系统

第1个故障：系统仍能工作，组合仪表上有黄色警报信息。

第2个故障：电池管理系统（BMS）会将高压系统切断（断电），同时系统内会短路，功率电子装置内和保养插头内的熔丝会熔断，组合仪表上会有红色警报信息，高压系统无法工作，也无法重新起动。

4）IT-系统出现非等电位连接故障，如图5-17所示。

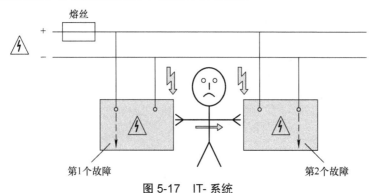

图5-17　IT-系统

第1个故障：无安全风险。

第2个故障：电流可能会流经全身。

（2）高压电缆防护

高压正极和高压负极使用各自单独的高压线（高压电缆），它们通过各自单独的导线与高压部件相连接，车身不用作接地（搭铁），如图5-18所示。高压导线都制成橙色的。

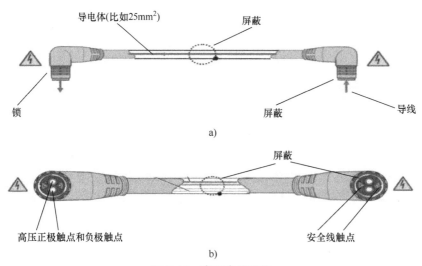

图5-18　高压电缆结构

a）单芯高压电缆的结构　b）双芯高压电缆的结构

（3）插头的接触保护和插座的接触保护

新能源商用车的插头接触保护和插座接触保护都具有特殊的结构形式，某电动商用车的插头结构如图5-19所示。

（4）高电压系统的高压互锁

安全回路线是个环形线路，通过12V电网元件来监控高电压电网。不可在未断开安全回路线的情况下就拔下保养插头，如图5-20所示。安全回路线要是断路的话，会导致高压系统立即被切断。

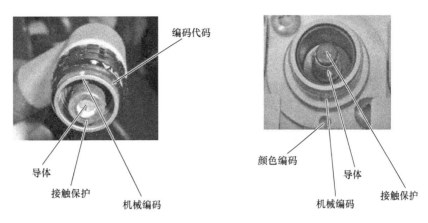

图 5-19 插头结构

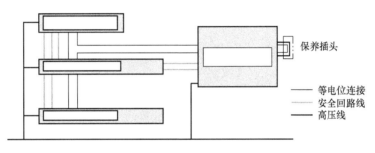

图 5-20 高压互锁（见彩插）

（5）DC/DC 变换器内的安全防护

电气分离装置会将 DC/DC 变换器的一次绕组和二次绕组分离开。与车身搭铁的连接仍是接在 12V 车载供电网络上，如图 5-21 所示。因此，一次绕组和二次绕组之间就不会有电。

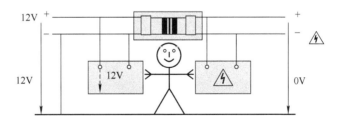

图 5-21 DC/DC 变换器内的安全防护

（6）电容器放电

在电机控制器或功率电子装置内安装有电容器，电容器具有放电作用。通过放电可以消除功率电子装置内电容器上的残余电压，主动放电是由电池管理系统来操控的，每次切断高压系统或者中断控制线，都会发生主动放电过程。被动放电是为了保证即使已把部件拆卸下来，也可以把残余电压消除掉。为了能把残余电压可靠消除掉，在拔下保养插头后，需要等待一段时间，然后才可以开始高压部件的检修工作。

知识点 7：对电动车辆维修的安全操作规程

新能源商用车辆的维修人员需具备一定的资质，必须遵守一定的安全操作规程。否则是不允许对新能源商用车进行操作维修的。

(1) 维修高电压车辆人员资质

维修电动汽车的人员必须获得国家安监局电工作业资格并参加过厂家的电气培训,经过授权才能检修有高压系统的车辆,并负责给车辆作标志和工作场所的防护。

(2) 高电压技师的主要工作

高电压技师的主要工作有断开高电压系统供电并检查是否已绝缘;严防高电压系统重新合闸;将高电压系统接通重新投入使用;对高电压系统上的所有作业负责;培训和指导经销商内部所有与高电压系统相关的人员,使得这些人员在监督下能执行高压作业。

(3) 车辆标识和工作区安全

维修车间内配备有高压装置的车辆,必须进行标识,如专用的警示标牌、防止其他人员进入工作区的标识。

(4) 高压维修的操作规程

在检查或维修高压系统时,应遵循以下安全措施。

1) 关掉点火开关,将钥匙妥善保管。
2) 断开低压电池负极端子。
3) 戴好绝缘手套。
4) 拆除维修塞。
5) 等待 10min 或更长时间,以便使电容放电。
6) 用绝缘乙烯胶带包裹被断开的高压线路插接器。

(5) 检查绝缘手套

在使用绝缘手套前,应确认无裂纹、磨损以及其他损伤。侧位放置手套,卷起手套边缘,然后松开两三次,折叠一半开口封住手套,确认无空气泄漏,如图 5-22 所示。

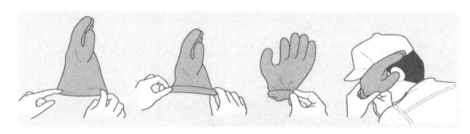

图 5-22 绝缘手套检查方法

(6) 检修高压系统时的注意事项

所有橙色的线均带高压,可能危及生命。不得将喷水软管和高压清洗装置直接对准高压部件。高压接头上不可使用机油、润滑脂和触点清洗剂等。在高压导电部件附近进行检修工作时,必须先让系统断电。在进行焊接、用切削工具加工以及用尖锐工具进行操作时,必须先让系统断电。所有松开了的高压接头必须严防进水和污物。损坏的导线必须予以更换,佩戴有电子/医学生命和健康维持装置的人(比如带心脏起搏器)不得检修高压系统(包括点火系统)。必须使用合适的测量仪器,检修进水的高压系统时要非常小心。(潮湿的部件,尤其是带有融雪盐的部件是非常危险的)

【工作任务实施】

<任务准备>

1. 任务计划

1) 工具设备清单见表 5-2。

表 5-2 工具设备清单

名称	数量	单位
实训车辆	2	台
工具车	2	辆
工具	2	套
三角木	4	块
五件套	2	套
绝缘地垫	2	块

2)实操预演。

车辆高电压部件绝缘检测

2. 任务决策

根据实训车辆,制订小组任务计划,简要说明任务实施过程的步骤及注意事项,并将项目计划内容填入表 5-3 中,落实子任务的学习目标。(注意:流程步骤小组自行设计表格可以酌情添加或删减)

表 5-3 任务计划表

任务步骤	子任务 1 制作电气危害及救助的 PPT	子任务 2 对车辆高电压部件进行绝缘检测
前期准备	(车辆相关技术资料)	(车辆相关技术资料)
步骤 1		
步骤 2		
步骤 3		
步骤 4		
步骤 5		
步骤 6		

<任务实施>

子任务 1 制作电气危害及救助的 PPT

以小组为单位,查阅收集相关资料,设计制作出电气危害及救助的 PPT,要求:①内容总结系统全面,数据准确;②页面简洁、格式统一、图文并茂;③选出代表进行讲述。

子任务 2 对车辆高电压部件进行绝缘检测

实施步骤	标准/图示	过程记录
前期准备		① 现场环境检查,设置警戒线和警示牌 ② 仪表工具检查 ③ 做好车辆防护 ④ 穿戴高压防护服

(续)

实施步骤	标准/图示	过程记录
高压断电	 图 5-23 拆卸维修开关  图 5-24 拆卸高压电缆	① 关闭点火开关，断开辅助蓄电池负极 ② 拆卸维修开关，如图 5-23 所示 ③ 拆卸动力电池高压电缆，如图 5-24 所示
绝缘检测	 图 5-25 绝缘电阻检测	① 对高压部件进行验电操作 ② 进行高压线束的绝缘检测 ③ 进行动力电池正负极与车身绝缘电阻检测，如图 5-25 所示
整理恢复		① 将拆卸的高压部件装复 ② 清洁整理设备、工具和场地

【工作小结与思考】

1. 本节重点学习了电流对人体的危害、电气事故及原因、电击的预防及急救措施、车辆的防护及安全操作规程。

2. 在执行任务时，务必按照安全规范操作规程进行操作。

3. 整个任务实施过程的步骤和注意事项，充分体现了安全和标准意识。

任务 2　检修新能源商用车动力系统

【任务导入】

随着新能源汽车技术的快速发展，新能源商用车销量逐年增长。作为一名商用车售后服务人员，掌握新能源商用车技术，并能安全规范地对动力系统进行检修显得尤为重要。一辆纯电动商用车行驶几千米以后出现高压掉电现象，仪表动力电池故障灯亮起，系统故障灯也亮起，车辆无法行驶。作为一名商用车售后服务人员，请你维修客户的车辆。

工作情境五

检修新能源商用车

【工作内容分析】

<认知目标>
1. 掌握动力电池系统内部组件功能及 BMS 工作原理。
2. 掌握各类驱动电机结构及工作原理,以及控制器工作原理。
3. 掌握旋变传感器结构及工作原理。
4. 掌握整车控制系统控制逻辑关系。

<能力目标>
1. 能够正确更换动力系统各零件及内部组件。
2. 能够正确使用测量工具进行相关的检测。
3. 能够进行常见典型故障分析、诊断和排除。

<素养目标>
1. 形成安全环保等标准意识。
2. 培养团队协作沟通能力。

<任务拆解>
子任务 1 更换动力电池
子任务 2 驱动电机拆装与检修
子任务 3 整车不上电故障诊断与排除

【学习资料准备】

知识点 1:动力电池系统

(1)动力电池系统的作用

动力电池系统是电动商用车的能量源,它除了为整车提供持续稳定的能量,还承担以下主要任务。

1)计算整车的剩余电量和充电提醒。
2)对动力电池的温度、电压、湿度进行检测。
3)漏电检测和异常情况报警。
4)充放电控制和预充电控制。
5)电池一致性的检测。
6)系统自检等。

(2)动力电池类型和特点

电池可分为一次电池(不可充电电池),如锂电池、干电池、贮备电池;二次电池(可充电电池),如铅酸电池、镍镉电池、镍氢电池、锌空气电池、锂离子电池,如图 5-26 所示。

电动汽车用动力电池主要有铅酸电池、金属氢化物镍氢电池、锂离子电池等,具体参数见表 5-4。

锂离子电池的传统结构包括石墨阳极、锂离子金属氧化物构成的阴极和电解液(有机溶剂)。最常见的锂离子电池以碳为阳极,以碳酸乙烯酯和碳酸二甲酯溶解六氟磷酸锂溶液为电解液,以二氧化锰酸锂为阴极。相较镍氢电池,锂离子电池具有相对较高的工作电压和较大的比能量,是镍氢电池的 3 倍。此外,锂离子电池体积小、质量轻、循环寿命长、自放电率低、无记忆效应且无污染。

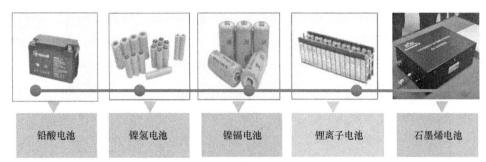

图 5-26 动力电池

表 5-4 动力电池参数

电池类型	比能量 /(W·h/kg)	比功率 /(W/kg)	能量效率（%）	循环寿命 / 次
铅酸电池	30～50	150～400	80	500～1000
镍镉电池	30～50	100～150	75	1000～2000
镍氢电池	60～80	200～400	70	1000～1500
锂离子电池	100～200	200～350	>90	1500～3000

（3）动力电池系统组成部件及功能

动力电池系统由四部分组成：动力电池箱、电池模组、电池管理系统（BMS）和辅助元器件，如图 5-27 所示。

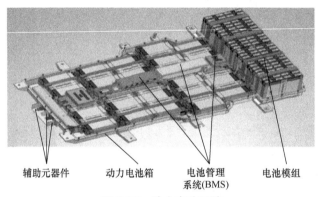

图 5-27 动力电池系统

1）动力电池箱。动力电池箱负责支撑、固定、包围电池系统的组件，主要包含上盖和下托盘，还有一些辅助元件，如过渡件、护板、螺栓等，如图 5-28 所示。动力电池箱有承载及保护动力电池组及电气元件的作用。

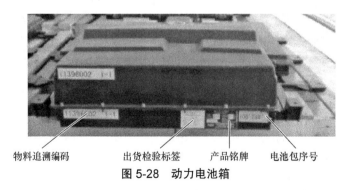

图 5-28 动力电池箱

技术要求：电池箱体螺接在车身地板下方，其防护等级为IP67，螺栓拧紧力矩为80~100N·m。整车维护时需观察电池箱体螺栓是否有松动、电池箱体是否破损严重变形、密封法兰是否完整，确保动力电池可以正常工作。

外观要求：电池箱体外表面颜色要求为银灰或黑色，亚光；电池箱体表面不得有划痕、尖角、毛刺、焊缝及残余油迹等外观缺陷，焊接处必须打磨圆滑。

2）电池模组是由数百只甚至上千只电芯通过串联或者并联组合而成的，从而输出高压、大电流，如图5-29所示。电芯是构成动力电池模块的最小单元。电芯额定电压为3.2V。电池模块是一组并联的电芯的组合。模组是由多个电池模块串并联组成的一个组合体。

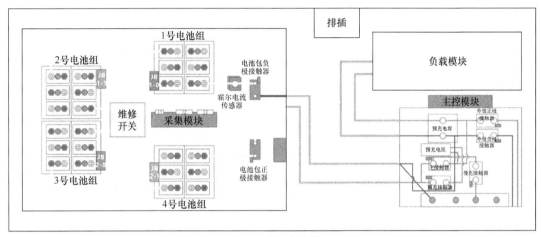

图5-29 动力电池模组

3）辅助元器件主要包括动力电池系统内部的电子电气元件（如熔断器、继电器、分流器、插接件、紧急开关、烟雾传感器等），和一些支持件（如密封条、绝缘材料等）。

① 主继电器。主继电器主要包含主正继电器和主负继电器，主正继电器如图5-30所示，在一些电池中，主正继电器由BMS控制，主负继电器由VCU控制。它的作用是控制回路的通断。

② 预充继电器。在充、放电初期闭合预充继电器进行预充电，预充完成后断开预充继电器，BMS控制预充继电器闭合或断开。

③ 加热继电器与熔丝。温度对动力电池的性能影响很大，因此在动力电池内部设有增温和降温结构及相应的热管理系统。纯电动商用车目前使用较多的为磷酸铁锂电池，其特性是高温性能好，因此在动力电池内部设有加热功能。在充电过程中，当动力电池温度低于设定值时，BMS控制加热继电器闭合通过熔丝接通加热，如图5-31所示。

④ 电流传感器。电流传感器监测充、放电电流的大小，防止系统过电流。

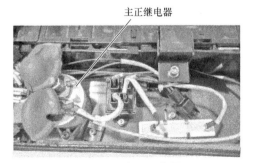

图5-30 主正继电器

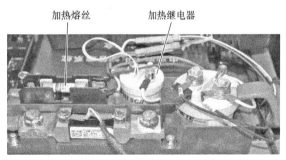

图5-31 加热继电器与熔丝

（4）BMS

BMS是动力电池保护和管理的核心部件，它能提高电池的利用率，防止电池出现过充电和过放电，延长电池的使用寿命。

1) BMS的主要作用。

① 通过电压、电流传感器采集动力电池组的模块电压、总电压和总电流，控制动力电池组的充放电，监控电池的状态（图5-32），防止电池出现过充电和过放电，延长电池的使用寿命。

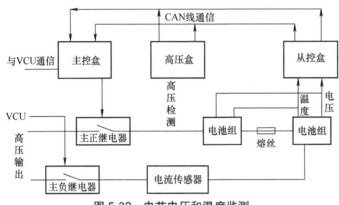

图5-32 电芯电压和温度监测

② 作为电池和整车控制器以及驾驶者沟通的桥梁，并向整车控制器（VCU）上报动力电池系统的基本参数、剩余电量及故障信息。

③ 具有高压回路绝缘监测功能，能检测电池组与箱体、车体等之间的绝缘状况。

④ 通过对温度的监测实现动力电池高温和低温保护。

2) BMS组成。BMS可分为硬件和软件两部分。

① BMS的硬件：高压盒、从控盒、主控盒，以及采集电压、电流、温度等数据的电子器件。

② BMS的软件：监测电池的电压、电流、SOC值、绝缘电阻值、温度值，通过与VCU、充电机的通信，来控制动力电池系统的充放电。如图5-33所示，其主要有四个监测点，分别为主正继电器内、主正继电器外、主负继电器内、主负继电器外。

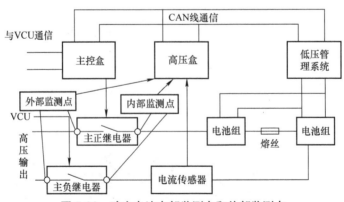

图5-33 动力电池内部监测点和外部监测点

（5）动力电池系统工作原理

1) 动力电池充电原理。

① 充电之前—加热。在充电初期，从控盒监测每个电池模组的温度，并反馈给主控盒。主控盒接收到从控盒反馈的实时温度，并计算出最大值与最小值，当监测到温度低于设定

值时，主控盒控制加热继电器闭合，通过加热元件、加热熔断器接通电路，进行加热，如图 5-34 所示。

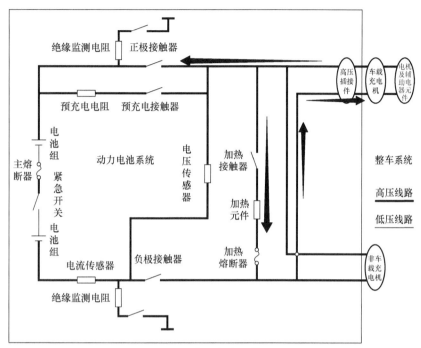

图 5-34　动力电池加热原理

② 充电初期—预充电。在充电初期，VCU 唤醒 BMS，BMS 进行自检和初始化，完成后上报给 VCU。VCU 控制主负继电器闭合，BMS 控制预充继电器闭合，对各电芯进行预充电，确定电芯无短路后，BMS 将断开预充继电器，预充完成，如图 5-35 所示。

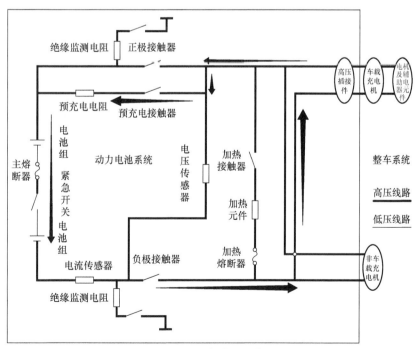

图 5-35　动力电池预充电原理

③ 充电。预充电完成之后，BMS 断开预充继电器，闭合主正继电器，对电池组进行充电，如图 5-36 所示。

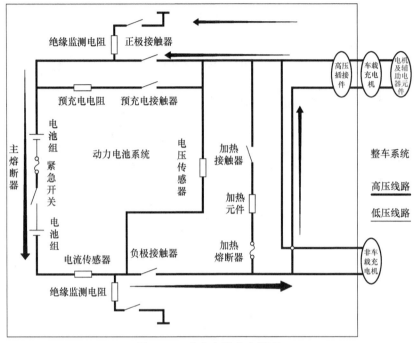

图 5-36 动力电池充电原理

2）动力电池放电原理。

① 放电初期—预充，VCU 唤醒 BMS，BMS 进行自检和初始化，完成后上报给 VCU。VCU 发出高压上电指令，BMS 开始按顺序控制继电器的闭合和断开。因电路中电机控制器和空调压缩机控制器等含有电容，在放电初期，BMS 控制预充继电器进行闭合，需低电压、小电流给各控制器电容充电，当电容两端电压接近电池总电压时，断开预充继电器。

② 放电。预充电完成之后，BMS 断开预充继电器，并闭合主正继电器，电池组进行放电。

3）绝缘监测。BMS 具有高压回路绝缘监测功能，能监测电池组与箱体、车体等的高压绝缘状况。如图 5-37 所示，正极接触器和负极接触器高压母线端均设有监测电路，具体监测电路回路路径如下：

电池组正极端—绝缘监测电阻—绝缘继电器—接地。

电池组负极端—绝缘监测电阻—绝缘继电器—接地。

（6）商用车动力电池系统常见故障

下面以东风新能源商用车 KZ9 车型为例，具体讲解新能源动力电池的拆装及常见故障检测、排除及维修。动力电池总成包括电池箱、动力电池主控箱、高压电缆等。

1）动力电池总成安装及布置。东风新能

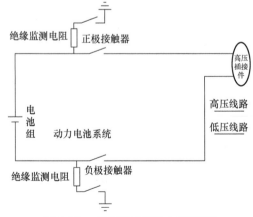

图 5-37 绝缘监测电路（见彩插）

源商用车动力电池总成在底盘上的安装位置如图 5-38 所示，动力电池布置图如图 5-39 所示，动力电池主控箱总成上各接口定义如图 5-40 所示。

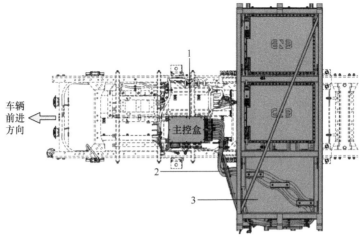

图 5-38 新能源商用车动力电池总成底盘安装图（东风）

1—动力电池主控盒　2—高压电缆　3—动力电池箱体

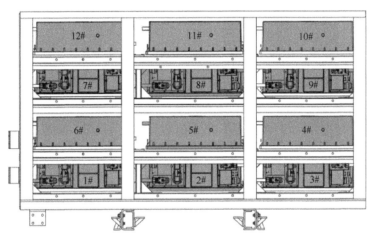

图 5-39 新能源商用车动力电池布置图（东风）

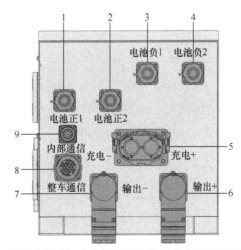

图 5-40 新能源商用车动力电池主控箱总成上各接口定义（东风）

1—动力电池总成 1# 正极　2—动力电池总成 7# 正极　3—动力电池总成 6# 负极
4—动力电池总成 12# 负极　5—接高压充电电缆总成　6—接高压线缆总成 - 蓄电池总正至高压配电盒
7—接高压线缆总成 - 蓄电池总负至高压配电盒　8—接车架线束总成　9—接电池内部通信线

2）新能源商用车 BMS 原理。新能源商用车电池管理系统（BMS）的工作原理如图 5-41 所示。

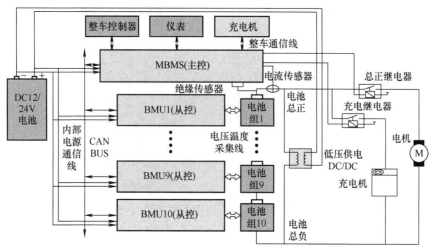

图 5-41 新能源商用车电池管理系统工作原理图（东风）

3）动力电池拆卸。

① 断开低压电源总开关，如图 5-42 所示。

② 翻转驾驶室，拆下维修开关（Manual Service Disconnector，MSD），MSD 带有高压互锁装置，在实际操作过程中首先解开插接器锁定滑块后旋转把手，期间会先断开高压互锁开关，信号反馈给电路控制管理系统后切断电源，然后到垂直位置再拔出熔丝盒。这个过程大概持续一小段时间，可以避免在操作过程中直接拔出带电部件从而产生的拉弧现象，保护作业人员安全。拔出维修开关如图 5-43 所示。

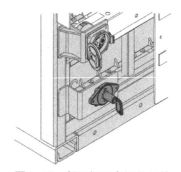

图 5-42 断开低压电源总开关

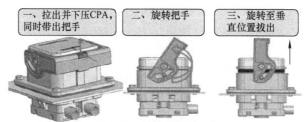

图 5-43 拔出维修开关

③ 拆卸动力电池主控箱上的高压电线束及充电线束，如图 5-44 所示。

④ 按照图 5-45 所示顺序依次拆卸动力电池外罩总成。

⑤ 拆卸动力电池总成连接信号线束总成，如图 5-46 所示。

⑥ 拆卸高压电缆线总成与动力电池总成连接端螺栓，取下高压电缆线束总成，如图 5-47 所示。

⑦ 拆卸动力电池角铁压板及动力电池总成支架固定螺栓，如图 5-48 所示。

⑧ 用行车吊起动力电池总成及支架总成，移出动力电池总成，或用叉车将动力电池总成拖出，如图 5-49 所示。

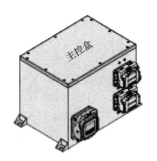 

图 5-44 拆卸动力电池主控箱

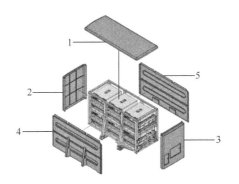 

图 5-45 拆卸动力电池外罩总成
1—动力电池外罩-顶 2—右侧板-动力电池外罩
3—动力电池外罩总成 4—动力电池防护板-前下蒙皮
5—动力电池防护板-后下蒙皮

图 5-46 拆卸动力电池总成
连接信号线束总成

a) b)

c) d)

图 5-47 拆卸高压电缆线总成与动力电池总成连接端螺栓
a）用扳手拆卸高压电缆线总成螺母 b）拆卸高压电缆线接头保护盖
c）拆卸高压电缆线束总成与动力电池总成连接螺栓 d）取下高压电缆线束总成

图 5-48 拆卸动力电池角铁压板及动力电池总成支架固定螺栓　　图 5-49 吊出动力电池总成

4) 动力电池安装。

① 用行车吊装动力电池及支架总成,用叉车将动力电池总成移入安装支架内。

② 安装动力电池支架总成及固定角铁螺栓。

③ 安装高压电缆线总成与动力电池总成高压线束总成,动力电池端连接螺柱为铝制材料,拧紧力矩不宜过大,拧紧力矩 16N·m。

④ 连接动力电池总成信号线束总成。

⑤ 安装动力电池外罩总成。

⑥ 安装动力电池主控箱上高压电线束及充电线束。

⑦ 安装维修开关,落下驾驶室总成。

⑧ 闭合低压电源总开关,检查系统是否正常。

5) 动力电池维护保养。为了使动力电池处于最佳状态,需要定期(至少 3 个月或 10000km)对动力电池进行保养维护,以达到动力电池的一致性。如果车辆需要长期停放,应做好下列准备。适当的准备有助于增加动力电池的使用寿命,并易于重新起动车辆。如有可能,应将车辆停放在室内。

① 产品存储环境要求:相对湿度 10%~90%;温度 -30~60℃。

② 存放时,SOC 不宜过低,存放时间不宜过长,这样既可避免过满自放电严重,也可避免过欠电压容易进入死点,导致电池休克。

③ 动力电池在搁置过程中会发生自放电现象,用户在搁置动力电池时,确保动力电池 SOC 处于 70%~80%,车辆搁置时间不得超过 30 天。

④ SOC 低于 30%、环境温度超过 55℃或低于 -20℃的情况下,搁置时间不得超过 24h。

⑤ 若电动车长期不使用,须每隔一个月进行一次充电保养。

⑥ 电动车在长期停放后的首次使用前须进行充电。

6) 动力电池常见故障。新能源商用车动力电池一般故障诊断见表 5-5,常见故障诊断见表 5-6。

表 5-5　新能源商用车动力电池一般故障诊断

序号	故障现象	可能原因分析	故障排除方法
1	不能充电,物理连接完成,但未启动充电	动力电池已充满	动力电池已充满时,充电会自动停止
		温度低于 -20℃或高于 55℃	在充电前允许动力电池加热或冷却,将车辆置于适宜温度的环境内,待温度正常后再充电
		充电设备故障	确认充电设备电源指示灯正常,或无其他异常提示。否则更换充电设备进行充电或联系充电设备供应商
		车辆显示故障	确定组合仪表上有动力系统故障灯点亮,或是有充电系统故障提示语,则停止充电,并与商用车授权服务站联系
		电源断电	电源恢复后,需要重新连接充电设备

(续)

序号	故障现象	可能原因分析	故障排除方法
2	充电中途停止充电	充电插座端子接触不良	确认充电连接装置电缆没有虚接
		充电连接装置开关被按下	充电连接装置开关被按下则停止充电,需重新连接充电连接装置,启动充电
		动力电池温度过高	组合仪表显示动力电池温度过高报警指示灯点亮,充电会自动停止,待电池冷却后再充电
		车辆或充电桩发生故障	确认充电桩或车辆有故障提示,与商用车授权服务站联系

表 5-6 新能源商用车动力电池常见故障诊断

故障类型	故障部位	故障现象	故障可能原因分析	故障排除方法
绝缘故障	绝缘不良	整车仪表报"绝缘故障"	绝缘表检测,实测高压绝缘阻值 ≤ 20MΩ	修复绝缘不良部件或更换部件
			绝缘表检测,实测低压绝缘阻值 ≤ 15MΩ	修复绝缘不良线路或更换部件
电压不均衡	单体欠电压	充电末端某单体电压明显高于普遍值(压差超过 250mV)	万用表检测,实测单体电压与采集电压一致	单体补电、均衡或更换电芯
		放电末端某单体电压明显低于普遍值(压差超过 400mV)		
		静置 1h 后某单体电压明显低于普遍值(压差超过 50mV)	万用表检测,实测单体电压与采集电压偏差 ≥ 10mV	修正或更换从控板
	单体过电压	静置 1h 后某单体电压明显高于普遍值(压差超过 50mV)	万用表检测,实测单体电压与采集电压一致	单体放电、均衡或更换电芯
			万用表检测,实测单体电压与采集电压偏差 ≥ 10mV	修正或更换从控板
BMS 通信故障	电压显示异常	仪表不显示电压	BMS 主控板无低压输入	检查低压输入线路及低压蓄电池,接入低压
			CAN 线 / 插接件连接异常	修复线束连接
		仪表显示某单体电压为 0	主控板低压输入正常,CAN 线连接正常	更换主控板
			实测电压与显示电压一致	更换电芯
			实测电压正常	更换从控板
			从控板无低压输入	检查低压输入线路,接入低压
		仪表显示多颗单体电压为 0	CAN 线 / 插接件连接异常	修复线束连接
			低压输入正常,CAN 线连接正常	更换从控板
			实测电压与显示电压一致	更换电芯
	温度异常	仪表显示异常温度为 -40℃ 或 125℃	温度传感器连接异常	修复线束连接
			温度传感器损坏	更换温度传感器
			线路连接正常,传感器正常	更换从控板
	电流显示异常	充电时电流显示与充电机设定值偏差过大(偏差 ≥ 10A)	钳流表检测,充电机输出电流与高压回路电流一致	修复充电机
			钳流表检测,充电机输出电流与高压回路电流不一致	修正电流传感器或更换主控板
高压异常	整车断高压	排除电压显示异常、BMS 通信故障的情况下整车起动无高压	高压插接件松动或损坏、继电器不吸合等	更换继电器、检查并修复低压控制电路或者更换主控板

知识点2：驱动电机系统

（1）纯电动商用车电驱动系统

电动汽车采用驱动电机替代了传统内燃机汽车原有的内燃机提供动力，在汽车行驶时，动力电池组经功率变换器向电机供电。当电动汽车采用电制动时，驱动电机运行在发电状态，将汽车的部分动能回馈给动力电池组对其充电，以延长电动汽车的续驶里程。

整车控制器接收加速踏板、制动踏板、停车、前进、倒车、空挡和转向盘的输出信号，经过信号处理，输入电机控制器，控制驱动电机转速和转矩，再通过减速器和差速器驱动车轮带动汽车运动。也可以省略整车控制器，由电机控制器直接接收各类信号。具体控制原理如图5-50所示。控制系统中具体的关键核心部件外形如图5-51所示。

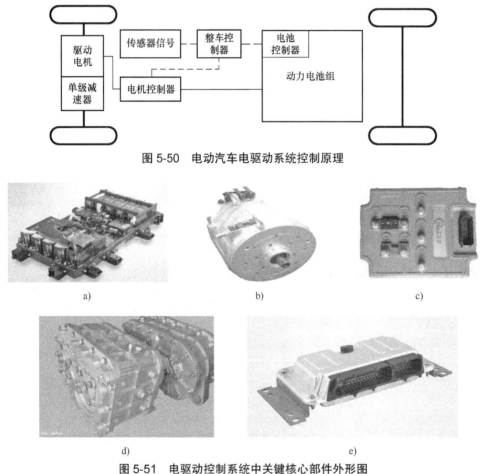

图 5-50 电动汽车电驱动系统控制原理

图 5-51 电驱动控制系统中关键核心部件外形图
a）动力电池组 b）驱动电机 c）电机控制器 d）减速器 e）整车控制器

电驱动系统的特性要求主要由以下三个方面决定：驾驶性能要求、车辆的性能约束以及车载能量系统的性能。

1）驾驶性能要求包括汽车动力性能、制动性能以及续驶里程等。
2）车辆的性能约束主要是指车型、车重以及载重等。
3）车载能量系统性能与蓄电池、燃料电池、超级电容、飞轮及各种混合型能源有关。

电动汽车驱动电机系统种类较多，最早采用直流电机驱动系统，成本低、控制简单，但重量大,需要定期维护。随着电力电子技术、自动控制技术、计算机控制技术的发展,包括异步电机及永磁电机在内的交流电机系统性能越来越优越,目前已逐步取代了直流电机系统。

(2)电动商用车驱动电机种类

目前电动商用车驱动电机系统常采用有刷直流电机系统、异步电机系统、无刷直流电机系统、永磁同步电机系统、开关磁阻电机系统五大类型。严格意义上说无刷直流电机系统、永磁同步电机系统、开关磁阻电机系统都属于同步电机类型。

1)直流电机。有刷直流电机典型结构及参数如图5-52所示,主要包括四个核心部件:主磁极、电枢绕组、换向器和电刷,其励磁方式可分为他励、并励、串励和复励,如图5-53所示。

图 5-52 实物直流电机半剖结构图及铭牌参数

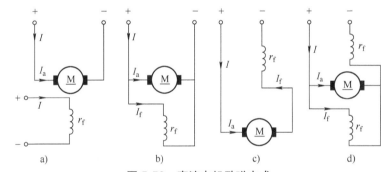

图 5-53 直流电机励磁方式

a)他励 b)并励 c)串励 d)复励

有刷直流电机体积和质量大,存在换向火花、电刷磨损以及电机本身结构复杂等问题,需要定期维护,因而应用受到了限制,目前电动汽车已经很少应用了。城市中的无轨电车和电动叉车较多采用直流电机驱动系统,很多电动观光车和电动巡逻车也使用直流电机。

2)交流电机。交流电机是用来实现交流电能向机械能转换的一种电力机械,它分为交流同步电机和交流异步电机两种,其中异步电机又称为感应电机,如图5-54所示。与直流电机类似,异步电机同样包括固定不动的定子部分和旋转的转子部分。

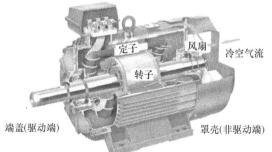

图 5-54 实物异步电机半剖结构图及铭牌参数

异步电机控制器要与相应的驱动电机配合使用。交流驱动具有功率密度大、易维护、效率高等明显优点。在不同种类的交流电机中，异步电机由于价格低、维护简单、结构体积小，在电动汽车中应用较多。近年来随着电力电子技术、微电子技术、微型计算机技术、稀土永磁材料、传感器技术与电机控制理论的快速发展，永磁无刷电机驱动技术逐渐成熟。

3）开关磁阻电机。开关磁阻电机是集现代微电子技术、数字技术、电力电子技术、红外光电技术及现代电磁理论、设计和制造技术为一体的高新技术。它利用磁阻效应，通过改变磁路的磁阻来控制电机的旋转，因此其设计原则是转子旋转时磁路的磁阻要有尽可能大的变化，所以开关磁阻电机定、转子均采用所谓的双凸极结构，并且定转子凸极数不同，否则电机无法工作。开关磁阻电机系统的基本构成如图5-55所示，主要包括开关磁阻电机本体和电机驱动控制器。

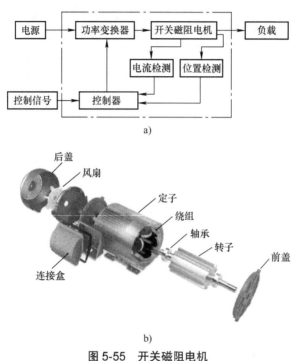

图 5-55　开关磁阻电机
a）开关磁阻电机驱动控制器系统的基本构成　b）开关磁阻电机结构

开关磁组电机结构简单、成本低、可高速运转。控制器通过电子电路控制功率开关器件的导通与关断，功率开关器件又控制电机各相绕组的导通与关断，从而使电机旋转。

开关磁阻电机兼具直流、交流两类调速系统的优点，目前已成为交流电机调速系统、直流电机调速系统强有力的竞争者。开关磁阻电机系统的主要缺点是：有转矩脉动；传动系统的噪声与振动比一般电机大；出线头较多，如三相开关磁阻电动机至少有四根出线头，四相开关磁阻电机至少有五根出线头，而且还有位置检测器出线端。

上述缺点通过对电动汽车电机进行精心设计，采取适当措施，并从控制角度考虑采用合理策略可以得到改进。

（3）纯电动商用车电机及附件

下面选取东风公司TE81纯电动商用车为例进行说明。该车采用永磁同步电机，永磁同步电机以永磁体提供励磁，使电机结构较为简单，降低了加工和装配费用，且省去了容易出问题的集电环和电刷，提高了电机运行的可靠性；又因无须励磁电流，没有励磁损耗，提高了电机的效率和功率密度。

永磁同步电机由定子、转子和端盖等部件构成。定子与普通感应电机基本相同，采用叠片结构以减小电机运行时的铁耗，其中装有三相交流绕组，称作电枢。其具体结构如图 5-56 所示。

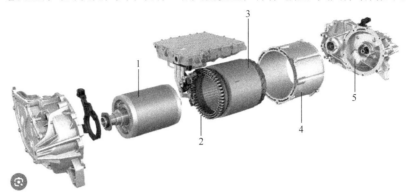

图 5-56 永磁同步电机基本结构

1—转子 2—线圈 3—定子 4—电机外壳 5—电机端盖

东风公司 TE81 纯电动商用车驱动电机及 AMT 总成外观如图 5-57 所示。

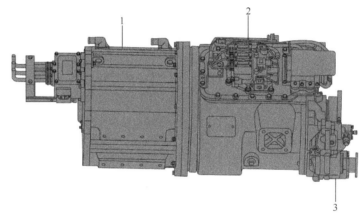

图 5-57 驱动电机及 AMT 总成外观图

1—驱动电机总成 2—变速器总成 3—取力器总成

东风公司 TE81 纯电动商用车驱动控制系统工作原理如图 5-58 所示，主要是通过控制电机的转速和转矩，实现车辆的加速、减速等动作，并通过回收制动能量将动能转化为电能储存到电池组中，以实现能量的高效利用。具体的工作原理如下：

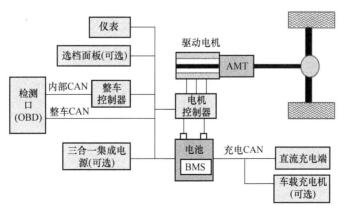

图 5-58 驱动控制系统工作原理

1)电池组提供电能,电机控制器(MCU)将电能转换为电机能够使用的电能。

2)传感器感知车辆的行驶状态,如车速、制动状态等,并将相应的信号传输给整车控制器(VCU)。VCU根据传感器的信号,将相应的执行信号传输给电机控制器,电机控制器控制电机的转速和转矩,使车辆加速、减速等。VCU还可以根据车辆的行驶状态,控制电机的回收制动,将动能转化为电能储存到电池组中。

3)MCU起到连接电机和控制器的作用,将控制器发出的指令转换为电机的动作。

驱动电机及控制系统总成在底盘上的安装位置,如图5-59所示。

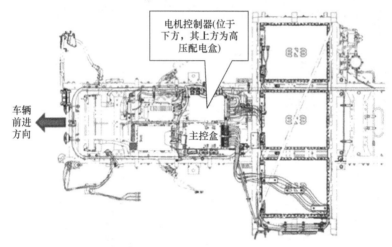

图5-59 驱动电机及控制系统总成在底盘上的安装位置

主驱动电机控制器(MCU)总成上的各接口定义如图5-60所示。

(4)纯电动商用车主要故障检修

1)驱动电机总成的拆卸。

①断开低压电源总开关,如图5-61所示。

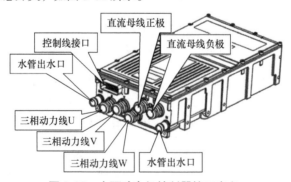

图5-60 主驱动电机控制器接口定义

②翻转驾驶室,拆下维修开关(大),如图5-62所示。注意:车辆熄火后,必须将车辆放置10min以上,以确保主回路滤波电容器充分放电,再进行以下操作。

③排放冷却系统冷却液,如图5-63所示。

④拆卸驱动电机高压电线束,如图5-64所示。

⑤拆卸驱动电机冷却水管、低压线束、搭铁线,如图5-65所示。

⑥拆卸变速器总成线束和取力器开关线束,如图5-66所示。

⑦拆卸中间传动轴与变速器连接端及传动轴吊架总成,如图5-67所示。

⑧对变速器进行稳定支撑,拆卸驱动电机悬置,如图5-68所示。

图 5-61　断开低压电源总开关

图 5-62　拆下维修开关

图 5-63　排放冷却液

图 5-64　拆卸驱动电机高压线束

图 5-65　拆卸驱动电机冷却水管

图 5-66　拆卸变速器总成线束

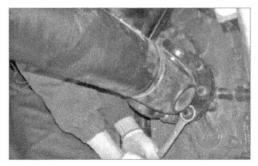

图 5-67　拆卸传动轴总成

图 5-68　支撑变速器总成

⑨ 拆卸变速器总成悬置。

⑩ 用托架将驱动电机和变速器总成从车架下方拉出，如图 5-69 所示。

⑪ 拆卸驱动电机总成与变速器总成安装螺栓，分开驱动电机与变速器总成，如图 5-70 所示。

图 5-69　取出驱动电机和变速器总成　　　图 5-70　分开驱动电机和变速器总成

2）驱动电机总成的安装。

① 将驱动电机总成和变速器总成装复在一起，用托架将驱动电机和变速器总成合件推进车架下方。

② 安装驱动电机悬置。

③ 安装中间传动轴与变速器连接端及传动轴吊架总成。

④ 连接变速器总成线束和取力器开关线束。

⑤ 安装驱动电机冷却水管、低压线束、搭铁线。

⑥ 安装驱动电机高压连接线束。

⑦ 加注冷却液，并检查冷却液液位。

⑧ 安装维修开关，落下驾驶室总成。

⑨ 闭合低压电源总开关，检查系统是否正常。

3）纯电动商用车电机诊断方法。纯电动商用车电驱动系统中，电机控制器部分发生故障的概率要远远高于电机，其中逆变桥 IGBT 的开路和短路故障又占了相当大的比重。IGBT 短路后造成的烧蚀如图 5-71 所示。IGBT 的短路故障已有成熟的检测方案，即通过硬件电路检测 IGBT 的 CE 压降，可以准确判别故障管。IGBT 发生短路故障的原因主要表现为支路短路（1 个 IGBT）、串联支路短路（一个桥臂、IGBT 同时短路）、输出短路、接地短路 4 类，如图 5-72 所示。

在实际中，根据故障诊断仪读取的状态是 IGBT 故障和母线电流传感器检测母线电流过电流。故障点 IGBT 的故障诊断方案如下：

① 戴好高压手套，并将绝缘垫摆放至正确位置。

② 断开动力电池维修开关。

③ 高压控制盒、电机控制器和驱动电机之间的电气连接，使电机控制器部分电气独立，记录相关线束插接件位置以及接口信息，主要包括：高压控制盒与电机控制器之间的两根高压线束；电机控制器与驱动电机之间的三根高压线束；高压控制盒与电机控制器之间的低压线束；电机控制器与驱动电机之间的低压线束。

 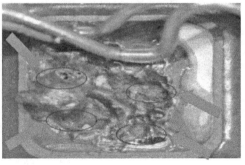

图 5-71　短路故障之后的 IGBT

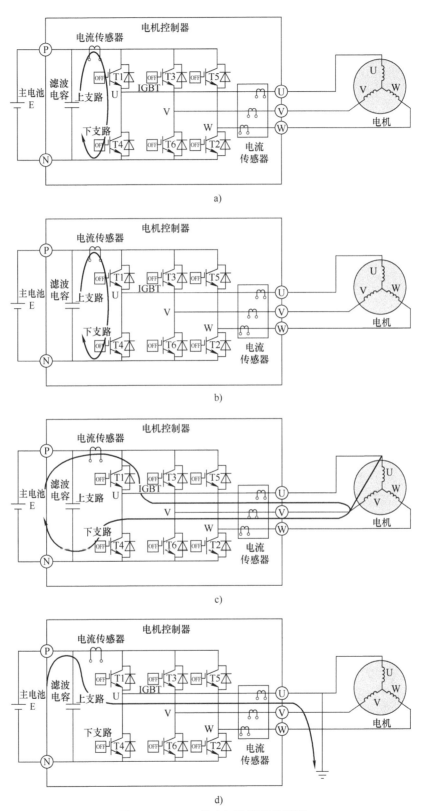

图 5-72 IGBT 发生短路故障的原因

a) 支路短路 b) 串联支路短路 c) 输出短路 d) 接地短路

（5）纯电动商用车电机典型故障及处理方法（表5-7）

表5-7　纯电动商用车电机典型故障及处理方法

序号	故障现象	故障原因	处理方法
1	电机在空载时不能起动	①电源未接通 ②电机控制器中逆变器控制原因 ③定子绕组故障（短路、断路、接地等） ④电源电压太低	①检查开关、接触器触点及电机引出线头，查出后修复 ②检查逆变器 ③检查定子绕组，找出故障并修复 ④检查电源电压和每个连接处
2	电机通电后，电机不起动，"嗡嗡"响	①定子、转子绕组断路 ②绕组引出线始末端接错或绕组内部接反 ③电机负载过大或被卡住 ④电源未能全部接通	①查明断路点进行修复 ②定子绕组中通入直流电，检查绕组极性（用指南针）；判定绕组始末端是否正确 ③检查设备，排除故障 ④紧固接线柱松动的蝶钉，用万用表检查电源线某相断线或假接故障，然后修复
3	定子过热	①输电线一相断线或定子绕组一相断路，造成走单相 ②过载 ③绕组匝数不对 ④通风不良	①按序号1中处理方法的①和③进行检查 ②减少负载或增加容量 ③检查绕组电阻 ④检查风机是否正常
4	绝缘电阻过低	①绕组受潮或被水淋湿 ②绕组绝缘粘满粉尘、油垢 ③引出线绝缘老化破裂 ④绕组绝缘老化	①进行加热烘干处理 ②清洗绕组油垢，并经干燥、浸漆处理 ③重包引线绝缘 ④经鉴定可以继续使用时，清洗干净重新涂漆处理；若绝缘老化，不能安全运行时，需更换绝缘

知识点3：电控系统

纯电动汽车的整车控制系统通常由低压电气控制系统、高压电气控制系统、整车网络控制系统三部分组成。整车控制系统能对汽车的各个环节进行管理、协调和监控，以提高整车能量利用效率，确保车辆的安全性和可靠性。

1）整车控制系统的作用。整车控制系统的工作原理如图5-73所示。在车辆运行时，传

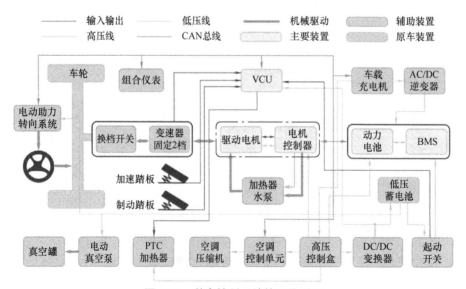

图5-73　整车控制系统的工作原理

感器和各子系统控制器将整车运行的信息与实时状态反馈给 VCU；同时，VCU 根据驾驶人意图和整车控制策略进行运算，并将控制指令通过 CAN 总线和各硬件接口传输给各子系统控制器或执行器。

2）整车控制系统的功能。纯电动汽车的整车控制系统功能包括驾驶人意图解析、整车状态监测与显示、整车工作模式判断与驱动控制、整车能量优化管理、整车通信网络管理、制动能量回收控制、故障诊断和处理、电动辅助系统管理、远程控制等。

① 驾驶人意图解析。整车控制系统可根据加速踏板和制动踏板信号，解析驾驶人的驾驶意图（如加速、减速、制动等）。具体来说，就是 VCU 根据相关计算规则，将驾驶人发出的加速踏板和制动踏板信号转化为驱动电机的转矩命令直接（或通过 CAN 总线）传送给电机控制器，控制电机控制器的输出功率，进而控制驱动电机转速。

② 整车状态监测与显示。整车控制系统能通过传感器和 CAN 总线对车辆的状态进行监测，并将各子系统的状态信息和故障诊断信息发送给车载信息显示系统，使其通过组合仪表显示出来。显示内容包括车速、里程、驱动电机转速、温度，动力电池的电量、电压、电流，故障信息等。

③ 整车工作模式判断与驱动控制。整车控制系统通过各种状态信息（如起动开关状态、充电信号、加速/制动踏板位置、车速等）来判断当前需要的整车工作模式（包括充电模式和行驶模式），然后根据当前的参数和状态及前一段时间的参数和状态，核算出当前车辆的转矩能力和即将输出的合理转矩，以达到驱动控制的目的。

④ 整车能量优化管理。整车控制系统能通过整车控制器控制用电设备（包括驱动电机、空调、制动设备、转向设备和冷却设备等）来对车辆的能量进行优化管理，从而提高车辆的续驶里程。

⑤ 整车通信网络管理。整车控制系统能对整车通信网络进行管理，并通过 CAN 总线协调驱动电机系统、空调系统、转向系统、制动系统和冷却系统等系统间的通信，具体包括信息的组织与传输、网络状态的监控、网络节点的管理、信息优先权的动态分配、网络故障诊断与维修等。

⑥ 制动能量回收控制。整车控制系统能对制动能量进行回收利用。它能对车辆行驶速度、驾驶人制动意图和动力电池的状态进行综合判断，并控制驱动电机回收制动能量。制动能量回收控制的具体过程为：当纯电动汽车达到制动能量的回收条件时，VCU 将向电机控制器发送指令，使驱动电机工作在再生制动状态，让部分制动能量储存在动力电池中，从而提高整车能量的利用效率。

⑦ 故障诊断和处理。整车控制系统能监控车辆电控系统，并对其进行故障诊断和相应安全保护处理。另外，整车控制系统还能根据传感器的输入信息及 CAN 总线的通信信息，对各种故障进行诊断、等级分类、报警显示、故障码存储等。对于不太严重的故障，整车控制系统还能让纯电动汽车做到"跛行回家"。

⑧ 电动辅助系统管理。电动辅助系统包括电动空调系统、电动控制系统、电动助力转向系统、辅助动力电池加热系统等。整车控制系统将根据动力电池状态，对电动辅助系统进行管理。

⑨ 远程控制。整车控制系统能使纯电动汽车实现远程控制，包括远程信息查询、远程充电控制、远程空调控制等。

3）整车控制器结构与原理。整车控制器为纯电动汽车的调度控制中心，负责与车辆其他部件进行通信，协调整车的运行，其结构如图 5-74 所示，主要包含电源电路、开关量输入/输出模块、A/D 采集模块及 CAN 通信模块。

① 整车控制器的原理，如图 5-75 所示。

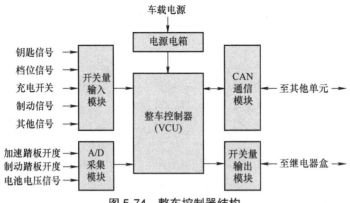

图 5-74　整车控制器结构

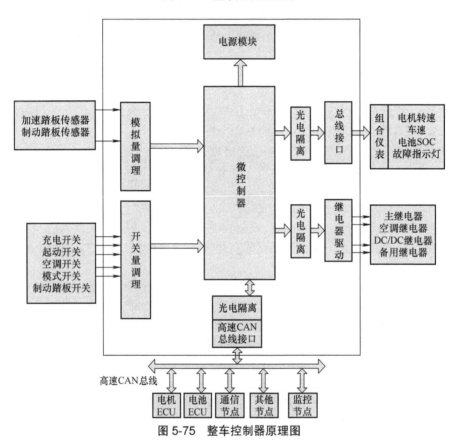

图 5-75　整车控制器原理图

a）电源电路。电源电路负责从车载 12V 蓄电池取电，为控制器和各输入、输出模块提供隔离电源。

b）开关量输入 / 输出模块。开关量输入模块接收的信号主要有钥匙信号、档位信号、充电开关信号、制动信号等；开关量输出信号主要是控制继电器，其在不同整车系统中意义略有不同，一般情况下控制如水泵继电器及 PTC 继电器等。

c）A/D 采集模块。A/D 采集模块主要采集加速踏板和制动踏板开度信号及蓄电池电压信号。

d）CAN 通信模块。CAN 通信模块负责与整车其他设备通信，主要设备有电机控制器（MCU）、电池管理系统（BMS）及充电机等。

② 整车控制器工作原理。纯电动汽车比较重要的开关信号和模拟信号由传感器直接传递给整车控制器（VCU），而不通过 CAN 总线。开关信号包括钥匙信号、档位信号、充电开关信号、制动信号等；模拟信号包括加速踏板信号、制动踏板信号、蓄电池电压信号等。纯电动汽车上的其他具有独立系统的电器，一般通过共用 CAN 总线的方式进行信息传递。

动力电池系统实时监测并上报给 VCU 的参数包括总电流、总电压、最高单体电压、最低单体电压、最高温度、动力电池包荷电状态，某些系统还监测动力电池包健康状态（SOH）。

VCU 发送给动力电池系统的命令包括充电、放电和开关指令。

a）充电。在最初的充电连接信号确认后，整车处于禁止行车状态，VCU 交出控制权。整个充电过程由电池管理系统和充电机共同完成，直至充电完成或者充电中断，车辆控制权重新回到 VCU 手中。

b）放电。VCU 根据驾驶人意图，推算出车辆的功率需求，换算成电流需求，发送给电池管理系统。电池管理系统根据自身 SOC、温度和系统设计阈值，确定提供的电流值。

c）开关指令。在充放电开始之前，VCU 控制整车强电系统是否上电，通过控制电池包的主回路接触器实现。在车辆运行过程中，遇到突发状况，VCU 酌情判断是否闭合或者断开主回路接触器。

VCU 向电机控制器发送的指令，包含三个部分的描述，电机使能信息、电机模式信息（再生制动、正向驱动、反向驱动）以及相应模式下的电机转矩；电机控制器向 VCU 上报驱动电机的各种参数及故障报警信息，主要参数包括电机转速、电机转矩、电机电压和电流。

充电系统包括车载充电机、非车载充电机，广义上还包含换电系统。充换电系统（这里的"充"主要是指非车载充电机），出于最大通用性的考量，需要一套统一的通信协议。

以充电枪与车辆上的充电接口的物理连接为开端，整个充电过程中的信息互换都在电池管理系统和充电机之间进行，不再通过 VCU。

采用复合制动系统的纯电动汽车，需要综合考虑液压制动系统、电机制动和防抱死制动系统（ABS）的协调一致性，进而需要有自己的管理系统，称为制动管理系统（BCU）。BCU 可以独立于 VCU 之外，只通过 CAN 通信，也可以把功能集成到 VCU 内部。

根据制动踏板的开度和开度变化的速度，VCU 计算出车辆的制动需求力矩，传递给 BCU。BCU 根据车辆的具体状态做出具体力矩分配。车速中等的一般制动，直接切入电机能量回馈制动，以最大限度地回收制动能量；车速高，驾驶人急踩踏板，需要紧急制动，则 BCU 会首先启动液压制动系统，待减速状态稳定以后，再引入能量回馈制动，并逐渐加大比例。

行驶在冰雪路面，BCU 则会引入 ABS，并将其优先级设置为最高，以车辆正常安全行驶为要。智能仪表系统通过 CAN 总线与 VCU 相连，从 VCU 获取需要显示的数据。数据传输进仪表控制器以后通过信号处理电路，将信息还原成各个仪表的显示内容。

4）整车控制系统的故障分级。整车控制系统根据 VCU、动力电池、驱动电机、DC/DC 变换器、CAN 总线等的状态，判断故障对整车的影响，进而判断故障的等级，从而采取相应的系统响应。整车控制系统故障按照对整车影响程度的不同一般分为四个等级，见表 5-8。

5）整车控制系统常见故障及检修。整车控制系统的故障主要表现为 VCU 故障和 VCU 与其他装置的连接故障两个方面。

① VCU 故障及检修。当 VCU 出现烧损、连接故障或电源供电故障时，整车控制系统将无法工作。此时车辆无法起动，用故障诊断仪连接诊断接口时，故障诊断仪无法与车辆通信。

此类故障的检修方法为先检查诊断接口是否正常；然后检查 VCU 的电源电路，查看其供电是否正常；最后检查 CAN 总线通信是否正常。若以上检查均正常，则说明 VCU 故障，应更换 VCU。

表 5-8 整车控制系统故障分级表

故障等级	故障影响	系统响应	故障示例
一级故障	致命故障,会对车辆和乘车人员造成非常严重的影响	紧急断开高压回路	电机控制器直流母线过电压、动力电池系统一级故障等
二级故障	严重故障,车辆无法运行	对于驱动电机系统二级故障,将驱动电机的转矩降为零;对于动力电池系统二级故障,限制动力电池的放电电流,使其小于20A	电机控制器过电流故障,驱动电机节点丢失故障,IGBT、旋变故障,档位信号故障等
三级故障	一般故障,车辆可在低性能状态下运行	进入跛行模式,车辆以低性能运行	加速踏板信号故障
		降低驱动电机的功率	电机控制器开启驱动电机超速保护
		限功率,动力电池系统以小于7kW的输出功率运行	SOC<1%,电池单体欠电压,内部通信、硬件等三级故障
		限速,车辆以小于15km/h的车速行驶	低压电器控制系统欠电压故障、制动系统故障
四级故障	轻微故障,不影响车辆运行	四级故障属于维修提示,VCU不对整车进行限制,仅在组合仪表显示;四级能量回收故障下仅停止能量回收,不影响车辆行驶	驱动电机温度传感器异常、直流欠电压、DC/DC变换器异常等故障

② VCU 与其他装置的连接故障及检修。

a)VCU 与档位传感器的连接故障及检修。VCU 与档位传感器连接以获取档位信息,并据此调节减速器的档位。当两者出现连接故障时,纯电动汽车的档位控制功能失效,导致车辆无法起动或行驶中的车辆无法正常换档。

此类故障的检修方法根据档位信号电路图,如图 5-76 所示,先检查档位传感器输出信号是否为正常值(其参考值见表 5-9),然后检查通信线路(图中端子 82-5、90-4、83-3、91-2)是否正常,最后检查档位传感器电源电路(图中 8号及 1 号端子)是否正常。

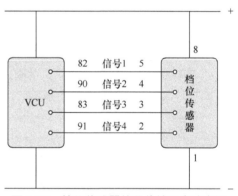

图 5-76 档位传感器信号传输及电路电源

表 5-9 档位传感器输出信号参考值

档位	输出信号电压 /V			
	信号1	信号2	信号3	信号4
R	0.3	4.5	4.5	0.3
N	0.3	4.5	0.3	4.5
D	4.5	0.3	4.5	0.3

b)VCU 与加速踏板位置传感器的连接故障及检修。VCU 通过加速踏板位置传感器获取加减速信息,并通过电机控制器调节驱动电机转矩和转速,从而实现车速控制。VCU 与加速踏板位置传感器如果出现连接故障,将导致驾驶人无法通过加速踏板控制车速,车辆进入跛行模式。

此类故障的检修方法为根据加速踏板位置传感器的输出信号电路图,如图 5-77 所示,先检查加速踏板位置传感器的输出信号是否在正常范围内(其参考值见表 5-10),然后检查通信线路(图中端子 9-2,28-1)是否正常,最后检查加速踏板位置传感器电源电路(图中端子 6-4、25-6)是否正常。

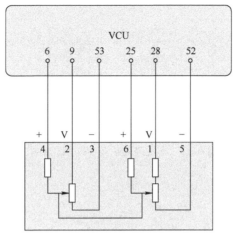

图 5-77 加速踏板位置传感器信号传输及电源电路

表 5-10 加速踏板位置传感器的输出信号参考值

踏板位置	输出信号电压 /V			
	端子 4	端子 3	端子 6	端子 5
0 ~ 100%	0.74 ~ 4.8		0.37 ~ 2.4	

c) VCU 与制动踏板开关的连接故障及检修。纯电动汽车制动踏板开关内部通常有两组开关,一组为常闭开关,一组为常开开关。当驾驶人踩下制动踏板时,制动踏板开关将制动踏板信号转换成电压信号,并传递给 VCU。VCU 通过两组开关输出电压的变化判断驾驶人的制动或减速意图,如图 5-78 所示。

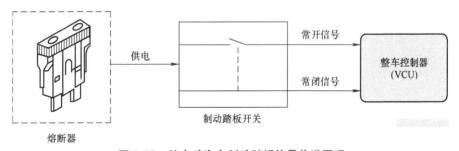

图 5-78 纯电动汽车制动踏板信号传递原理

此类故障的检修方法为先检查制动踏板开关供电线束,再检查制动踏板开关与整车控制器之间的线束,然后检查温度执行器插接件是否对地短路,最后检查制动踏板开关插接件是否对电源短路。

d) VCU 与车载充电机的连接故障及检修。当车辆充电时,车载充电机将与 VCU 保持通信,原理如图 5-79 所示。

此类故障的检修方法为先检查 CC 和 PE 电路是否正常,然后检查车载充电机的通信线路是否正常。

e) VCU 与 DC/DC 变换器的连接故障及检修。VCU 与 DC/DC 变换器的连接电路如图 5-80 所示,当需要动力电池为低压蓄电池充电时,DC/DC 变换器接收 VCU 发出的使能信号,将动力电池的高压直流电变压后输送给低压蓄电池;同时,VCU 对 DC/DC 变换器进行监控,DC/DC 变换器在发生故障时会向 VCU 上报故障信息。

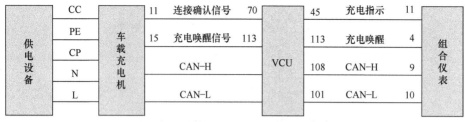

图 5-79 车载充电机与 VCU 通信原理

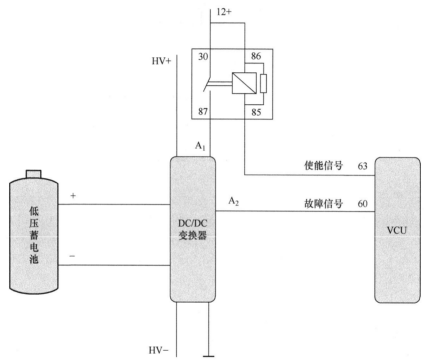

图 5-80 VCU 与 DC/DC 变换器连接电路

【工作任务实施】

<任务准备>

1. 任务计划

工具设备清单见表 5-11。

表 5-11 工具设备清单

名称	数量	单位
实训车辆	2	台
工具车	2	辆
工具	2	套
三角木	4	块
五件套	2	套
绝缘地垫	2	块

2. 任务决策

根据实训车辆，制订小组任务计划，简要说明任务实施过程的步骤及注意事项，并将项目计划内容填入表 5-12 中，落实子任务的学习目标。（注意：流程步骤小组自行设计表格可以酌情添加或删减）

表 5-12 任务计划表

任务步骤	子任务 1 更换动力电池	子任务 2 驱动电机拆装与检修	子任务 3 整车不上电故障诊断与排除
前期准备	（动力电池相关技术资料）	（电机维修手册等资料）	（整车电路图等技术资料）
步骤 1			
步骤 2			
步骤 3			
步骤 4			
步骤 5			
步骤 6			

< 任务实施 >

子任务 1 更换动力电池

小组根据相关技术资料，从实训车辆中完成动力电池更换任务。

要求：①按照安全规范操作要求进行；②小组进行操作视频录制并编辑；③选出代表进行总结点评。

子任务 2 驱动电机拆装与检修

小组根据相关技术资料，完成驱动电机的拆装及检修。

要求：①按照安全规范操作要求进行；②小组进行操作视频录制并编辑；③选出代表进行总结点评。

子任务 3 整车不上电故障诊断与排除

小组根据故障现象，结合实训车辆电路图，制订诊断计划，并按计划进行实施，排除故障。然后制作案例 PPT，做班级分享汇报。

【工作小结与思考】

1. 本节重点学习了动力电池系统结构原理及拆装检修、电机系统结构原理及故障检修、整车控制系统结构原理及故障检修。
2. 在执行任务时，务必按照安全规范操作规程进行操作。
3. 整个任务实施过程的步骤和注意事项，充分体现了安全和标准意识。

任务 3 检修新能源商用车底盘系统

【任务导入】

随着新能源商用车产销量的不断增长，新能源商用车市场占有率越来越高。新能源商用车底盘与传统商用车底盘有所不同，作为一名商用车售后服务人员，了解新能源商用车底盘技术，掌握其工作原理和检修技术是迫在眉睫的事情。一辆纯电动商用车行驶过程中，转向异常沉重，驾驶人需要用更大的力来转动转向盘。作为一名商用车售后服务人员，请你维修客户的车辆。

【工作内容分析】

<认知目标>

1. 掌握电动助力转向系统结构的原理和作用。
2. 掌握电驱动桥的工作原理和作用。
3. 了解电动液压转向系统电路和控制系统。
4. 了解电驱动桥系统控制原理。

<能力目标>

1. 能够正确进行电动助力转向系统结构部件的检修。
2. 能够进行电动助力转向系统故障检测与排查。
3. 能够正确进行电驱动桥系统结构部件的检修。
4. 能够进行电驱动桥系统故障排查。
5. 能够正确使用测量工具进行相关的检测。

<素养目标>

1. 形成安全环保等标准意识。
2. 培养团队协作沟通能力。

<任务拆解>

子任务1　电动助力转向系统失效故障诊断与排除
子任务2　电驱动桥拆装与检修

【学习资料准备】

知识点1：电动液压助力转向系统

纯电动商用车转向系统基本采用电动液压助力转向系统，相比传统的液压助力转向系统，电动液压助力转向系统具有更高的效率和更好的响应性。电动泵可以根据驾驶条件和车辆速度自动调整液压助力的级别，提供更加精确和灵敏的转向控制。同时，电动液压助力转向系统还可以减少能量损耗，提高燃油经济性。电动液压助力转向系统还可以与其他辅助驾驶系统集成，如车道保持辅助系统和自动泊车系统，提供更高级别的驾驶辅助功能。总的来说，电动液压助力转向系统结合了电动助力和液压助力的优点，提供了更轻松、灵活和精确的转向体验，提高了驾驶的舒适性和安全性。

电动液压助力转向系统的核心部件是电动液压转向助力泵总成，如图5-81所示，它是纯电动货车、混合动力货车的转向动力源，为汽车提供可靠的转向助力，是转向系统的关键部件。

（1）电动液压助力转向系统结构与原理

电动液压助力转向系统由电动泵、液压助力装置、传感器、控制单元和转向柱等组成。当驾驶人转动转向盘时，传感器会感知到转动力度，并将信号传递给控制单元。控制单元根据传感器的信号来控制电动泵，使其提供相应的液压助力。

电动泵通过电动机驱动，使液压油压力增加，然

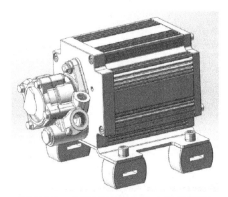

图5-81　电动液压转向助力泵外形图

后将液压油通过液压助力装置传送到转向系统中。液压助力装置通常由液压缸和阀门组成。当驾驶人转动转向盘时，液压助力装置会根据电动泵提供的液压助力来辅助驾驶人转动转向盘，从而减轻驾驶人的转向力量。

（2）电动液压助力转向系统工作原理

电动液压助力转向系统的工作原理如图5-82所示，它利用电动机驱动转向器内部的液压泵，从而产生液压助力。

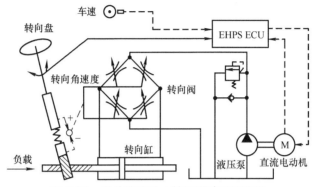

图5-82 电动液压助力转向系统工作原理

1）电源供电：电动液压助力转向系统的电源通常来自车辆的动力电池。电源通过熔丝或其他电路保护装置，为系统提供所需的电力。

2）电动机与液压泵：当驾驶人转动转向盘时，电动机会接收到一个信号，从而起动液压泵。液压泵将油从储油罐中吸出，并将其加压后注入液压管路中。

3）液压助力：在高压下，通过转向器内部的阀体，将高压油分配到转向轴的油缸中。这个过程会产生一个助力，帮助驾驶人更轻松地转动转向盘。

4）反馈机制：电动机会根据驾驶人转动转向盘的力度和方向，以及车辆当前的行驶状态，对液压泵的输出进行实时调整。这种反馈机制有助于确保在整个驾驶过程中都能提供最佳的助力效果。

5）回油：当助力结束后，高压油会通过回油管路流回储油罐，等待下一次使用。这个过程中，电动机会停止运转，以避免不必要的能源消耗。

总之，电动液压助力转向系统通过电动机调节液压油的流量和压力，为驾驶人提供更好的转向体验和驾驶安全性。

（3）电动液压助力转向泵安装注意事项

1）安装电动液压助力转向泵总成时，要注意转向泵总成、电动机和整车安装支架三者之间不能接通，否则总成无法实现双重绝缘效果，容易对人身安全构成威胁。

2）新车每行驶2500km需要换一次液压油，并对油罐、管路系统进行清洗，排出脏杂物。换油时对油罐，滤油器和管路进行仔细清洗，并检查固定螺钉。

3）汽车每行驶2万km应更换液压油。并清洗管路保持系统清洁。

4）油罐必须密封好，不得渗入脏物，定期检查油罐并更换滤芯。

5）注意不要将转向盘在极限位置停留10s以上，否则转向泵的温度会急剧上升，容易造成泵的损坏。

6）要定期检查油罐油位，定期更换滤芯（过滤精度25μm）。

7）转向泵发出异响时，应检查油罐油位是否过低、滤网是否堵塞和油路管接头是否松动。

8）进油管油液流速一般为0.5~2m/s，出油管流速为2.5~6m/s。

（4）电动液压助力转向系统常见故障与排除（图5-83和表5-13）

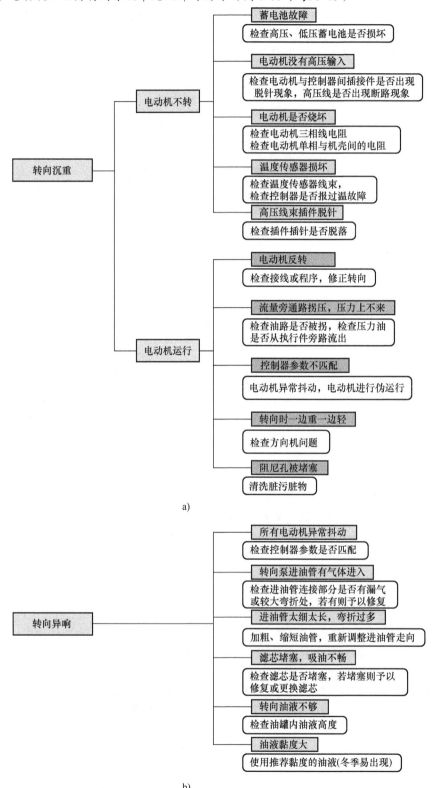

图5-83 电动液压助力转向系统常见故障与排除
a）转向沉重 b）转向异响

表 5-13 电动液压助力转向系统常见故障及排除

故障类型	产生原因	排除方法
电动机不工作	蓄电池故障	检查高压、低压蓄电池是否损坏
	电动机烧坏	检查电动机三相线电阻
		检查电动机单相与机壳间的电阻
	温度传感器线折断	检查温度传感器线束
	电动机没有高压输入	检查电动机与控制器间插接件是否出现脱针现象,高压线是否出现断路现象
转向沉重	电动机反转	检查接线或程序,修正转向
	(如一边重一边轻)方向机故障	详见方向机维修手册
	阻尼孔被堵塞	清洗油污脏物
转向异响	流量旁通路拐压,压力上不来	检查油路是否被拐,检查压力油是否从执行件旁路流出
	滤芯堵塞,吸油不畅	检查滤芯是否堵塞,若堵塞则予以修复或更换滤芯
	油液黏度大	使用推荐黏度的油液
	转向泵进油管有气体进入	检查进油管连接部分是否有漏气或较大弯折处,若有则予以修复
	进油管太细太长,弯折过多	加粗、缩短油管,重新调整进油管走向
	电动机与控制器参数不匹配	核实控制器参数

(5)电动液压助力转向系统常见故障维修步骤

1)电动泵电动机不工作。电动机不工作时,需先判断是外在因素影响还是电动机自身损坏,判断方法如下:

① 调整万用表至所要测量档位,测量高、低压蓄电池电压是否在使用范围之内(详情请参考相关动力电池维修手册),确定电源输入无误。

② 检查电动机电阻是否正常。用万用表测量 U、V、W 三相线两两之间电阻值是否相同(约为 1.5Ω),如图 5-84 所示;检测电动机单相线与电动机壳体间绝缘电阻,应大于 $200M\Omega$。若绝缘电阻值极小或两两相线电阻值偏差较大则为电动机故障,需更换电动机。

③ 永磁电动机 PT100 传感器线折断(电阻值为无穷大),检查其电阻是否正常。

④ 请控制器厂家核对控制器程序是否正确。

⑤ 如需更换电动泵,使用 10mm 内六角扳手拧紧,建议拧紧力矩为 $(30\pm5)N\cdot m$。

2)转向沉重。

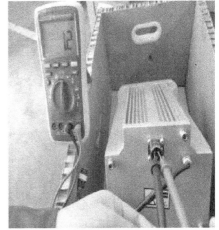

图 5-84 检测电动机相线间电阻

① 电动机反转,转向泵不吸油,系统无助力,转向沉重,应更改电动机 U、V、W 相序或者通过程序改变电动机旋向,使转向泵正常工作。

② 方向机出现故障时,也会引起转向沉重,此时需要方向机厂家协调解决问题,图 5-85 所示为方向机拉杆严重干涉现象。

③ 检查进油管是否存在堵塞、弯折等现象,如图 5-86 所示。若有,调整好进油管的位置。

3)转向泵异响。

① 滤芯堵塞会导致系统回油不畅,长时间使用会造成滤芯损坏,杂质通过油罐进入转向

系统，导致油泵进油堵塞产生异响或损坏，此时应更换滤芯，如图5-87所示。

② 油液黏度过大，低温黏稠，如图5-88所示，会使产品出现空穴现象，产生噪声。此时应该更换液压油。

图5-85　方向机拉杆严重干涉

图5-86　油管弯折

图5-87　滤芯堵塞

图5-88　油液黏度大

③ 进油管损坏造成空气进入转向泵，油罐内油液会有大量气泡，转向泵声音异常。检查进油管路是否破损或者卡箍是否卡到位。如图5-89所示，卡箍未卡到位，油管憋住造成噪声很大。

④ 进油管的材质选用不当，高温时导致进油管发胀、发软，如图5-90所示，此时极易产生吸扁现象，产生噪声异响。

图5-89　卡箍未卡到位

图5-90　油管发涨

⑤ 管路弯头太急也会导致吸油不畅产生异响，如图5-91所示，应尽量避免。

⑥ 如果是转向泵问题导致需要更换，按照如下步骤操作。

a）拆掉油泵进、出油接头。
b）使用 13mm 套筒扭力扳手将安装螺钉卸下。
c）将新的整泵装配好 O 形圈，如图 5-92 所示。

图 5-91 弯头过急

图 5-92 装配 O 形圈

d）如图 5-93 所示，检查电动机槽内 O 形圈是否装配。
e）装上法兰绝缘垫，并使得安装孔对齐，如图 5-94 所示。

图 5-93 电动机槽内 O 形圈

图 5-94 法兰绝缘垫

f）依次装上连接块绝缘垫、传动连接块。
g）将转向泵与电动机装配，按顺时针顺序依次装入安装孔绝缘垫与 M8 六角法兰面螺栓。
h）将两边螺栓先预紧后，再均匀打紧，使用 10mm 套筒扭力扳手打紧，力矩为 20N·m。

知识点 2：电驱动桥

电驱动桥（Electric Drive Bridge）是一种用于电动车辆的技术，它将电能转化为机械能，从而驱动车辆前进。电驱动桥通常由电机、减速器、差速器和轮毂组成。电驱动桥的工作原理是通过电机将电能转化为机械能，然后通过减速器将电机的转速降低，以提供更大的转矩输出。差速器则用于将转动的动力平均分配给两个轮胎，使车辆能够平稳行驶。电驱动桥在纯电动汽车和混合动力汽车中得到广泛应用，它可以提供可靠的动力输出，并帮助车辆节省能源。随着电动汽车市场的不断发展，电驱动桥的技术也在不断改进和创新，以满足不同车型的需求。

（1）电驱动桥特点

当前，轻型商用车已经开始逐步商业化集成电驱动桥，而重卡仍主要采用中央直驱的模式，主要是由于直驱对于整车平台的改动较小且所需的研发投入低，但其并非最高效率传动方案，且底盘空间占用较大。未来，新能源汽车底盘将更多采用电驱动桥的传动形式，其发展趋势如图5-95所示，通过集成化设计释放更多底盘空间给电池和储氢系统，且整车重量有所降低，传动效率得到提升，但当前面临着开发成本高和可靠性方面的挑战。就集成电驱动桥而言，国内厂家目前主要关注平行和同轴式，而国外头部厂家则关注垂直式，从技术实现难度上看，未来国内将主要商业化平行和同轴式电驱动桥。同时为提升电驱动桥效率和集成化，电机的功率密度将进一步提升，既可以满足更高的集成要求，如集成到轮边甚至轮毂，也可通过电机高速化提升功率密度，实现电机小型化，进而降低成本。除了牵引车和货车的电驱动桥，挂车企业也在尝试应用挂车电驱动桥，以辅助能量回收、为冷藏箱等辅助装置提供单独的能量支持、支持牵引车的起动/停止操作等。

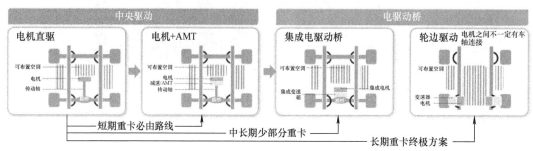

图5-95　电驱动桥发展趋势

（2）电驱动桥布置种类

1）中央电驱式。中央电驱动桥是将驱动电机与变速器集成在一起，替代传统的发动机和变速器，但仍需要传动轴以及传统车桥，如图5-96所示。它在布置形式方面与传统汽车动力总成相近，缺点是传动路线长、能量损耗较大，系统效率低；底部空间被大量占据，导致动力电池布置困难。我国陕西法士特汽车传动集团有限责任公司的电驱产品以中央电驱总成为主。

2）集成电驱动桥（平行轴/同轴/垂直轴）。集成电驱动桥是将传统驱动桥和电机集成在一起，电机经过减速增矩后直接用于驱动车轮，如图5-97所示。这种方式节省了以往的传动轴、悬置支架等零部件，使得装车的成本变低；传动效率高；占用的空间小，且更方便于动力电池包的布置。缺点是在NVH方面效果差；簧下质量大并且偏置，整车的可操控性不高。例如，青特集团有限公司生产的型号为QT130SPE的两档集成式驱动桥，如图5-98所示，适用于49t牵引车，额定载荷13t。

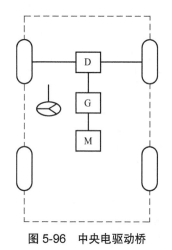

图5-96　中央电驱动桥

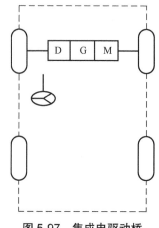

图5-97　集成电驱动桥

图 5-98 集成式驱动桥（青特集团 QT130SPE）

集成电驱动桥又可按载荷的不同，分为分段式平行轴电驱动桥、一体桥壳平行轴电驱动桥、大吨位平行轴电驱动桥和螺旋锥齿中央电驱动桥。

分段式平行轴电驱动桥的特点是电机与减速器集成，通过螺栓与两边承载件连接。优势：可根据需求选择不同动力平台总成；动力总成集成度高，结构紧凑。劣势：动力传动系统外悬无支撑，悬臂过长，易产生扭矩，引起壳体变形，对壳体的刚性要求高；结构工艺复杂，不方便维护。这种结构主要用于 3~5t 轻型货车上。

一体桥壳平行轴电驱动桥电机与减速器集成，安装在桥壳上。优势：具备同轴桥的优势，同时相对同轴桥对桥壳的变形有一定的容忍量。劣势：动力传动系统都集成安装在桥壳上，悬臂过长，易产生扭矩，引起桥壳或悬架变形，对桥壳和悬架的刚性要求比较高；单一速比，适应性偏弱。

大吨位平行轴电驱动桥电机与减速器集成，安装在桥壳上。优势：具备两档或多档速比，同时具备自动换档功能，可以使电机保持在高效率区。劣势：动力传动系统复杂笨重，易产生扭矩，引起桥壳或悬架变形，对桥壳和悬架的刚性要求比较高；簧下质量过重，整车操作性差，对电控要求也高。此类电驱动桥主要适用于中重型货车上。

螺旋锥齿中央电驱动桥电机与减速器二合一为整体。优势：动力总成整体设计，密封性好、刚性高，精度有保障；可换速比，并能电动换档。劣势：结构稍显复杂，一体化不便于维护；动力总成悬臂过长，容易扭坏桥壳。这种结构适用于中低速专用车。

3）轮边电驱动桥。轮边电驱动桥具有高度集成化的电机、减速器以及传统驱动桥，取消了传动轴和差速器，如图 5-99 所示。由于采用了电子化差速传动，故传动效率高，且占用的空间小，动力电池布置更加方便；但簧下质量较大，对于整车操控性不利，且电子差速控制难度大。例如，德国采埃孚股份公司生产的型号为 AVE130 的轮边电驱动桥，如图 5-100 所示，电机采用异步电机，应用于 10~18m 客车，最大功率为 2×125kW，最大轴荷质量 13000kg。其控制器、逆变器未集成在车桥上，带有两级减速机构。轮边电驱动桥结构如图 5-101 所示。

4）轮毂电机桥。轮毂电机桥将轮毂电机部分与驱动桥部分进行了高度集成，如图 5-102 所示，驱动电机直接驱动车轮是未来的发展方向。这种驱动系统传动效率较高，且具有重量轻、能耗低等优点，制动能量回收效率更是接近 100%。但目前该结构造价成本高，电机尺寸大时存在过热、退磁等问题，产业链体系

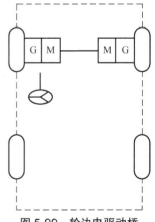

图 5-99 轮边电驱动桥

也不完善。例如，荷兰 e-Traction 公司生产的轮毂电机桥，如图 5-103 所示，从电池到车轮效率高达 94%，比普通电驱动系统高出 15%。由于减少了活动部件，续驶里程提高 20%，电池尺寸降低 20%，且易维护、低噪声、占地面积小、空间利用率高、控制方式灵活，适用于 12~18m 客车及货车，应用领域广泛。

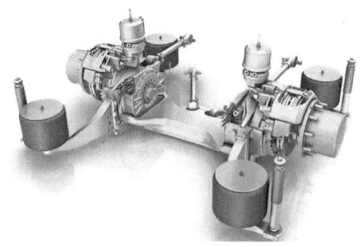

图 5-100 轮边电驱动桥（采埃孚 AVE130）

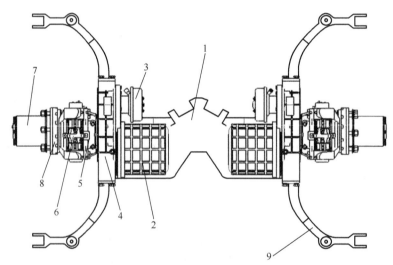

图 5-101 轮边电驱动桥结构

1—横梁总成 2—驱动电机总成 3—驻车制动器总成 4——级减速器总成 5—制动盘
6—液压制动器总成 7—二级减速器总成 8—轮毂总成 9—悬架支撑臂总成

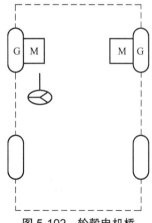

图 5-102 轮毂电机桥

图 5-103 轮毂电机桥（荷兰 e-Traction）

（3）电驱动桥结构与原理

中央集成式电驱动桥结构如图 5-104 所示，主要由驱动电机、变速器、换档执行机构、桥壳、半轴、轮端等部件构成，其中所有齿轮传动机构、行星排减速机构、差速器都具有支持其旋转运动所需的轴承、密封件及润滑油。驱动电机输出端与变速器一轴的输入端采用花键连接，差速器输出端与轮端通过半轴相连接。驱动电机为永磁同步电机，可将三相交流电功率转换成机械功率输出，电机轴带动变速器一轴转动，将转矩依次经过变速器二轴齿轮、三轴齿轮传递到行星减速器太阳轮，太阳轮将转矩传递至行星架，行星架与差速器壳体固定连接，行星架带动差速器壳体转动，转矩经差速器行星齿轮传递至半轴齿轮，最终传递至半轴，驱动车桥轮端转动。换档执行机构集成于变速器上，它以伺服电动机或者气压驱动换档拨叉左右移动，进而拨动换档滑套实现接合或者断开目标档位齿轮和三轴之间的动力传递。

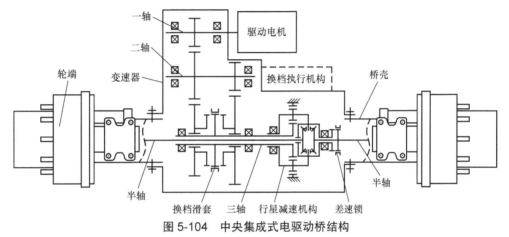

图 5-104 中央集成式电驱动桥结构

（4）电驱动桥检测

为保证产品功能的完整性且无故障，电驱动桥需要进行检测。电机、减速器、传统车桥等单体按检测标准进行检测，考虑到电驱动桥的整体功能特性，其检测项目及方法如下。

1）外观质量检测：除电机、车轮螺栓、电气接头外，总成外表面涂漆应无损伤、锈蚀、油漆流挂等缺陷，外壳无变形、裂纹。电机高压、低压接口及传感器接线端子应无破裂、异物，各紧固件连接无松动，铭牌不应脱落且字迹清晰。

2）桥总成气密性检测：为防止变速器与车桥安装接合面、油封等部位出现泄漏现象，出厂前需做气密性检测。检测方式：试验介质的温度应和试验环境温度一致并保持稳定，电驱动桥保留一个通气孔，逐渐加压至 30 ~ 40kPa，保压一定时间后，压力下降值不得超过工艺要求值，或者泄漏量不大于规定值。

3）电机绝缘电阻检测：分别测量电机 U、V、W 接线端对机壳的绝缘电阻，机壳接地，要求测得绝缘电阻值大于 20MΩ。测量结束后，每个线路应对接地的机壳做电气连接使其放电。

4）换档功能测试：该项测试是为了验证换档功能是否正常，测试前档位置于空档，给定电驱动桥电机转速为 20 ~ 30r/min，上位机通过 TCU 控制被测件依次执行以下换档动作：空档挂入低档、低档回空档、空档挂入高档、高档回空档，测试过程中，上位机依靠 TCU 解析档位传感器信号并记录、显示档位信息。

5）空载运转检测：该项测试的主要目的是通过磨合消除零件的早期失效阶段，改善各运动副的工作表面状况以及提高产品内部的清洁度。测试时，将电机转速从 0 升至 100r/min，依次切换被测件的各个档位，确认无异常后，再依次检测每个档位的高速运转情况；检测电驱动桥差速功能时，制动任意一侧轮端，电驱动桥电机驱动另一侧轮端加速旋转，差速锁锁止时，电驱动桥左右轮端转速相同。在磨合运转过程中，加注系统的净油箱油液经过多次过滤，持续在电驱动桥变速器内部循环冲洗，以将传动系统磨合掉的金属碎屑带至和变速器排油孔相连的污油箱，进而提高桥总成内部的清洁度。

6）ABS 轮速传感器检测：防抱死制动系统（ABS）轮速传感器通过安装支架固定在驱动桥上，齿圈安装在轮毂上并随车轮一起旋转，齿圈齿牙周期性地切割传感器磁力线，在 ABS 轮速传感器内产生周期性变化的感应电压，整车控制器可根据感应电压变化的频率实时计算出车轮转速，以监控和判断车轮是否有滑移倾向。ABS 轮速传感器检测指标包括最大感应峰值电压、最小感应峰值电压、最大和最小感应峰值电压的比值，感应峰值电压大小与 ABS 轮速传感器和齿圈端面之间的间隙呈线性关系，电压比值的大小可反映齿圈装配的轴向圆跳动程度。

【工作任务实施】

<任务准备>

1. 任务计划

工具设备清单见表 5-14。

表 5-14　工具设备清单

名称	数量	单位
实训车辆	2	台
工具车	2	辆
工具	2	套
三角木	4	块
五件套	2	套
绝缘地垫	2	块

2. 任务决策

根据实训车辆，制订小组任务计划，简要说明任务实施过程的步骤及注意事项，并将项目计划内容填入表 5-15 中，落实子任务的学习目标。（注意：流程步骤小组自行设计表格可以酌情添加或删减）

表 5-15　任务计划表

任务步骤	子任务 1　电动助力转向系统失效故障诊断与排除	子任务 2　电驱动桥拆装与检修
前期准备	（车辆相关技术资料）	（车辆相关技术资料）
步骤 1		
步骤 2		
步骤 3		
步骤 4		
步骤 5		
步骤 6		

<任务实施>

子任务 1　电动助力转向系统失效故障诊断与排除

小组根据故障现象，结合实训车辆电路图，制订诊断计划，并按计划实施，排除故障。然后制作案例 PPT，做班级分享汇报。

子任务 2　电驱动桥拆装与检修

小组根据相关技术资料，完成电驱动桥的拆装及检修。

要求：①按照安全规范操作要求进行；②小组进行操作视频录制并编辑；③选出代表进行总结点评。

【工作小结与思考】

1. 本节重点学习了电动助力转向系统结构原理及故障检修、电驱动桥结构原理及故障检修。

2. 在执行任务时，务必按照安全规范操作规程进行操作。

3. 整个任务实施过程的步骤和注意事项，充分体现了安全和标准意识。

课 后 作 业

工作情境一　商用车基础认知

任务1　介绍商用车及其发展趋势

1. 商用车驾驶室车门上的数字420意为_____。
2. 汽车按总质量分类可分为微型货车、轻型货车、中型货车和重型货车,其中重型货车的总质量为(　　)。
   A. 5t　　　　　　　B. 6~14t　　　　　　C. 大于14t
3. 商用车包括货车、客车、货车非完整车辆、客车非完整车辆和_____。
4. 整车型号DFL4251A,含义为该车功率为425马力。(对/错)
5. 商用车驾驶室翻转的操作流程和注意事项有哪些?
_____
_____
_____

6. 商用车与乘用车的区别有哪些?
_____
_____
_____
_____

任务2　操作使用商用车

1. 仪表上该图标亮起时,主要原因可能是(　　)。
   A. 进气系统堵塞
   B. 燃油供给系统堵塞
   C. 润滑系统堵塞
2. 该指示灯为节气门关闭符号。(对/错)
3. 该指示灯为发动机预热指示。(对/错)
4. 请写出图中仪表符号的名称。

   A. _____　　B. _____　　C. _____　　D. _____　　E. _____
5. 半挂牵引车使用年限是(　　)年。
   A. 8　　　　　　　B. 12　　　　　　　C. 15
6. 当车辆需要拖行时,可抽出_____,也可使_____离地拖行。
7. 车辆若需要电焊作业时,对蓄电池进行技术处理的核心是_____,_____。
8. 商用车常用的辅助制动系统有排气制动、发动机制动和缓速器等。(对/错)

工作情境二　检修商用车发动机

任务1　维护和保养商用车发动机

1. 商用车发动机保养项目期限通常有_____和_____两种指标，采用先到先做的原则。
2. 安全滤清器中安全滤芯的材料多为_____，也有使用_____。
3. _____可保证进排气门有效开启时间，满足发动机各工况要求。
4. 通气装置主要用_____进行清洁。
5. 气门间隙的调整方法有_____、_____和_____。
6. 排气处理液的浓度值为_____。
7. 节温器的开启尺寸应不小于_____mm。
8. 用机油油标尺检查机油液位时，液面高度必须在机油油标尺上下刻线之间，且尽可能使机油液位靠近上刻线。（对／错）
9. 放水时，需要将排水阀全部打开。（对／错）

任务2　检修高压共轨电控燃油供给系统

1. 博世系统燃油计量单元在20℃静态时电阻值为（　　　）Ω。
   A. 20～50　　　　B. 2.6～3.15　　　　C. 12～20
2. 博世共轨柴油机喷油器的电阻值和提升电压值为（　　　）。
   A. 4～6Ω　24V　　B. 0.2～0.3Ω　48V　　C. 11～14Ω　140V
3. 高压共轨燃油供给系统燃油流动路径为（　　　）。（填写序号）
   A. 喷油泵　　　　B. 输油泵　　　　C. 喷油器　　　　D. 燃油滤清器
   E. 共轨管　　　　F. 油箱　　　　　G. 油水分离器　　H. 燃油计量单元
4. 高压共轨燃油供给系统发动机起动时要求轨压不低于（　　　）bar。
   A. 50　　　　　　B. 100　　　　　　C. 200　　　　　　D. 400
5. 高压共轨系统中流量限制阀的作用是限制从共轨到各喷油器的燃油流量。（对／错）
6. 轨压传感器，油轨压力越高，信号电压越高。（对／错）
7. 高压共轨燃油供给系统的燃油喷射压力通常可以达到（　　　）bar。
   A. 700　　　　　　B. 1600　　　　　　C. 2200
8. 下图为DCI11系列发动机高压共轨系统结构简图，请写出各部件名称。

1)_____
2)_____
3)_____
4)_____
5)_____
6)_____
7)_____
8)_____
9)_____

9. 图中零部件的名称是_____，可通过_____、_____和_____等方法判断其好坏。

10. 当喷油器的回油量过大时，发动机会出现什么症状？
11. 燃油计量单元从设计结构上可分为_____式和_____式。
12. 请写出图中 A、B、C 三个柴油燃油供给系统部件的名称。

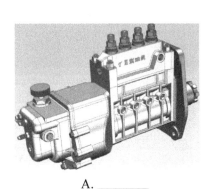 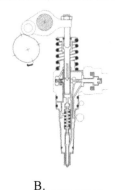 

　　A._____　　　　　　B._____　　　　　C._____

13. 对于油轨限压阀（称作 PRV 阀或 DBV 阀），下列说法正确的是（　　）。
A. 发动机工作时不开启，仅在停机后开启，用于油轨泄压
B. 为了保护油轨系统安全，在发动机工作中需要经常开启
C. 在发动机工作中处于常开启状态，以维持油轨压力在设定值
D. 正常工作中不应该开启，仅在轨压异常情况时开启
14. 常开式燃油计量单元在发动机处于高速时触发电流 < 1200mA，说明（　　）。
A. 轨压低　　　　B. 轨压高
15. 故障码"P1013 轨压负偏差超下限"的含义是（　　）。
A. 轨压偏低　　　　B. 轨压偏高
16. 燃油计量单元控制线的电压在断开后通常是（　　）V。
A. 0.25 ~ 4.75　　B. 3.5　　　C. 5　　　D. 24
17. 常开式燃油计量单元怠速时的触发电流值通常为（　　）。
A. 400 ~ 500mA　　B. 700 ~ 900mA　　C. 1380 ~ 1460mA　　D. 1600 ~ 1800mA
18. 喷油量的主控信号为转速信号和加速踏板位置传感器信号。（对/错）
19. 常开型燃油计量单元占空比越大，开度越小，进油越少。（对/错）
20. 燃油计量电磁阀可以用 24V 直接给电使之动作，来判断其好坏。（对/错）

任务3　检修发动机电控系统

1. 发动机电控系统由_____、_____和_____组成。
2. 汽车 OBD-Ⅱ接口中 16 号引脚对应的是_____线，电压_____V。7 号引脚对应的是_____线，电压_____V。6 号引脚对应的是_____线，电压_____V。14 号引脚对应的是_____线，电压_____V。
3. 发动机 EECU 接收不到曲轴位置传感器信号时，车辆将会无法起动。（对/错）

4. Ne 信号指的是（　　）信号。
   A. 曲轴位置传感器　　　　　　　　B. 凸轮轴位置传感器
   C. 冷却液温度传感器　　　　　　　D. 空气压力传感器

5. G 信号传感器是（　　）。
   A. 曲轴位置传感器
   B. 凸轮轴位置传感器
   C. 轨压传感器

6. 电源继电器的线圈端并联有一只二极管，其作用是在线圈断电时，避免线圈产生的感应电动势损坏 VECU。（对/错）

7. 大部分六缸发动机的轨压传感器信号电压在起动前是_____V，起动后怠速时大约为_____V。

8. 冷却液温度传感器的开路电压为（　　）。
   A. 5V，0V
   B. 0V，0V
   C. 5V，5V
   D. 24V，0V

9. BOSCH 曲轴位置传感器正常间隙范围为（　　）mm，电阻值为（　　）。
   A. 0.1～0.5　200Ω　　B. 0.5～1.5　860Ω　　C. 1.0～2.0　580Ω

10. 负温度系数的热敏电阻其阻值随温度的升高而（　　）。
    A. 降低　　　　　B. 不受影响　　　　　C. 先高后低

11. 加速踏板位置传感器 1 的原始电压值为_____V 左右，加速踏板位置传感器 2 的原始电压值为_____V 左右。踏板 1 与踏板 2 的信号电压之间存在_____倍的关系。

12. 一般检测开关的好坏，可以测量开关的_____。在闭合时，其值一般为_____，在断开时为_____则表明正常，否则表明该开关损坏。

13. 对于预热系统，轻卡一般使用预热格栅，重卡一般使用预热塞。（对/错）

14. 冷却液温度越高，信号电压越高。（对/错）

15. ECU 供电异常时的症状有哪些？

16. 看图分析

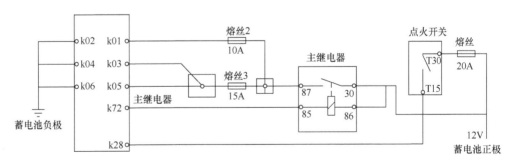

（1）请查看图示，并简述该 ECU 的上电过程。

（2）根据图示分析发动机电控单元（ECU）的 K28 针脚在点火开关闭合后电压为 0V 的原因。

（3）根据图示分析发动机电控单元（ECU）的 K72 针脚在点火开关断开时电压为 0V 的原因。

（4）根据图示分析发动机电控单元（ECU）的 K72 针脚在点火开关闭合后电压为 12V 的原因。

（5）根据图示分析发动机电控单元（ECU）的 K01、K03、K05 针脚在点火开关闭合后电压为 0V 的原因。

17. 请画出磁电式曲轴位置传感器的波形图。

18. 请画出霍尔式凸轮轴位置传感器的波形图。

19. 请画出喷油器的波形图。

任务 4 检修 CAN 总线系统

一、填空题

1. CAN 最初是由_____公司为汽车监测、控制系统而设计的。
2. CAN 数据总线系统由_____、_____和_____组成。
3. 在检测 CAN 总线时，CAN-H 和 CAN-L 之间总电阻为_____Ω，CAN-H 对地之间的电压为_____V，CAN-L 对地之间的电压为_____V。
4. 正常的 CAN-H 和 CAN-L 线路之间电阻值测量结果通常应为 120Ω。（对/错）

二、选择题

1. 汽车上采用数据总线的原因是（   ）。
   A. 提高技术含量   B. 降低生产成本   C. 降低维修难度   D. 便于用户使用
2. 一个完整的 CAN 数据包括（   ）个域。
   A. 5   B. 6   C. 7   D. 8
3. 每个终端电阻的阻值是（   ）。
   A. 120Ω   B. 100Ω   C. 80Ω   D. 60Ω
4. 下列对舒适 CAN 总线的收发器描述错误的是（   ）。
   A. CAN-H 线的高电压为 3.6V
   B. CAN-H 线的低电压为 0V
   C. CAN-L 线的高电压为 1.4V
   D. CAN-L 线的低电压为 1.4V
5. 在汽车网络中，用（   ）来约定各模块的优先权。
   A. 数据总线   B. 通信协议   C. 总线速度   D. 模块
6. 在 CAN 总线中，为了防止数据在高速传输终了时产生反射波，必须在网络中配置（   ）。
   A. 终端电阻   B. CAN 发送器   C. CAN 接收器   D. 网关

7. 汽车总线系统采用 CAN 网络，最大的数据传输速度是（　　）。
A. 1Mbit/s　　　　　B. 500kbit/s　　　　　C. 125kbit/s　　　　　D. 100kbit/s

三、问答题

1. CAN 总线终端电阻的作用是什么？

2. 终端电阻的测量步骤是什么？

3. 在维修 CAN 总线的线束时，应特别注意哪些？

任务 5　检修商用车后处理系统

1. 选择性催化还原系统（SCR）根据工作方式和工作原理大致可分为_____式、_____式和_____式三类。

2. SCR 后处理系统工作过程为（　　）。
A. 待机—建压—喷射—倒抽　　　　　B. 建压—待机—喷射—倒抽
C. 倒抽—待机—建压—喷射　　　　　D. 倒抽—建压—待机—喷射

3. 后处理系统中颗粒物捕集器的英文简称为（　　）。
A. DOC　　　　　B. DPF　　　　　C. SCR　　　　　D. ASC

4. 请写出 SCR 后处理系统尿素的喷射条件。

5. SCR 系统中，冷却水电磁阀的作用是（　　）。
A. 控制尿素喷嘴冷却
B. 控制尿素罐加热
C. 控制计量泵冷却
D. 控制 NO_x 传感器加热

6. BOSCH 后处理系统不需要压缩空气辅助喷射。（对 / 错）

7. 下图为典型的国六后处理系统技术路线图。

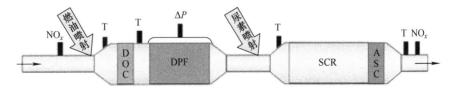

（1）解释图中 DPF、DOC 的含义及 ΔP 的作用。

（2）简述 SCR 系统的工作原理。

8. 车用尿素水溶液要求的浓度是（　　）%。
A. 23　　　　　　　B. 32.5　　　　　　C. 45　　　　　　D. 76
9. 尿素泵上连接件的拆卸顺序为先拆卸电器插接件，再拆掉尿素管路接头。（对 / 错）
10. 尿素的消耗量是燃油消耗量的_____%～_____%。

工作情境三　检修商用车底盘

任务 1　检修多档变速器

1. 多档（16 档）变速器操作半档的步骤是先_____，再将_____。
2. 陕齿十二档变速器工作气压为_____，陕齿十六档变速器前副箱工作气压为_____，后副箱工作气压为_____。
3. 陕齿十二档变速器主箱同步器使用的是_____，副箱同步器使用的是_____。

任务 2　检修驱动桥

1. 为了使车辆能够顺利驶出故障路面，或始终保证有持续的动力，对于双联驱动桥而言，通常装配有轮间差速锁和_____。
2. 货车常见的驱动形式除了 4×2，还有（　　）。
A. 6×2　　　　　　B. 6×4　　　　　　C. 8×4　　　　　　D. 以上均是
3. 轮边减速器采用的是圆柱行星齿轮式减速机构，由一个_____和五个_____、_____、_____和_____组成。
4. 主减速器按齿轮副的数目分_____式和_____式；按齿轮副的结构形式分_____式和_____式。
5. 主减速器主、从动锥齿轮的啮合印痕与齿侧间隙发生矛盾时，要以_____为主。
6. 齿轮啮合的正确印迹应位于_____，并占齿面宽度的_____以上。
7. 结合图片分析，简述主减速器的轴承预紧度和齿轮啮合印痕的检查过程和调整方法。

任务3 检修气压制动系统

1.气压制动系统各气阀管口上的数字代表含义为（　　　）。
A.1—出，2—进，3—排，4—控
B.1—控，2—排，3—出，4—进
C.1—排，2—出，3—进，4—控
D.1—进，2—出，3—排，4—控

2.气压制动系统。气阀上的阿拉伯数字1、2、3、4分别代表什么含义？

3.在气压制动系统中，（　　　）起加速充气和放气作用，用于缩短由于长管路、大气室的充放气时间。
A.四回路保护阀　　B.继动阀　　C.调压阀　　D.感载比例阀

4.驻车制动时，制动气室充气，解除驻车制动时，制动气室放气。（对/错）

5.根据下图回答相关问题。

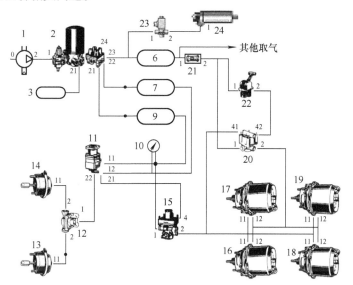

（1）请写出图中3、6、7、9、11、12、13、15、19、22号部件名称。

（2）请写出图中2、10、20号部件的作用。

（3）请写出图中15号部件旁所标识的1、2、4数字的含义。

（4）请写出（或在图中画出）踩下制动踏板时气压制动路线。

6.货车制动系统常见的布置形式有哪些？

工作情境四　检修商用车电气系统

任务1　电气基础及部件认知

一、填空题

1. 汽车电路基本由_____、_____、_____、_____、_____等组成。
2. 车用熔丝的规格通常通过颜色区分，一般10A熔丝为_____，15A熔丝为_____，20A熔丝为_____，30A熔丝为_____。
3. 车辆上的所有导线根据线路中的用电设备的功率确定，负载功率越大，则流过导线的电流也_____，就需要截面积_____的导线。
4. 车辆线束电线的标识主要有两种方法，一种为_____，另一种是_____。

二、选择题

1. 如下图所示，在车辆上使用的继电器，经常会对针脚标记数字以表示功能，其中数字30的含义是（　　）。
   A. 电源正极
   B. 负极搭铁
   C. 线圈控制端
   D. 触点输出端
2. 汽车电路的基本特点包括（　　）。
   A. 单线制　　　　　　　　　　B. 负极搭铁
   C. 各电器总成并联　　　　　　D. 所有电器元件供电电压相同
3. 大功率柴油发动机，一般配置2块蓄电池，这两块蓄电池的电路连接方式为（　　）。
   A. 串联　　　　B. 并联　　　　C. 混联　　　　D. 各自独立

三、问答题

1. 如何检测开关？

2. 如何检测继电器？

3. 如何通过检测判断导线的好坏？

任务2　检修照明与信号系统

一、判断题

1. 一般情况下，四灯制前照灯并排安装时，装于最外侧的一对应为近光灯。　　　　（　　）
2. 因为黄色光线透雾性不好，因此雾灯的光色一般不采用橙黄色。　　　　　　　（　　）
3. 前照灯调整时双束光灯以调整远光光束为主。　　　　　　　　　　　　　　　（　　）
4. 对于采用闪光器的车辆，当一侧转向灯有一只转向灯泡损坏时，则该侧转向灯接通时，只亮不闪。　　　　　　　　　　　　　　　　　　　　　　　　　　　　　　（　　）

二、选择题

控制转向灯闪光频率的是（　　）。

A. 转向开关　　　　B. 点火开关　　　　C. 闪光继电器

任务3　检修起动系统

1. 起动机电磁开关（啮合线圈）内有（　　）组线圈。

A. 1　　　　　B. 2　　　　　C. 3　　　　　D. 4

2. 起动机定子绕组和转子绕组电路连接关系是（　　）。

A. 串联　　　　B. 并联　　　　C. 混联　　　　D. 无联系

3. 某车辆起动时，当电路接通，起动机反复啮合，但发动机无法起动，最可能是下列哪个部件有问题（　　）？

　　A. 起动机电刷严重磨损

　　B. 起动机定子绕组断路

　　C. 起动机电磁开关内保位线圈断路

　　D. 起动机转子绕组短路

4. 受ECU控制的起动机转动条件或要素有哪些？

5. 如果没有凸轮轴传感器，单靠曲轴传感器，发动机不能起动。　　　　　　（对/错）

6. 拔掉熄火按钮插接件，发动机将不能起动。　　　　　　　　　　　　　（对/错）

工作情境五　检修新能源商用车

任务1　新能源商用车维修安全操作

1. 车辆的电气防护。

在电动汽车上由于存在高压电，为了保证驾驶和维修安全，必须进行必要的电气防护。请写出必要的电气防护措施。

_____

_____

2. 请根据下图说明出现图中的第1个故障和第2个故障时，车辆分别会发生的情况。

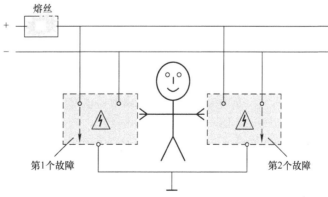

第1个故障：_____

第2个故障：_____

3. 高压电缆防护。

高压正极和高压负极通过各自单独的导线与高压部件相连接，车身不用接地（搭铁）。请在下图方框处填写引线所指的结构名称。

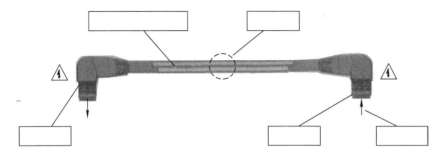

4. 根据下图完成问题。

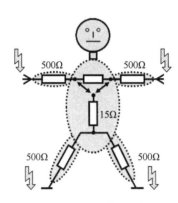

（1）当在高电压车辆上双手触电时，流经人体的电流为多少？摆脱时间是多少？会发生什么危险？

（2）当在高电压车辆上单手触电时，流经人体的电流为多少？摆脱时间是多少？会发生什么危险？

5. 电击及事故后果。

电击对人体会产生电击效应、_____、_____、_____四种情况。

6. 工作于交流低压（220V/380V）电源时人体触电的方式。

这种情况下，人体触电有直接触电（单线触电、两线触电）和间接触电（跨步电压触电、其他触电形式）两种方式。请将对应的触电方式填写在横线上，并思考人体接触220V裸线触电而小鸟两脚站在高压裸线上却无事是什么原因？

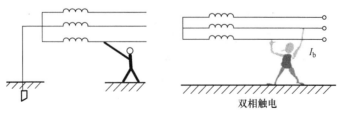

双相触电

7. 电气事故。

由于电气原因而造成的人身伤亡和设备损坏的事故,叫作电气事故。它包括人身事故和设备事故。人身事故包括_____、电磁伤害、雷电伤害、_____造成人身伤害等。设备事故包括_____、漏电、_____等。发生人身事故和设备事故,大多数是由于违反安全操作规程或安全技术规程造成的。

8. 电容器放电。

在电机控制器和功率电子装置内安装有电容器,电容器具有放电作用。请写出为什么需要在功率电子装置内进行电容放电和放电原理。

_____
_____
_____

9. 请说明维修高压车辆人员应具有的资质。

_____
_____
_____

10. 请根据下图写出检查绝缘手套的方法。

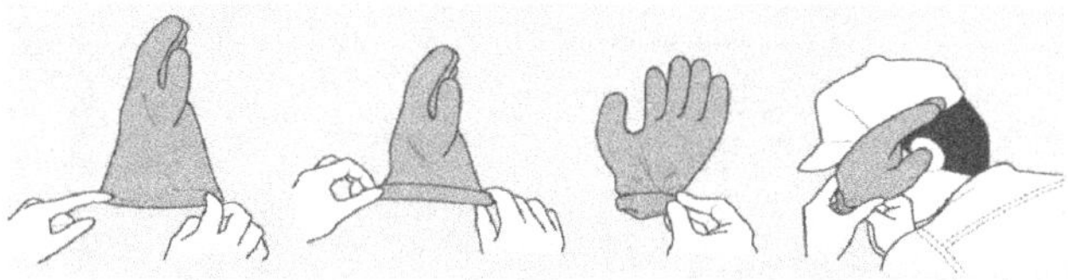

_____
_____
_____
_____

任务2 新能源商用车动力系统检修

1. 请写出动力电池的主要作用。

_____
_____
_____

2. 动力电池主要的类型。

目前常用的动力电池有_____、_____、_____、_____类型。

3. 主继电器主要包含_____继电器和_____继电器。一般动力电池中,主正继电器由_____控制;主负继电器由_____控制。

4. BMS是_____的缩写。它是动力电池保护和管理的核心部件。其作用就相当于人的大脑。它的主要作用有:

_____
_____
_____
_____

5. 请根据下图，写出永磁同步电机各结构的名称。

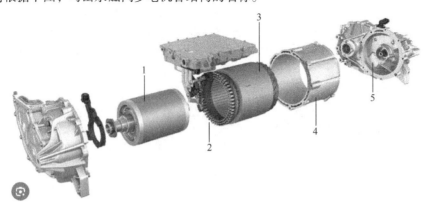

6. 纯电动商用车电驱动系统中，电机控制器部分发生故障的概率要远远高于电机，逆变桥 IGBT 的开路和短路故障又占了相当大的比重。IGBT 的短路故障，通过检测_____压降，可以准确判别故障管。

7. 请根据下图，写出逻辑控制框图中的部件名称。

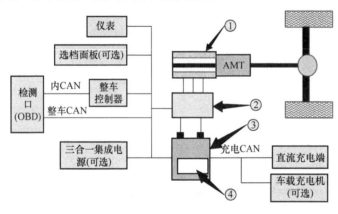

① _____
② _____
③ _____
④ _____

8. 纯电动汽车的整车控制系统通常由_____系统、_____系统、_____系统三部分组成。

9. 整车控制系统主要功能有：
_____
_____
_____

10. VCU 与加速踏板位置传感器的连接。

将整车控制器（VCU）与加速踏板位置传感器之间的线路关系画在下框中，并说明两传感器的信号电压变化情况和两信号的大小关系。

课后作业

整车控制器根据加速踏板位置传感器来获得_____，从而改变电机转矩，控制电机转速，进而改变车速。加速踏板位置传感器提供两组信号，让整车控制器进行对比。

检测加速踏板位置传感器 1 信号：节气门开度从 0～100% 变化，用万用表直流电压档测量插件 4 号端子与搭铁之间应有_____的电压；否则检查传感器电源和搭铁线，如果传感器输入电源和搭铁线正常则为传感器内部故障。

检测加速踏板位置传感器 2 信号：节气门开度从 0～100% 变化，用万用表直流电压档测量插件 6 号端子与搭铁之间应有_____的电压；否则检查传感器电源和搭铁线，如果传感器输入电源和搭铁线正常则为传感器内部故障。

任务 3　新能源商用车底盘系统检修

1. 电动液压助力转向系统结合了_____和_____的优点，提供了更轻松、灵活和精确的转向体验，提高了驾驶的舒适性和安全性。

2. 电动液压助力转向系统由_____、_____、_____、_____和转向柱等组成。

3. 电动液压助力转向系统的电源通常来自_____。电源通过熔丝或其他电路保护装置，为系统提供所需的电力。

4. 电动液压助力转向系统通过_____和调节液压油_____，为驾驶人提供更好的转向体验和驾驶安全性。

5. 电动驱动桥（Electric Drive Bridge）是一种用于电动车辆的技术，它将电能转化为机械能，从而驱动车辆前进。电动驱动桥通常由_____、_____、_____和_____组成。

6. 简述电动驱动桥主要布置类型并画出动力布置图。

7. 请根据下图写出轮边驱动桥的结构。

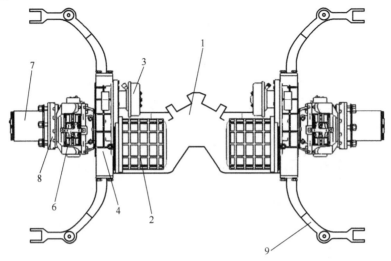

1：_____；2：_____；3：_____；6：_____；
7：_____；8：_____；9：_____。

8. 电驱动桥主要检测项目有_____、_____、_____、_____、_____和 ABS 轮速传感器检测。

9. 电机绝缘电阻检测：分别测量电机 U、V、W 接线端对机壳的绝缘电阻，机壳接地，要求测得绝缘电阻值大于_____。

10. 请根据下图写出中央集成式电驱动桥工作原理。

_____
_____
_____
_____

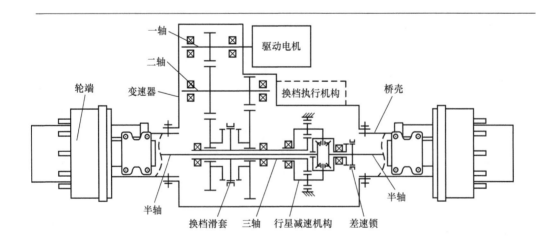

附　　录

附录 A　任务评价反馈表

任务评价反馈表

项目名称	评价内容	满分	评分		
			自评	互评	师评
职业素养考核项目 40%	无迟到、无早退、无旷课	6			
	仪容仪表符合规范要求	6			
	具备良好的安全意识与责任意识	10			
	具备良好的团队合作与交流能力	6			
	具备较强的执行能力	6			
	保持良好的作业现场卫生	6			
专业能力考核项目 60%	积极参加教学活动，按时完成任务工单	12			
	操作规范，符合作业规程	18			
	操作熟练，工作效率高	12			
	任务完成情况良好	18			
合计		100			
总评	自评（20%）+互评（20%）+师评（60%）	综合等级：	指导教师（签名）：		

附录 B 载货汽车电气原理

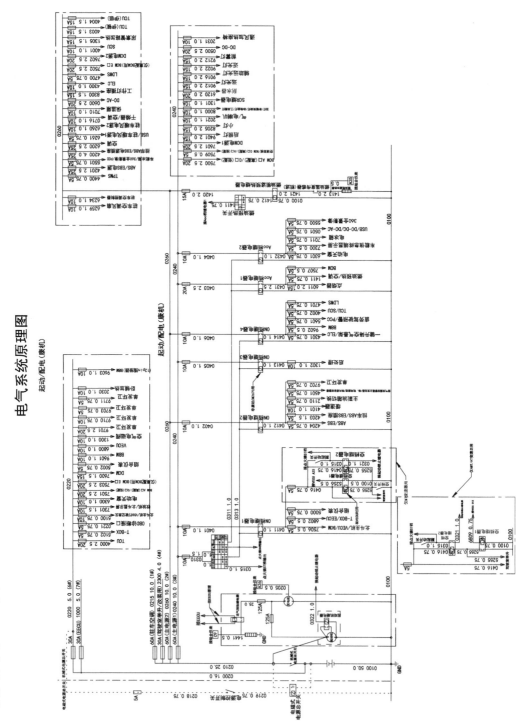

电气系统原理图

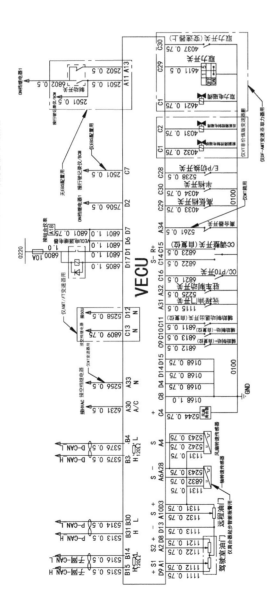

电气系统原理图

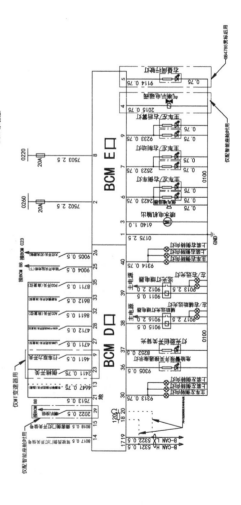

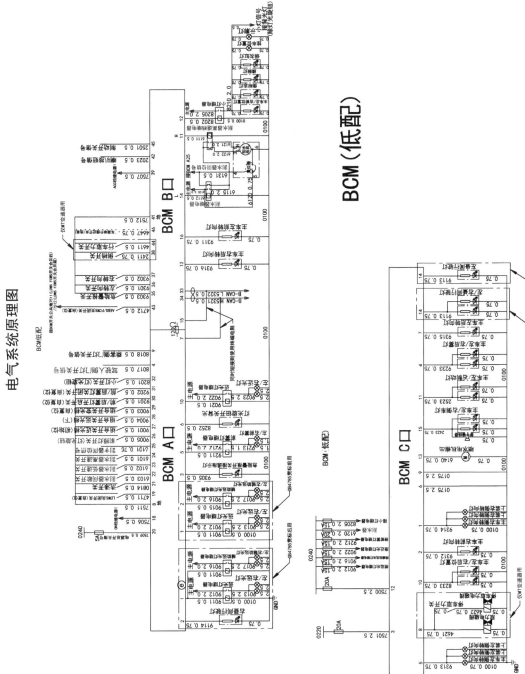

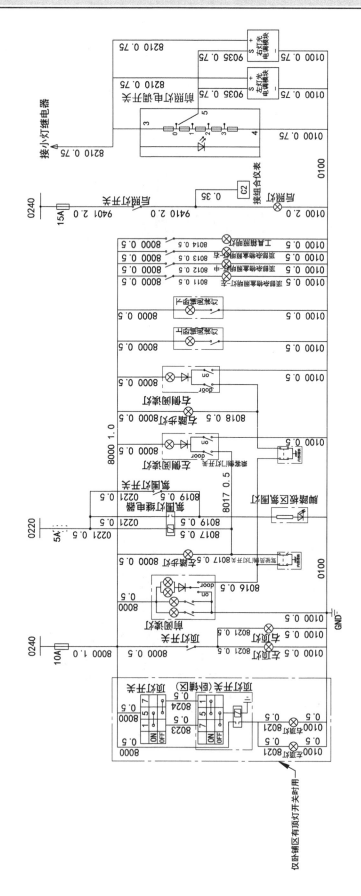

电气系统原理图

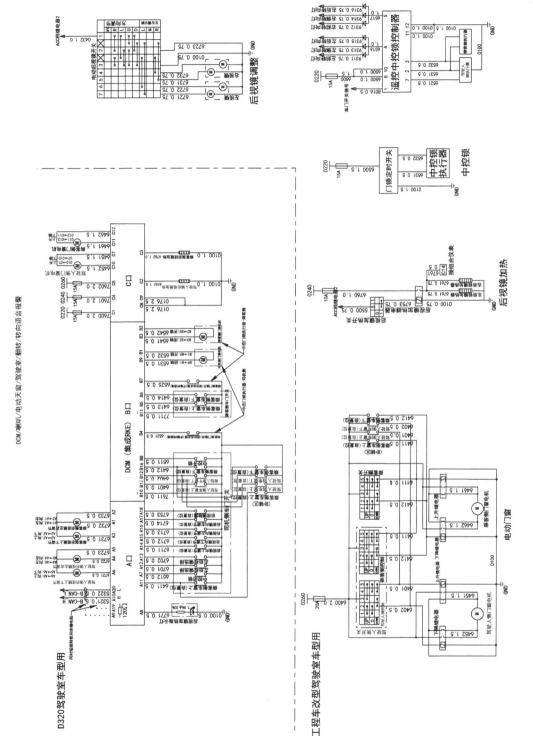

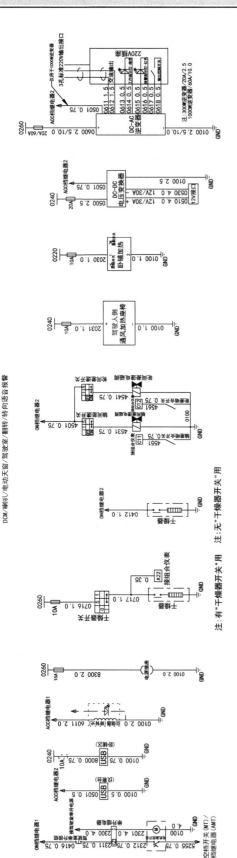
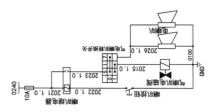
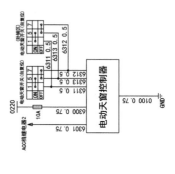

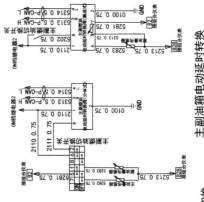
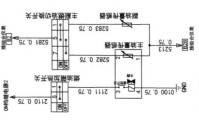
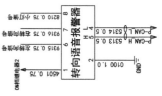

电气系统原理图

燃油防盗控制器

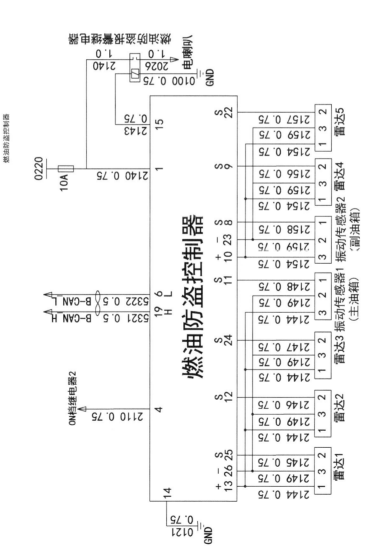

雷达编号规则：
1. 单油箱2个托架，从前到后分别为雷达1、2。
2. 单油箱3个托架，从前到后分别为雷达1、2、3。
3. 双油箱、主油箱2个托架，副油箱从前到后分别为雷达1、2，主油箱从前到后分别为雷达3、4。
4. 双油箱、主油箱3个托架，副油箱从前到后分别为雷达1、2、3，主油箱从前到后分别为雷达4、5。

注：单油箱只装振动传感器1，双油箱分别装主副油箱上的振动传感器1和2。

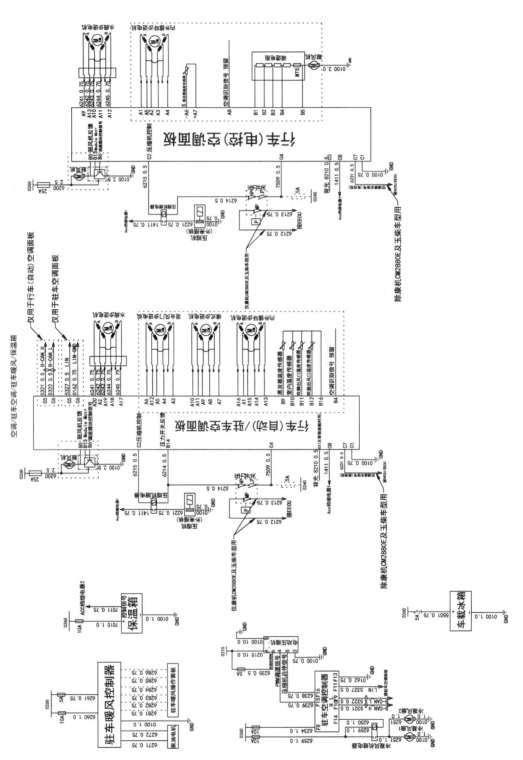

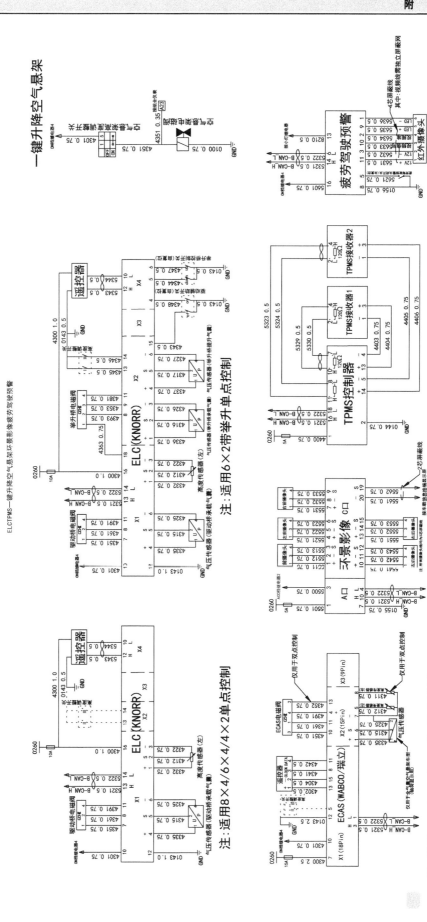

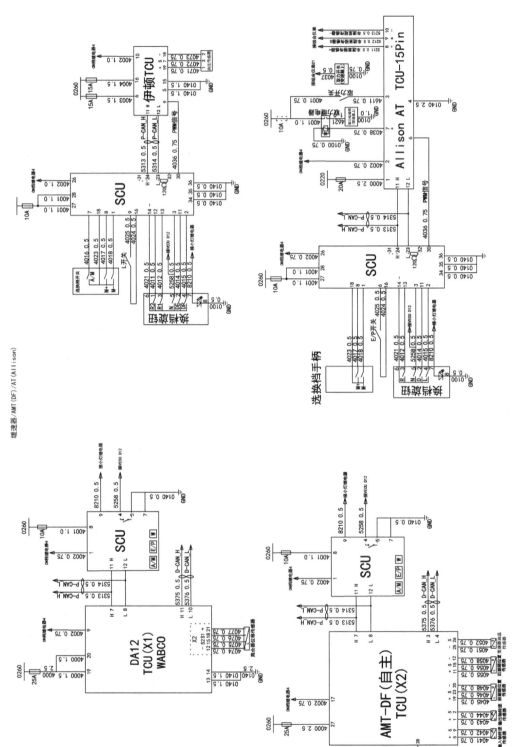

电气系统原理图

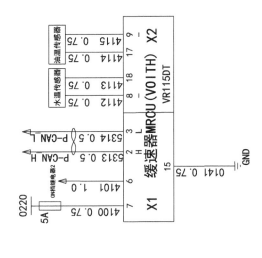

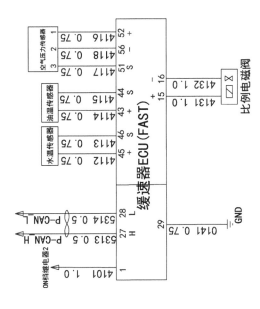

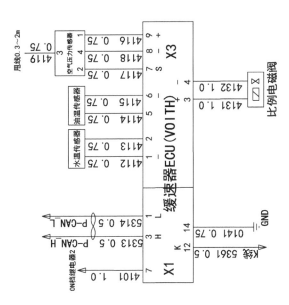

电气系统原理图

ABS/ASR/EBS/HSA/AEBS/LDWS+FCWS/BSD

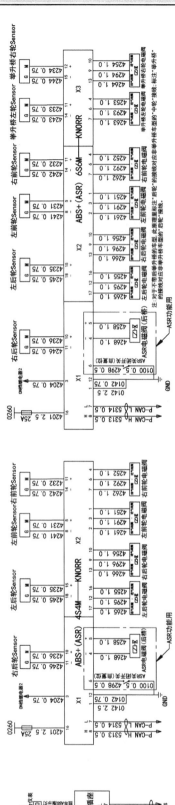
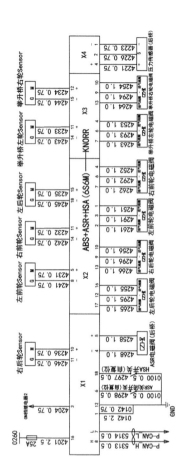
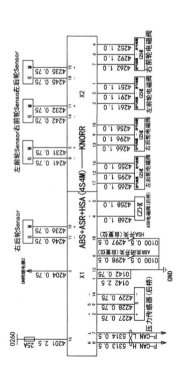

附 录

电气系统原理图

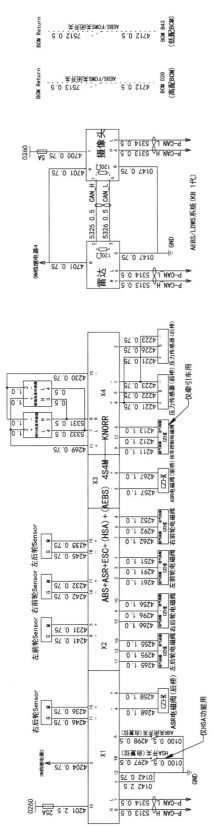
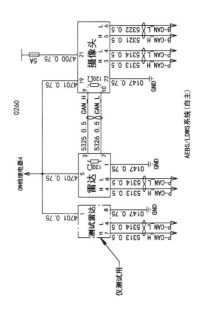
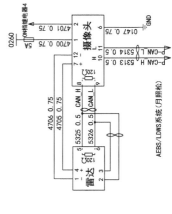
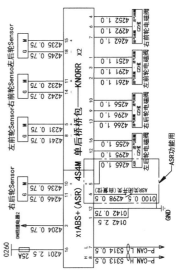

297

电气系统原理图

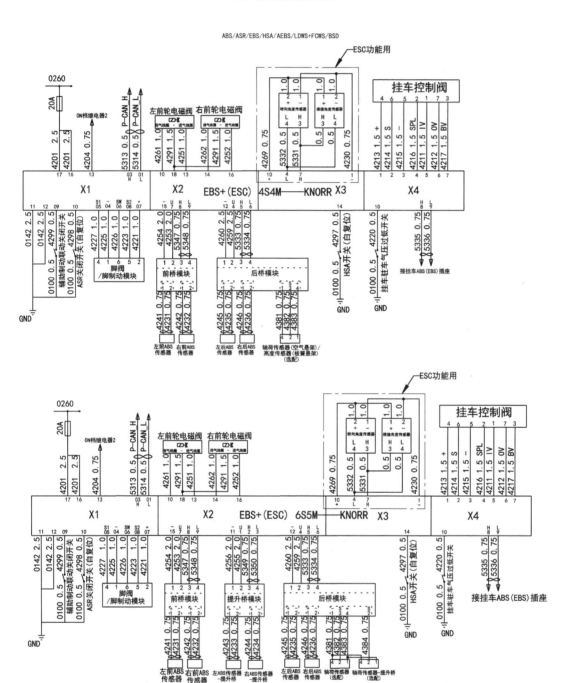

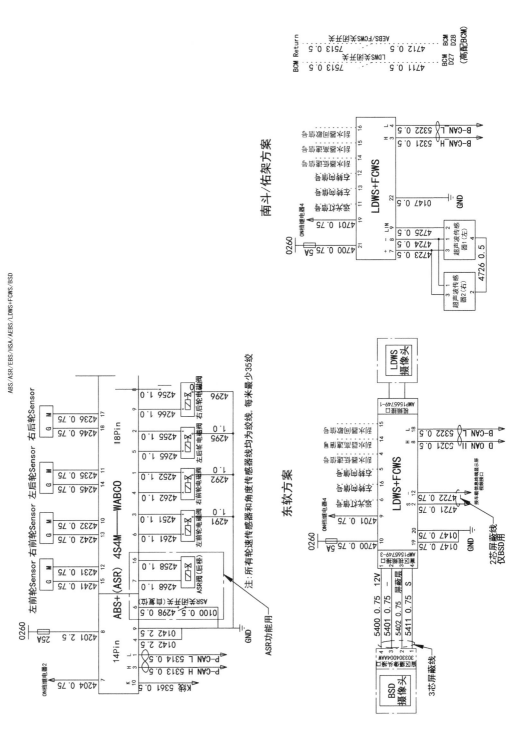

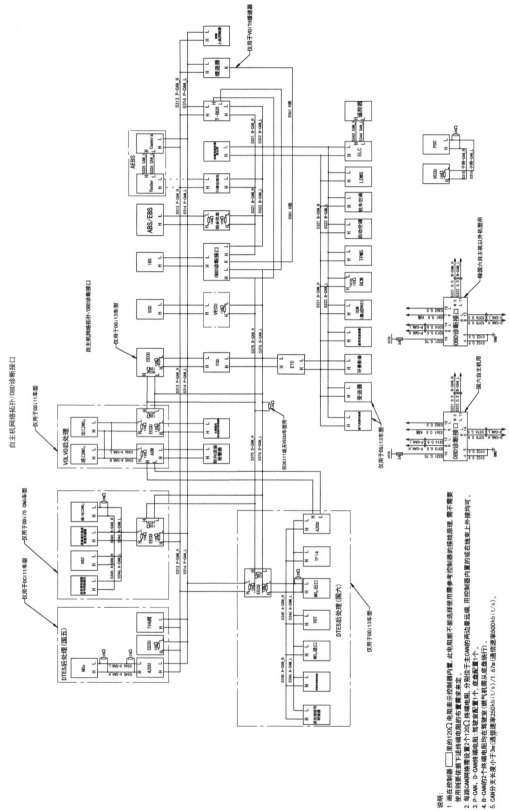

电气系统原理图

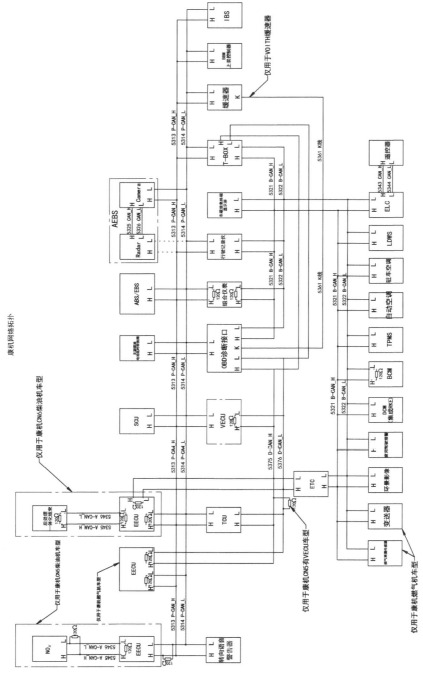

电气系统原理图

上装控制器BBM

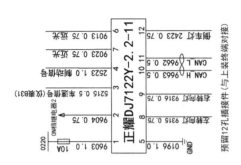
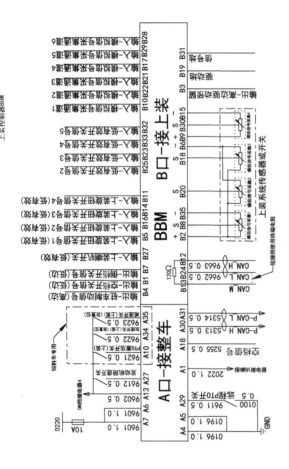
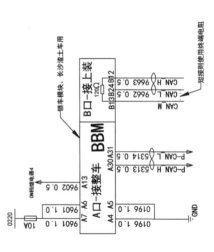

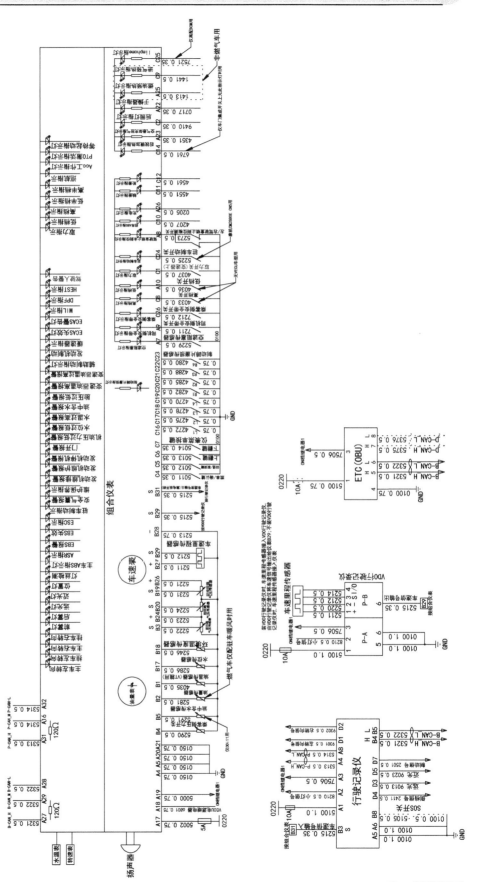

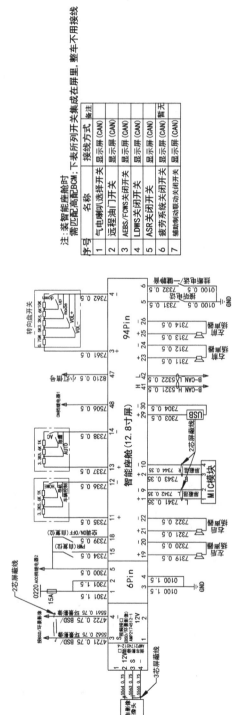
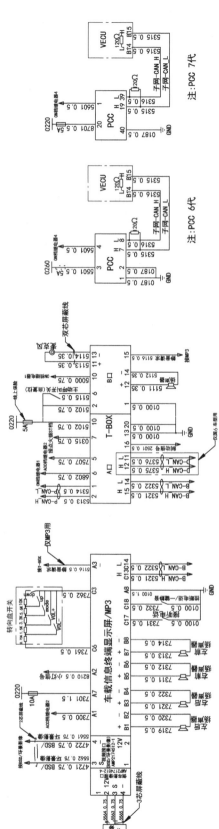

参 考 文 献

[1] 麻友良，严运兵. 电动汽车概论 [M]. 北京：机械工业出版社，2021.

[2] 敖东光，宫英伟，陈荣梅. 电动汽车结构原理与检修 [M]. 北京：机械工业出版社，2021.

[3] 东风商用车有限公司. TE81 纯电车电动部分维修手册 [Z]. 2021.

[4] 东风商用车有限公司. KZ9 纯电车电动部分维修手册 [Z]. 2021.

[5] 国能电池科技股份有限公司. 国能电池使用手册 [Z]. 2020.

[6] 莱夫. BOSCH 柴油机管理系统与组件 [M]. 北京：北京理工大学出版社，2018.

[7] 莱夫. BOSCH 汽车电气与电子 [M]. 北京：北京理工大学出版社，2014.

[8] 张国彬，董宏国. 东风系列载货汽车构造与维修手册 [M]. 北京：化学工业出版社，2013.

[9] 李清德，汪超. 重型车辆维修 [M]. 北京：机械工业出版社，2020.

图标	指示灯说明	图标	指示灯说明	图标	指示灯说明	图标	指示灯说明	图标	指示灯说明
	ESC已关闭		LDW识别左车道线	LIM	可变车速限制		AEBS故障指示		浮桥举升指示
	ESC指示		LDW未识别到车道线		第二车速限制		AEBS系统关闭		缓速器1档指示
	超速报警		LDW发生故障	PTO	PTO指示		悬架高于正常高度		缓速器在恒速档
	LDW车道偏离		LDW系统关闭		FCW碰撞危险		悬架低于正常高度		坡起工作指示
	LDW识别双车道线		主动巡航指示		FCW故障指示		ECAS警告灯		制动蹄片磨损
	LDW识别右车道线		主动巡航故障		FCW系统关闭		驱动帮助指示		取力器工作指示

图标	指示灯说明	图标	指示灯说明	图标	指示灯说明	图标	指示灯说明	图标	指示灯说明
	冷却液高温		发动机故障		油水分离	VCU	整车控制器故障		仪表菜单操作
	ABS主车故障		巡航工作		低尿素液位	idle	急速调整指示		胎压故障报警
	ABS挂车故障		挂车左转向		低速档指示		机油液位过低		燃油报警
	排放故障		挂车右转向	ASR	ASR警报		变速箱故障	EBS	EBS故障警报
	发动机预热		轴间差速锁接合		缓速器工作		变速箱油温过高	EBS	EBS非严重故障
	挂车未连接		灯具故障		未系安全带		遥控钥匙电量过低		离合器磨损

图 1-14 仪表常见指示灯图标及含义（解放车型）

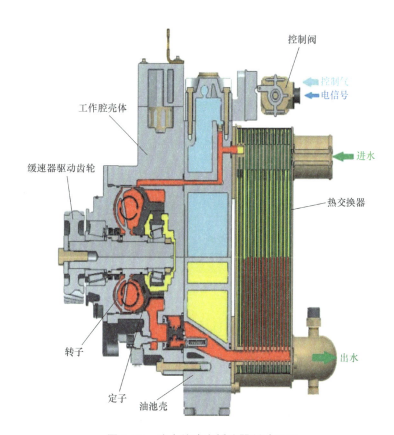

图 1-29 法士特液力缓速器制动原理

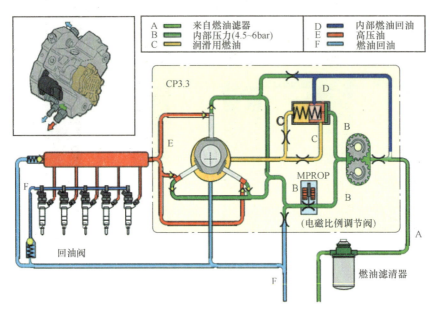

图 2-36　高压共轨电控燃油供给系统（三柱塞泵）

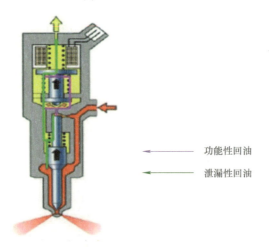

图 2-56　喷油器的回油

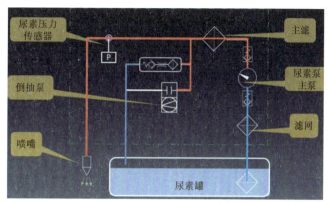

图 2-156　博世 6.5 尿素供给单元工作原理（喷射阶段）

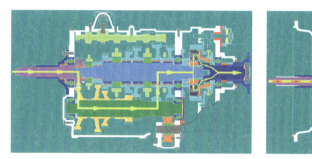
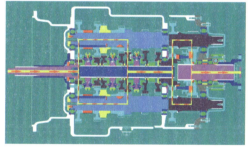

图 3-2　多档变速器的典型结构形式

a）主箱单中间轴，副箱行星齿轮机构　b）主箱双中间轴，副箱双中间轴　c）主箱单中间轴，副箱单中间轴

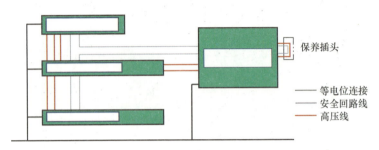

图 5-20　高压互锁

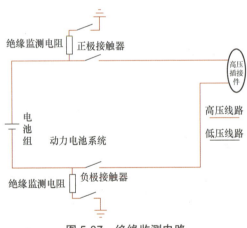

图 5-37　绝缘监测电路